Reinventing Project Management

项目管理再造

——获取成功增长和创新的黄金法则

〔美〕阿伦·J.申哈 〔以〕达夫·德维尔 著

罗雅琴 译

商 务 印 书 馆
2011年·北京

Aaron J. Shenhar & Dov Dvir

REINVENTING PROJECT MANAGEMENT

The Diamond Approach to Successful Growth and Innovation

Original work copyright © Harvard Business School Publishing Corporation.

Published by arrangement with Harvard Business School Press.

图书在版编目(CIP)数据

项目管理再造——获取成功增长和创新的黄金法则/
〔美〕申哈,〔以〕德维尔著;罗雅琴译. —北京:商务印书
馆,2011
ISBN 978-7-100-06897-0

I. 项… II. ①申…②德…③罗… III. 信息技术—
影响—社会结构—对比研究—中国、欧洲 IV. D66

中国版本图书馆 CIP 数据核字(2009)第 081008 号

所有权利保留。

未经许可,不得以任何方式使用。

项目管理再造
——获取成功增长和创新的黄金法则
〔美〕阿伦·J.申哈 〔以〕达夫·德维尔 著
罗雅琴 译

商 务 印 书 馆 出 版
(北京王府井大街36号 邮政编码 100710)
商 务 印 书 馆 发 行
北京瑞古冠中印刷厂印刷
ISBN 978-7-100-06897-0

2011年2月第1版　　开本 700×1000　1/16
2011年2月北京第1次印刷　印张 21¾
定价:48.00元

商务印书馆—哈佛商学院出版公司经管图书翻译出版咨询委员会

（以姓氏笔画为序）

方晓光　盖洛普（中国）咨询有限公司副董事长
王建铆　中欧国际工商学院案例研究中心主任
卢昌崇　东北财经大学工商管理学院院长
刘持金　泛太平洋管理研究中心董事长
李维安　南开大学商学院院长
陈国青　清华大学经管学院常务副院长
陈欣章　哈佛商学院出版公司国际部总经理
陈　儒　中银国际基金管理公司执行总裁
忻　榕　哈佛《商业评论》首任主编、总策划
赵曙明　南京大学商学院院长
涂　平　北京大学光华管理学院副院长
徐二明　中国人民大学商学院院长
徐子健　对外经济贸易大学副校长
David Goehring　哈佛商学院出版社社长

致中国读者

哈佛商学院经管图书简体中文版的出版使我十分高兴。2003年冬天,中国出版界朋友的到访,给我留下十分深刻的印象。当时,我们谈了许多,我向他们全面介绍了哈佛商学院和哈佛商学院出版公司,也安排他们去了我们的课堂。从与他们的交谈中,我了解到中国出版集团旗下的商务印书馆,是一个历史悠久、使命感很强的出版机构。后来,我从我的母亲那里了解到更多的情况。她告诉我,商务印书馆很有名,她在中学、大学里念过的书,大多都是由商务印书馆出版的。联想到与中国出版界朋友们的交流,我对商务印书馆产生了由衷的敬意,并为后来我们达成合作协议、成为战略合作伙伴而深感自豪。

哈佛商学院是一所具有高度使命感的商学院,以培养杰出商界领袖为宗旨。作为哈佛商学院的四大部门之一,哈佛商学院出版公司延续着哈佛商学院的使命,致力于改善管理实践。迄今,我们已出版了大量具有突破性管理理念的图书,我们的许多作者都是世界著名的职业经理人和学者,这些图书在美国乃至全球都已产生了重大影响。我相信这些优秀的管理图书,通过商务印书馆的翻译出版,也会服务于中国的职业经理人和中国的管理实践。

20多年前，我结束了学生生涯，离开哈佛商学院的校园走向社会。哈佛商学院的出版物给了我很多知识和力量，对我的职业生涯产生过许多重要影响。我希望中国的读者也喜欢这些图书，并将从中获取的知识运用于自己的职业发展和管理实践。过去哈佛商学院的出版物曾给了我许多帮助，今天，作为哈佛商学院出版公司的首席执行官，我有一种更强烈的使命感，即出版更多更好的读物，以服务于包括中国读者在内的职业经理人。

在这么短的时间内，翻译出版这一系列图书，不是一件容易的事情。我对所有参与这项翻译出版工作的商务印书馆的工作人员，以及我们的译者，表示诚挚的谢意。没有他们的努力，这一切都是不可能的。

哈佛商学院出版公司总裁兼首席执行官

万 季 美

目录 CONTENTS

致谢 ··· i

第一部分　实施项目管理的新模型 ············· 1

第一章　企业的成功取决于项目管理················· 3
第二章　是什么让项目获得成功·························· 23
第三章　钻石框架··· 41

第二部分　成功项目的四根基柱 ··················· 69

第四章　新颖·· 71
第五章　技术·· 91
第六章　复杂度·· 117
第七章　速率·· 141

第三部分　将钻石模型运用于实践 ················ 157

第八章　管理项目以达成商业创新····················· 159
第九章　在现有企业中进行项目管理················· 185
第十章　市场与行业如何影响项目管理············· 217
第十一章　为你的企业重塑项目管理················· 235

附录一　我们的研究步骤 …………………………………… 245
附录二　项目成功评估调查问卷 …………………………… 249
附录三 A　构建项目管理的权变方法 ……………………… 253
附录三 B　项目分类调查问卷 ……………………………… 257
附录三 C　分类系统的原则和设计 ………………………… 261
附录四　项目新颖度和传统的项目管理 …………………… 267
附录五 A　项目技术维度的实证数据 ……………………… 271
附录五 B　项目技术和传统项目管理 ……………………… 275
附录六 A　项目复杂度的实证研究结果 …………………… 279
附录六 B　项目复杂度与传统项目管理 …………………… 283
附录七　项目速率与传统项目管理 ………………………… 287

注释 ……………………………………………………………… 291

作者简介 ………………………………………………………… 327

致　　谢

这本书花费了十多年时间来完成,而其种子在更早的时间就已经播下,因此对于这样一本书来说,要感谢的人是难以计数的。最初的灵感来自拉尔夫(Rafael)的CEO——齐夫·博恩(Ze'ev Bonen),他一直主张项目与项目是有区别的,并将项目系统地分为四类,而正是他的这些思想激发了我现在的这一研究,我对他的感激之情将永久持续。同时,我还要感谢许多才华横溢的经理,比如约姆·瓦尔费什(Yorm Valfish)、鲁文·雷杰夫(Reuven Regev)、阿哈雷尔·夏皮拉(Aharale Shapira)和乔阿拉·夏尔吉(Giora Shalgi),他们教给我项目管理的艺术,并让我理解了何为优秀。

由实践转往理论,我最初非常迷惑,我在这一从未涉及的领域非常需要别人的指引。感谢特拉维夫大学(Tel Aviv University)的同事——达夫·伊登(Dov Eden)、夏默查·罗恩(Shimcha Ronen)、阿斯亚·佩兹(Asya Pazy)、齐夫·纽曼恩(Zeev Neumann)、尼夫·阿耶塔夫(Niv Ahituv)、耶尔·阿哈罗尼(Yair Aharoni)、兹维·阿达尔(Zvi Adar)、什洛莫·格洛伯森(Shlomo Globerson)、博阿兹·罗恩(Boaz Ronen)、伊斯雷尔·什皮革勒尔(Israel Shpigler)、加迪·阿里亚夫(Gadi Ariav)、伊盖尔·阿亚尔(Igal Ayal)、耶齐尔·齐夫(Yechiel Zif)、肖什·阿尼里(Shoshi Anily)、伊胡达·卡亨(Yhuda Kahane)、耶尔·陶曼(Yair Tauman)、阿克拉汉姆·贝扎(Acraham Beza)、伊利·

致谢

塞格夫（Elie Segev）和戴利亚·埃齐恩（Dalia Etzion），他们帮助我循着正确的思路前进，告诉我要保持高标准，将我融入到这一专业性非常强的独特文化氛围中。他们的支持、活力将永远指引我，我也将永远珍视他们教会我的这一切。

达夫和我为本书而进行的许多研究工作都是在许多人的帮助、合作下完成的。与这些优秀同事的友谊与交流让我们的这些努力更加有价值。他们包括阿舍·蒂什勒（Asher Tishler）、阿维·格罗斯费尔德—尼尔（Avi Grossfeld-Nir）、茨威·拉兹（Tzvi Raz）、汉斯·萨姆汉（Hans Thamhain）、德拉贡·米洛舍维奇（Dragan Milosevic）、安迪·塞奇（Andy Sage）、斯坦尼斯拉夫·利波维斯基（Stanislav Lipovetsky）、保罗·阿德勒（Paul Adler）、耶齐尔·舒尔曼（Yechiel Shulman）、乔卡·斯蒂芬诺维奇（Joca Stefanovic）、里阿斯·范·怀克（Rias van Wyk）、奥费尔·列维（Ofer Levy）、艾伦·马尔兹（Alan Maltz）、迈克尔·波利（Michael Poli）、理查德·赖利（Richard Reilly）、布莱恩·索塞（Brian Sauser）、杰里·马伦博格（Jerry Mulenberg）、兹维·阿伦森（Zvi Ahronson）、皮拉西特·帕塔纳库尔（Peerasit Patanakul）、托马斯·莱齐勒（Thomas Lechler）、威廉·古思（William Guth）、格斯·盖纳（Gus Gaynor）、亚历克斯·劳弗（Alex Laufer）、什洛莫·阿尔卡耶尔（Shlomo Alkaher）、埃里克·萨德（Arik Sadeh）、阿穆隆·谢菲（Amnon Shefi）、达内尔·库恩（Daneil Kuhn）、迈克尔·库珀（Michael Cooper）、拉里·弗伦奇（Larry French）、加里·林恩（Gary Lynn）、林恩·克劳福德（Lynn Crawford）、马克斯·怀德曼（Max Wideman）、斯科特·弗里克（Scott Fricke）、萨宾·斯里瓦纳布恩（Sabin Srivannaboon）、莫什·奥耶尔（Moshe Ayal）、蒂姆·费伦（Tim Phelan）、南希·泰伊（Nancy Tighe）、阿亚拉·马拉齐—派因斯（Ayala Malach-Pines）、阿里·本—戴维（Arie Ben-David）和迈克尔·瑞安（Michael Ryan）。

致谢

另有许多同事和学者也为我们提供了支持,经常阅读本书各章节的草稿并与我们展开讨论,他们提供的建议和鼓励不止一次让我不致偏离方向。他们包括:克莱顿·克里斯滕森(Clayton Christensen)、吉姆·柯林斯(Jim Collins)、戴维·克莱兰(David Cleland)、艾德·罗伯茨(Ed Roberts)、拉尔夫·卡茨(Ralph Katz)、卡洛斯·阿尔托(Karlos Arrto)、艾伦·皮尔逊(Alan Pearson)、罗德尼·特纳(Rodney Turner)、杰夫·巴特勒(Jeff Butler)、邓达·科括尔古(Dundar Kocaolgu)、彼得·莫里斯(Peter Morris)、拉贾恩·阿南德(Rajan Anand)、普里特什·沙(Pritesh Shah)、鲍勃·梅森(Bob Mason)、阿里·普朗斯基(Ari Plonski)、迪克·卡多佐(Dick Cardozo)、乔治·法里斯(George Farris)、哈罗德·林斯顿(Harold Linstone)、艾萨克·克鲁格里安斯卡斯(Isak Kruglianskas)、贾尼丝·托马斯(Janice Thomas)、路易斯·勒费布尔(Louis Lefebvre)、梅尔·西尔弗曼(Mel Silverman)、米丽娅姆·埃利兹(Miriam Erez)、耶胡达·申哈维(Yehouda Shenhav)、乔希·韦斯顿(Josh Weston)、伊利·盖斯勒(Elie Geisler)、罗伯托·斯布拉吉亚(Roberto Sbragia)、雅各布·列维(Jacob Levy)。很多学者的著作给了我们很大的灵感,他们包括:凯瑟琳·艾森哈特(Kathleen Eisenhardt)、迈克尔·塔什曼(Michael Tushman)、罗伯特·伯格尔曼(Robert Burgleman)、丽贝卡·亨德森(Rebecca Henderson)、克里斯托弗·洛赫(Christoph Loch)、吉姆·克拉克(Kim Klark)、史蒂夫·惠尔赖特(Steve Wheelright)、理查德·罗森布鲁姆(Richard Rosenbloom)、多萝西·伦纳德(Dorothy Leonard)、詹姆斯·厄特巴克(James Utterback)、汤姆·艾伦(Tom Allen)、加里·皮萨诺(Gary Pisano)、马可·伊恩斯蒂(Marco Iansiti)、哈罗德·克兹纳(Harold Kerzner)、吉迪恩·昆达(Gideon Kunda)、杰夫·平托(Jeff Pinto)、特里·威廉姆斯(Terry Williams)、蒂姆·克罗彭伯格(Tim Kloppenborg)、艾伦·麦科马克

致谢

（Alan McCormack）、斯蒂芬·汤姆克（Stephen Thomke）、埃里克·冯·希普尔（Eric von Hippel）、杰弗里·摩尔（Geoffrey Moore）和安迪·范·德·文（Andy van de Ven）。

斯蒂文斯技术学院（Stevens Institute of Technology）的领导和同事为我们的研究提供了非常良好的环境。他们包括：哈罗德·拉维奇（Harold Raveche）、詹姆斯·蒂金（James Tiejen）、杰菲·希尔丁（Jeffy Hiltin）、亚瑟·夏皮罗（Arthur Shapiro）、莱克斯·麦克卡斯特（Lex McCuster）、乔治·科菲阿提斯（George Korfiatis）、爱德华·弗里德曼（Edward Friedman）、埃里克·孔哈特（Erich Kunhardt）、彼得·凯恩（Peter Koen）、默拉·鲍登（Murrae Bowden）、奥德丽·柯蒂斯（Audrey Curtis）、特德·斯托尔（Ted Stohr）、安·穆尼（Ann Mooney）、霍森·法拉（Hosen Fallah）、史蒂夫·萨维茨（Steve Savitz）、唐纳德·梅里诺（Donald Merino）、蒂姆·科勒（Tim Koeller）、伯纳德·加洛斯（Bernard Gallois）、伯纳德·斯科旺（Bernard Skwon）、迪内什·威尔玛（Dinesh Verma）、艾略特·菲什曼（Eliot Fishman）、弗兰克·费尔南德兹（Frank Fernandez）、海伦娜·维希涅夫斯基（Helena Wisniewski）、杰里·拉夫特曼（Jerry Luftman）、乔·莫勒（Joe Moeller）、杰夫·尼克森（Jeff Nickerson）、拉里·加斯沃特（Larry Gastwirt）、帕特里克·波金斯基（Patrick Berzinsiki）、莱姆·塔希斯（Lem Tarshis）、鲁·特米内罗（Lu Terminello）、彼得·多米尼克（Peter Doninick）、彼得·朱卡特（Peter Jurkat）、玛丽·加斯帕（Mary Gaspar）、梅利莎·文奇（Melissa Vinch）和苏珊·帕维尔查克（Susan Pavelchack）。

我们还要特别感谢那些在本行业和政府部门的许多管理人员、雇员等，他们在尽其所能的范围内为我们提供了帮助。我希望对于下面这些人来说，这本书在某些方面将是对他们最好的回报：以色列国防部的塞菲·卡茨内尔森（Sefi Katzenelson）和艾里斯·伊莱亚—肖尔（Iris Elia-

致谢

Shaul); NASA 的艾德·霍夫曼(Ed Hoffman)、路易丝·皮奇(Lewis Peach)、戴维·霍尔德里奇(David Holdridge)、托尼·马图罗(Tony Maturo)、乔恩·博伊尔(Jon Boyle)、杰里·穆伦博格(Jerry Mulenburg)和布鲁斯·索塞(Bruce Sauser); PMI 的哈里·斯蒂芬诺(Harry Stefanou)、艾德·安德鲁斯(Ed Andrews)、伊娃·戈德曼(Eva Godlman)、谢利·加迪(Shellie Gaddy)、玛丽·德文(Mary Devon)和艾德·米勒(Ed Miller); 强生公司的卡伦·索伦森(Karen Sorenson)、托尼·罗德里格斯(Tony Rodriguez)、帕梅拉·奥(Pamela Au)和麦克·巴卡勒茨(Mike Bakaletz); 《航空周刊》的卡萝尔·赫登(Carole Hedden)、格雷格·汉密尔顿(Greg Hamilton)和托尼·维诺奇(Tony Velocci); 3M 的戴维·古特曼(David Gutman)、乔·因克里默那(Joe Incremona)、巴里·戴顿(Barry Dayton)、罗恩·库宾斯基(Ron Kubinski)和马克·海尼克(Mark Hynnek); 特灵公司(Trane)的南尼斯·多尔曼(Nennis Dorman)和保罗·格莱曼恩(Paul Glamn); AT&T 公司的吉姆·施耐德穆勒(Jim Schneidmuller); 美国陆军研究、开发和工程中心(ARDEC)的麦克·迪瓦恩(Mike Devine)、乔·莱曼(Joe Lehman)和维克·林德纳(Vic Lindner); Becton Dickenson 的保罗·马里诺夫斯基(Paul Malinowski)和布伦达·麦克唐纳(Brenda McDonald); 道琼斯公司的谢里尔·巴杰(Cheryl Badger)和麦克·萨尔瓦多(Mike Salvatore); 《联合防务》(*United Defense*)的汤姆·拉鲍特(Tom Rabaut); 国家科学基金会的乔·亨尼西(Joe Hennessey); 国际标准组织(ISO)的罗伊·尼可洛斯(Roy Nicolosi); 以及 BMG 的麦尔斯·布拉菲特(Miles Braffett)。

但是最深的感谢还是要献给许多的学生,他们无尽的智慧、追求不止的思想一直提醒着我自己是多么无知。他们是推动我们这项研究前进的真正动力,为我们提供无价的思想,帮助我们进行部分案例研究。

致谢

他们包括：阿迪什·巴布（Atish Babu）、唐纳德·奥尔森（Donald Olson）、蒂姆·费伦（Tim Phelan）、威廉·斯维拉巴（William Sverapa）、多丽丝·舒尔茨（Doris Schultz）、迈克尔·佩勒德（Michael Peled）、什洛默·克莱恩（Shlomo Klein）、扎多克·胡盖伊（Zadok Hougui）、阿里·拉格沃德（Arie Lagerwaard）、葆拉·理查兹（Paula Richards）、布莱恩·科恩（Brian Cohn）、布莱恩·诺夫津格（Brian Nofzinger）、戴维·沃尔登（David Walden）、凯文·莱（Kevin Lay）、茨威·亚米（Zvi Yami）、德雷克·扬森（Derek Jensen）、吉维·佩拉得兹（Givi Peradze）、巴拉茨·范多（Balazs Vandor）、南希·康拉德（Nancy Conrad）、莫琳·兰努奇（Maureen Lanucci）、阿诺德·洛（Arnold Lo）、斯蒂芬·梅里诺（Stefan Merino）、戴维·摩根（David Morgan）、塞亨·萨拉查（Seham Salazar）、丹尼尔·马里奥尼（Daniel Marionni）、马克·马丁内斯（Marc Martinez）、史蒂夫·绍兰茨（Steve Szalanczi）、兰德尔·文戴蒂（Randall Vendetti）、余项（Xiang Yu）、安东尼·穆勒尔（Anthony Mueller）、乔迪·伯克（Jody Berk）、凯文·彼得森（Kevin Pettersen）、马尼·古鲁斯瓦米（Mani Guruswamy）、莫伊什·旁遮普（Mohesh Punjabi）、克里斯·斯威策（Chris Switzer）、保罗·塔帕茨威斯基（Paul Tupaczewski）、尼勒什·施林加普尔（Nilesh Shringarpure）、约翰·特雷西（John Tracy）、内德·罗杰斯（Ned Rogers）、戴维·沃尔特（David Walter）、马修·吉尔维（Matthew Gilvey）、德加·波加尔（Durga Bhogal）、费尔南多·德·拉维加（Fernando de la Vega）、德波拉·埃利希（Deborah Ehrlich）、斯坦·贾德温斯基（Stan Jadwinski）、克里斯·朗（Chris Long）、拉吉·森德尔（Raj Sundar）、布莱恩·库格林（Brian Coughlin）、马克·艾普迪奥（Mark Eppedio）、休门·格普塔（Sumen Gupta）、乔伊斯·乔丹（Joyce Jordan）、达伦·伯明翰（Darren Birmingham）、阿兰·巴德（Alan Bader）、比伦·德赛（Biren Desai）、金素·吉姆（Jinsoo Kim）、威廉·贾奇

致谢

（William Judge）、弥尔顿·美森耐特（Milton Maisonet）、达里尔·克拉克（Darryle Clark）、米歇尔·麦克劳德（Michele Macleod）、威斯利·帕特森（Wesley Patterson）、沙施·辛哈（Shashi Sinha）、阿南德·舒戴（Anand Chouthai）、肖恩·霍金斯（Shawn Hokins）、卡尔扬·娜拉亚南（Kalyan Narayanan）、尼克·斯坦波恩（Nick Stampone）、艾达·基里克（Eda Kilic）、乔里梅尔·沙达·贾奎奈特（Jorymel Shada Jaquinet）和托德·德尼森（Todd Dennison）。

许多机构在不同的阶段为我们的研究提供了帮助。它们无私的支持以及它们对研究方向的信任让我们感激不尽。它们是以色列国防部、Mafat、美国国家科学基金会、项目管理学院和美国航天宇航局（USRA）的项目管理研究中心。

达夫和我要向哈佛商学院出版社负责编辑本书的克里斯滕·桑伯格（Kristen Sanberg）表示特别的感谢。她是出色的精神导师、老师、同事，与众不同的朋友，总能让我们将最好的一面展现出来。还要特别感谢哈佛商学院的出版团队：迪诺·马尔文（Dino Malvone）、米歇尔·摩根（Michelle Morgan）、马克·布龙菲尔德（Mark Bloomfield）、奇奈特·波士（Zeenat Potia）、艾莉森·门罗（Allison Monro）、托德·波曼（Todd Berman）、萨拉·曼（Sarah Mann）、利兹·鲍德温（Liz Baldwin）、黛西·布莱克维尔·赫顿（Daisy Blackwell Hutton）、西纳·麦金纳尼（Seana McInerney）和莱斯利·宙特林（Leslie Zheutlin），感谢他们的投入与对我们激情四溢的支持。感谢乔治·卡尔霍恩（George Calhoun），感谢他为本书所做的编辑工作；感谢露西·麦考利（Lucy McCauly），感谢她在发展式编辑上的优异工作；感谢贝茨·哈丁尔（Betsy Hardinger），感谢她对手稿的校对排版；另外还要尤其感谢我们的生产经理萨拉·韦弗（Sarah Weaver），感谢她的细心和毫无遗漏，感谢她总是将我们的遗留问题全部找出来。

致谢

这本书是我与本书另一作者达夫·德维尔紧密合作的结晶,他在 20 世纪 90 年代初与我并肩走上这条研究之路,一直以来都是一位与众不同的同事。他的智慧与才智不断敦促我修正我逻辑中无数的漏洞,一切都要经过他那训练有素、明察秋毫的学术镜片筛选后方能通过。我非常钦佩他一直以来的奉献、谦虚、无私、不懈。

最后,我还要感谢哈瓦(Hava),感谢她无私的爱、非凡的智慧和无尽的支持。

阿伦·J. 申哈(Aaeron J. Shenhar)

新泽西州霍波肯

我在项目管理方面的研究源自在以色列国防工业和国防军中的经历。我要特别感谢阿里·本—托夫(Arie Ben-Tov),是他给了我"千金难求"的机遇来管理复杂的大型项目。同样要感谢其他出众的经理,比如鲁文·耶里多(Reuven Yeredor)、莫迪·多—昂(Moti Dor-On)、奥迪德·扎克(Oded Zach)和施姆里克·罗斯曼(Shmulik Rothman),他们在工作中总是追求完美,追求出色的团队合作。

我真正走上研究的正轨是在阿伦·申哈和伊利·塞格夫指导下攻读博士期间。他们两人从不同的角度给了我支持和指导,帮助我将理论与学术结合起来,而这往往是很难达到的境界。

自从那以后,阿伦·申哈就成为我最亲密的朋友和同事之一。我们共同的成果正是源自出色而富有成效的合作。阿伦一直以来都是我们合作的动力之源。他无尽的热情、进取的精神和学术能力是我们在项目管理和其他领域大部分研究中思想和资源的源泉,而本书就是最好的证明。

最后,我要感谢我的妻子、最亲密的朋友耶尔(Yael),35 年来她一直给予我支持。没有她的鼓励,我绝不可能完成这无尽的工作,无法完成这本书。

达夫·德维尔(Dov Dvir)
以色列赫茨利亚

第一部分 实施项目管理的新模型

Reinventing Project Management

第一部分

第一章　企业的成功取决于项目管理

一般来说,我们可以将企业活动分为两大类:运营与项目。运营包括那些重复性的日常活动,如生产、服务和制造,而项目则包括独特的、一次性的首创性活动,如发布新产品、启动新部门或新投资、改善现有产品、公司基础建设投资等。项目能够为企业带来革新与变化。实际上,企业要变化,要实施某一战略革新以获得竞争优势,都需要通过项目来完成。而且,如果稍加思索就会发现,其实每一项运营活动都始于项目,这样才能让一切运作起来。

随着企业对扩张与革新需求的不断提高,大多数企业中运营活动的比例正逐渐减少,而项目的份额则处于上升趋势(见图1-1)。这一趋势始于20世纪初,在当今大多数企业和行业中正愈演愈烈;不仅产品寿命周期变得越来越短,今天的客户对产品的多样性和选择范围的要求也越来越高,公司被迫在每一个市场中提供越来越丰富的产品。比如,在2003年,通用汽车公司推出了89种车型,平均每一型号售出五万辆;而在20世纪50年代,一个型号就能卖出上百万辆。[1]

另外,市场全球化的趋势迫使公司回应世界各地的不同需求,应付全球范围内的低价竞争。而且,信息技术(IT)以及因特网革命正方兴

第一章

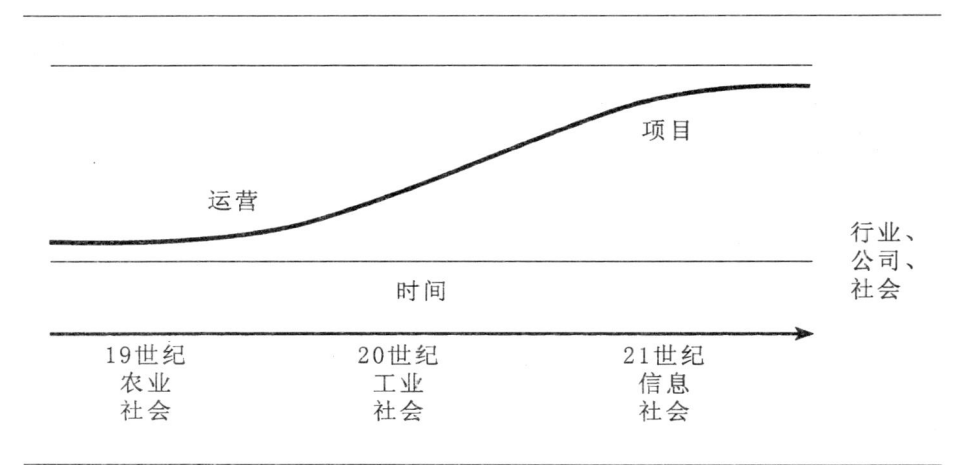

图 1-1　比例逐渐上升的项目

```
                              项目
        运营
                                              行业、
                                              公司、
              时间                            社会
   →
  19世纪        20世纪         21世纪
  农业          工业           信息
  社会          社会           社会
```

未艾。即便在如银行与保险这样比较稳定的行业中，企业也必须在新的IT基础建设上不断投资，这样才能跟上不断增长的需求与竞争。这些趋势无一不强化了项目活动在每一企业、行业中的作用。

具有嘲讽意味的是，许多企业将20世纪的大部分时间都放在了改善运营而非项目上。这种做法始于弗雷德里克·泰勒（Frederick Taylor）的科学管理原则，后者极大地影响了高效大规模生产体系的逐渐发展。[2] 改善运营效率的努力几十年如一日地继续发展，产生了一些比较现代的概念，如准时、精简式生产、再设计、供应链管理和"六西格玛"。

尽管运营效率仍然比较重要，但是可改善的空间并不大。随着时间的推移，至少从理论上来讲，每个公司都会达到相似的效率水平。比如我们可以考察一下质量问题。在20世纪80年代，优质被看做竞争优势的重要来源之一。现在已经大不相同了。现在的客户已经将质量当做理所当然的品质，而非某种独特的优势。优质已经成为必须，变成做生意的基本准则之一。这些道理同样适用于组织效率。[3]

如果公司只关注运营的改善，那么它绝不可能生存下去。除了运营，公司在追求竞争力的过程中另一个需要改善的重要领域就是企业的项目活动。项目是将革新由思想转化为商业活动的动力来源。但是，项目同样也能促使企业变得更好、更强大、更有效率。而且，现在大多数的企业都在加速进入当下这个以项目为主导的世界，难道你就不该问问自己的公司在项目方面表现如何？你的表现是否要优于你的竞争对手？

这样一种情况代表的是巨大的机遇。是时候将蕴藏于项目中未被使用的巨大潜力发挥出来了。本书的前提就是，企业的成功越来越取决于项目。好消息是，现在所有的组织——商业公司、政府部门、教育机构和慈善基金——都有项目，因此在把项目管理转变为组织竞争力来源的过程中，各个层面的管理人员会起到关键的作用。现在我们必须承认：项目管理，人人有责。

按照本书的宗旨，我们将项目定义为：一种临时的组织和过程，目的是为了在时间、预算和其他资源的限制条件下达成某一特定的目标。项目管理则是为引导项目达成某一成功目标所需的一系列管理活动。[4]

坏消息：大多数项目仍归于失败

数据显示大多数项目都无法达成目标，或者是无法达成时间和预算上的目标，或者是无法达成商业目标。看看下面这些数据：

- Standish Group 咨询公司发现，在 2000 年只有大约 28% 的 IT 项目获得成功。剩下的不是完全失败就是无法达成商业目标。[5]
- Standish Group 咨询公司同样估算出，2003 年美国 IT 项目上所投资的 3 820 亿美元中，有 820 亿美元是完全浪费。三分之一的项目或者失败，或者未达到商业目标，且都超出预算 200% 到 300%。[6]

第一章

- 罗伯特·库珀（Robert Cooper）对新产品开发的研究表明，大约有46%的资源分配给了那些或者被取消或者无法带来足够经济回报的项目。只有四分之一进入开发阶段的产品取得了商业上的成功。[7]
- 1998年布尔电脑公司在英国进行的一项调查发现，75%的IT项目都无法在项目期限内达成目标，55%超出预算，37%无法达成项目目标。[8]

15年来，我们搜集了来自不同国家商业、政府和其他部门中的600多个项目案例，记录下数百个项目案例分析。（欲了解我们该研究的描述，见附录1；其后的附录包含了我们部分的研究工具。）我们所研究的项目中大约有85%没有达成时间和预算目标，时间超过最后期限的平均占70%，超出预算的占60%。[9]

为什么即便是管理良好的项目也会失败

你可能会以为，项目失败是因为计划不到位、缺乏交流或资源不够；但是有证据表明，即便是那些管理良好的项目同样会遭遇失败，即使这些项目拥有经验丰富的管理人员，拥有非常有名的公司背后的支撑。来看看下面的例子：

> 丹佛国际机场（Denver International Airport）在1989年启动接管丹佛斯特普尔顿机场的项目，后者的规模已经极大地超过了其最大容量。[10]但是该项目却遭遇了长达16个月的延期，预算也超出15亿美元之多。后来人们才发现，原来项目的一个组成部分——自动箱包处理体系，比项目其他部分的风险更高，但是处理该部分的却

是一个标准的、未经验证的子体系,和项目其他部分没有任何区别。

赛格威(Segway)个人交通体系的设计目的是改善人们出行的方式,尤其是大城市中的人。[11]由于对销售额的期望很高,该体系的建造者开始准备建造能大规模生产的基础设施。尽管产品设计得很好,驾驶起来也很有趣,但是结果与最初的商业预期并不相符,销售额也并未达到预期额。这样看来,当初在生产能力上的巨大投资似乎完全辜负了人们的愿望。

NASA(美国航天宇航局)的"火星气候探测器"(MCO)本应该围绕火星飞行,一边收集天气数据,一边是另一飞行器"火星极地登陆者"的通讯中转站。1998年12月11日,NASA照计划发射了MCO,但是在太空飞行九个半月之后,正当它开始最后的切入动作时,它的信号消失了。后来人们将该失败归因于一个技术错误——在编码某个软件群文件时未使用公米制单位。[12]

这些计划发生在各不相同的行业内,目标市场也各不相同,并且使用各不相同的技术。但他们有一个共同点:都拥有能力强、责任心重的管理人员,都有最好的专业团队,最新的项目管理工具,而且还拥有来自高层管理者的完全支持。似乎这些项目拥有了通向成功的每一个要素,但实际情况却都是归于失败。管理人员最终了解问题和原因所在时已为时过晚,亡羊补牢,于事无补。这些失败案例都有同样的根源,亦即管理人员和项目团队都没有预先意识到项目不确定因素和复杂的程度(而且互相之间交流也不充分),因此就无法根据实际情况来调整其管理的风格。以后我们还要再详细谈谈这些项目。

这些项目并非特例。在每个企业里我们都能看到类似的案例,管理良好的项目最终都无法达成目标,以失败而告终。

第一章

为什么需要新框架和新方法

很多行政主管认为,只要提出正确的策略和商业计划,他们的项目团队就能"将之付诸实践",就能按照指示执行策略。我们了解到,高层管理经常把项目预算看做是一种成本,而非投资,并将项目活动看成公司运营的一部分。他们很少会特别指派"项目主管",也不会设立项目副总裁之类的职位,结果就是项目团队必须独立作战,完全没有来自高层的指导和帮助。

专业团队通常的做法是遵循一套已经成为项目管理专业标准的指导方针(参见"一门学科的兴起")。传统的项目管理知识确实为基础培训和初步学习奠定了良好的根基,但是面对当今项目中的复杂问题却是远远不够的。这是一个很简单的问题:如果你运用标准工具,如果你遵循规范的标准和流程,你的项目就一定能成功吗?我们的结论是:不一定。通常的情况是,即便你一丝不苟地遵照传统项目管理方式来办事,仍然很可能遭遇失败。

大多数项目中的问题都不是技术性的,而是管理性的。如果技术错误导致项目失败,那么原因往往在于管理层缺乏合适的体系来及时发现这些错误。这些问题的根源在传统项目管理方法的框架和思维定势,倒不是因为没有方法或没有经验。关键的问题是:我们能否帮助项目管理团队在将项目立项书递交给高层管理者之前对其进行正确的评估?我们能否帮助这些管理人员在项目批准之前、在事情还来得及补救之前提出正确的问题,从而发现潜在的危机?我们能否引导项目管理团队根据具体的情况、环境和任务随时对其项目管理作出相应的调整?看起来,各个层面的管理人员都需要一种全新的框架和全新的语言来相互交流对项目的认识和看法。本书的目的就是提供这样一种全新的框架,一种对项目实施管理的更加现实的新方法。

一门学科的兴起

去看看埃及的金字塔、中国的长城、希腊的万神殿和英国的巨石阵，你就能够意识到，项目其实早就扎根于每种文明当中。但直到现代，公司才开始围绕项目展开运营，而当各种工具、技术和方法成为各个产业的标准规范时，一门新的学科——项目管理，就应运而生了。

我们所知道的项目管理这门正式学科诞生在20世纪中叶。二战期间负责建造第一颗原子弹的曼哈顿计划就展现出组织、规划和指导的几项原则，对后来项目管理的规范做法产生了重要影响。冷战期间，复杂的大型项目需要有新的方法来应对。在诸如美国空军的洲际弹道导弹（ICBM）计划和美国海军的北极星导弹计划等大型项目中，管理人员开发出一套全新的控制流程，叫做"计划评审技术"（PERT）。这一方法与"关键路径法"（CPM）同时兴起，后者由杜邦公司为建筑项目而设计。从这些方法中产生了现在的"网络计划表"，成为标准的规划与控制工具。[13]这些表格将项目计划描述为一个由有序活动组成的逻辑网络，每一活动都分配一定的时间。

和其他所有学科或专业一样，项目管理学也包括全世界所有实践者广为使用的规则、流程和工具。相应地，专业组织也开始逐渐形成，以传播、分享本行业内的知识与经验。最早的组织之一是"美国项目管理学会"（PMI），成立于1969年；这一组织自成立以后就在建设"项目管理知识体系"（PMBoK）的工作上发挥了至关重要的作用，而"项目管理知识体系"也就成为了该学科实际上的标准。[14]其他组织，如欧洲的"国际项目管理协会"，也在世界上其他地方发挥着相似的作用。

第一章

项目管理的传统方式

通常,项目规划开始于范围说明书,借此确定需要完成哪些工作。然后,这个范围分解为工作要素,即所谓的"工作细目",该工作细目通常以上下层级的树状图来表示,即"工作分解结构"(WBS)。以此为基础,再建立起一个"组织分解结构"(OBS)以及一份网络计划表;然后你就可以对所需的资源进行分配,制订预算计划,并确定项目计划的其他部分。

每一份项目计划都至少应该包含一份范围说明书、一份WBS、一份OBS、一份计划表和一个预算计划。有些项目计划还包括一份风险管理计划,以评估可能出问题的地方并制定应对措施。传统项目计划的最终目标是在时间、预算许可范围内完成并根据要求完成计划。

但是项目管理同样是一个过程,因此PMI确定了九个主要的知识领域或管理流程:范围、整合、成本、时间、质量、风险、采购、人力资源和通讯。这些流程又进一步细分为41个子流程。[15] PMI最近制定了一个"组织项目管理成熟度模型"(OPM3),可根据其中描述的领域来评估某一组织在项目管理上的标准化层次。[16]

传统项目管理为何经常失败

标准、正式的项目管理方法通常基于一种可预见的、固定的、相对比较简单而确定的模式,通常与实际环境和商业需求中的诸多变化脱离开来。项目计划一旦制定,项目目标就确定了下来,项目经理也就必须用一种"按计划进行"的思维方式来执行计划。[17] 项目启动之后,进度与业绩都要对照该计划进行严格评估,计划变动非常罕见,而且如果可能的话,最好是一成不变。[18]大家可以考虑一下推动此类项目管理的两种主要动力:

- **三重制约**。如果项目经理能够在时间限制范围、在预算限制范围以及在业绩目标限制范围(或要求)之内完成项目,则可以视其工作为成功,这就是项目管理中有名的"三重制约"(又称"铁三角")。没有达成这三个要求则被看做是一种危险信号,应该尽量避免或及时纠正。
- **整齐划一**。很多管理人员和经理认为所有的项目都是一样的,因此都会表现出"此项目就是彼项目"各种心理症状来。[19]他们以为,只要遵照传统项目管理规范中的标准去安排行动就肯定能获得成功,但是这些传统的规范却根本没有包含任何指导方针和策略,无法帮助他们区分不同项目,更无法帮他们为某一项目选择正确的管理方法。[20]

管理人员和团队一方面努力让项目按预定方向前进,一方面为了达到很不现实的稳定性目标而大为受挫。更糟糕的是,项目团队在尽力将项目重心集中于三重限制之上的同时,往往忘记了其项目背后的基本商业原理:他们必须满足客户要求,必须产生商业效益,而不是仅仅满足项目要求就可以了。他们努力用一套标准的规则来管理所有项目,因此面对具体项目时往往使用错误的方法。

项目管理的经典推动因素已经不足以应付当今的商业环境。传统的模式只适用于今天很小一部分的项目。大部分现代项目都是不确定的,复杂多变的,而且极大地受到环境、技术和市场动态因素的影响。我们研究过的每一个项目都曾出现过无法预见的变数,而且没有哪一个计

第一章

划能完全按照预先的计划完成。另外,我们还发现,项目与项目区别很大,一种标准显然不可能适用于全部。要成功,就必须根据环境、任务和目标来调整项目,而不是死守着一套标准的规则。

对大多数项目而言,你已经不可能指望最初的计划能撑到最后。变化肯定会出现,而你的计划也应该随之调整。有时你甚至无法为整个项目制订一份完整的计划;相反,在完全投入到项目中之前,你必须制定一个小型的框架项目来创建小规模的模型,并在计划中包含过渡性的转折点以应对无法预知的重大事件,否则你就得从项目中分割出一个无法预见的部分,对待这一部分的方式必须与更加可靠的大型任务完全不同。对不同的项目,事件的突发程度、时间的紧急程度和变化的程度也都不同。这些现实情况在经典的项目管理教科书或指南中是无法找到的。

更好的管理方式:寻找更有适应性的项目管理方法

基于我们的研究成果,我们建议改变项目管理的现有范式,转而接受现状。在本书中,我们提出一种新方法,一种新的形式化模型来帮助管理人员更好地了解什么是项目管理。这一全新的方法基于一个以成功为核心、适应性强的灵活框架。我们将之称为"适应性项目管理方法",它与传统方法在很多方面都有区别,如表1-1所示。

根据这个适应性方法,项目并不仅仅是需要及时完成的各种活动的集合体。相反,项目是一系列与商业相关且必须产生商业效益的流程。许多项目都是不可预见的、不确定的。确切地说,它们牵扯到的是大量的不确定和复杂因素,必须以一种灵活的适应性方法来管理。规划过程不应该死板、固定,更不应该期望一劳永逸;相反,它应该是可以调整的,可以变化的,而且随着项目的推进,重新规划往往更适合情况,甚至不可避免。[21]而项目管理风格也必须根据具体的项目及其要求做出调整。

尽管该方法代表的是一种思维方式上的转变，但是如果你希望应对今日企业所面临的挑战，它又是不可回避的。虽然没有哪一个框架能提供所有的答案，但是我们相信如果企业能应用本书中所描述的方法，就一定能因为其项目而极大地改善商业效益，获得更多的"本垒打"。

然而，我们并不是建议你们应该完全摒弃传统方法。适应性方法其实建立在传统方法之上。传统项目管理的许多要素仍将是项目管理的根基。本书各章节所描述的是一种理论上完备、基于研究成果、适用性广泛的实践方法，用来应对今日变化多端、充满不确定因素的项目。下面我们来综述一下该方法的主要原则。

表 1-1　从传统项目管理到适应性项目管理

方法	传统项目管理	适应性项目管理
项目目标	按时、按预算并在要求范围内完成工作	获得商业效益，符合多重标准
项目计划	按计划执行一组活动以应对三重限制	一种组织和流程以完成预期目标，达成预期商业效益
计划制订	项目开始时一次性制订	开始时制订计划，需要时重新制定
管理方法	严格，重点放在初始计划	灵活，变化，适应性强
项目工作	可预见，确定，线性，简单	不可预见，不确定，非线性，复杂
环境效果	最小，项目启动后即脱离	在执行的整个过程中持续影响项目
项目控制	识别与计划的偏离情况，并及时将之纠正到正轨上	识别环境中的变化，并相应调整计划
区别	所有的项目都是一样的	项目与项目是有区别的
管理风格	整齐划一	适应性方法；一种标准不能适用于所有项目

第一章

创建以商业为核心、以成功为出发点的项目

本书展示的是超越三重限制对项目进行评估和规划的一种全新的多维度模型。[22]它基于这样一种理念,即"你权衡的维度就是你的所得",同时也基于投资效益分析。本书还有这样一种预设的理念,即项目各个成功维度的达成是项目领导的责任。

我们的模型不仅考虑项目业绩的战术层面,同时也考虑战略层面,不仅考虑短期和长期表现,而且还考虑不同项目股东(包括客户和企业)的不同立场。一旦接受这一全新的模型,它就会影响到项目的计划与执行,会将每个人的注意力从完成时间和预算目标上转移到更重要的事情上面来。

具体而言,新的成功标准至少牵涉到下面五个维度(或尺度):

- 项目效率:完成时间和预算目标
- 对客户产生的效力:满足其要求,并让客户满意,给客户带来利益,并让客户忠实使用公司产品
- 对团队产生的效力:满意,留在团队,个人成长
- 商业效益:投资回报,市场份额,公司成长
- 准备未来:新技术,新市场和新能力

每一个维度下都可以有若干次维度,其细节、密度、重要性和其他性质则因项目而不同。有些情况下,你可能得为你的项目定义其他具体的标准,但是总体来说,这些维度提供了一种能满足企业及商业需求的可行的框架。第二章中将对这个框架进行更为详细的描述。

钻石方法：根据项目风险和收益进行调整

为了应对项目之间的不同之处，我们给大家展示的是一种钻石形状的框架，用来帮助管理人员根据四个维度对项目进行区分：新颖、技术、复杂度和速率（NTCP）。如果将这个钻石形状看做是棒球场，那么每一个维度就可以看做是四个垒，代表三种或四种不同的项目类型。

这一钻石形状的设计目的是：为分析某一项目的预期收益和风险提供一种比较严格的工具，并借此为每一种项目类型制定一套规则和标准。如果在项目规划过程中能够有条不紊地对每一个垒进行考察，那么你就能够在每一个维度上考虑项目的独特性，并根据这种独特性选择正确的管理风格。钻石分析方法还能帮助管理人员在执行过程中对项目进行评估，帮助他们识别某一问题项目中可能出现与预期计划不相符合的地方，并采取行动来纠正错误，让项目重回正轨。最后而且可能最重要的一点是，该方法为决策者、管理人员、团队和客户在项目审批、订约和监控过程中对项目进行讨论提供了一种共同语言。

该钻石形状的四个垒具体定义如下（参见图 1-2）：

- **新颖**：该垒代表的是项目目标的不确定性和市场中的不确定性因素。总的来说，它衡量的是项目产品对客户、用户和市场是否新颖，借此来衡量最初的产品要求是否清晰、完备。新颖包括三种类型：派生、平台和突破。
- **技术**：该垒代表的是项目的技术不确定性的层次。它由所要求技术的新颖程度决定。技术包括四种类型：低技术、中等技术、高技术和超高技术。
- **复杂度**：该垒衡量产品、任务和项目组织的复杂程度。复杂度包括三种类型：组装、系统和排列（或子系统的系统组织）。

第一章

图1-2 钻石模型——评估某一项目的风险和收益并选择正确的管理方法

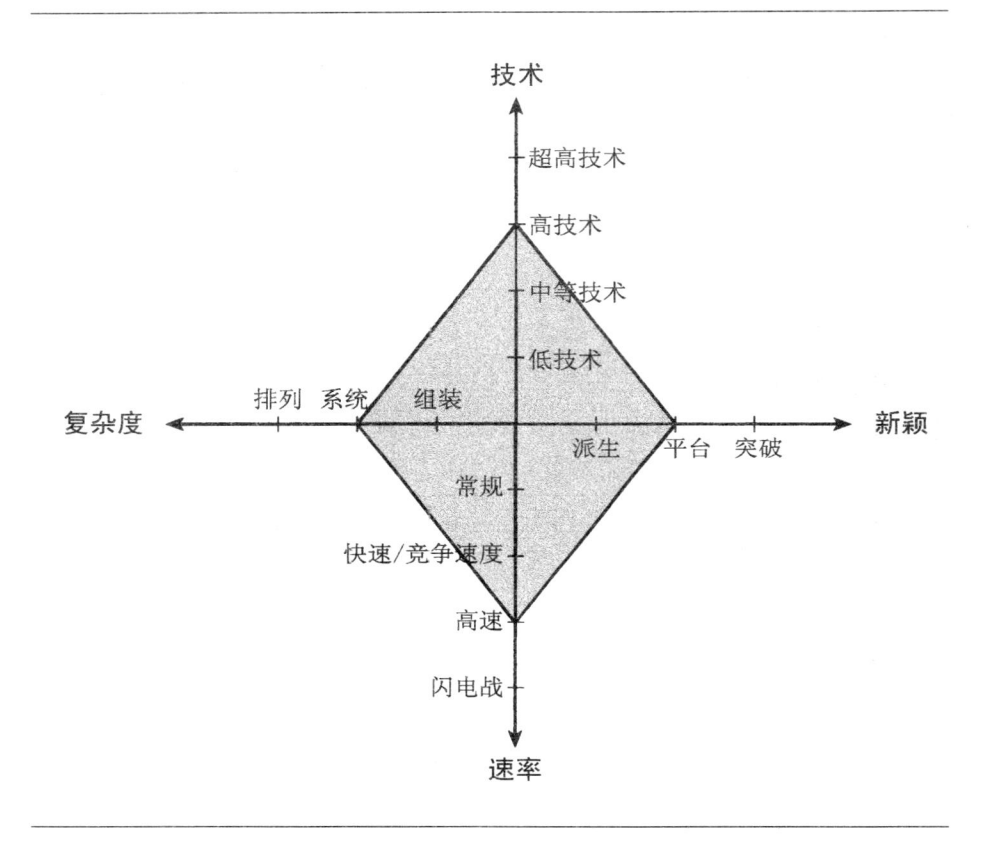

```
                        技术
                         ↑
                      ─ 超高技术
                      ─ 高技术
                      ─ 中等技术
                      ─ 低技术
    排列  系统   组装
复杂度 ←──┼───┼────◆────派生──平台──突破──→ 新颖
                      ─ 常规
                      ─ 快速/竞争速度
                      ─ 高速
                      ─ 闪电战
                         ↓
                        速率
```

- **速率**：该垒代表的是项目的紧急性——也就是说，完成任务有多少时间可供支配。速率包括四种类型：常规、快速/竞争速度、高速和闪电战。

每一个维度都以各自独特的方式影响项目管理。新颖影响的是最终确定产品要求、营销数据准确性和可靠性所需要的时间。技术影响的

16

是需要多少时间来最终确定正确的设计方案、技术活动的强度及项目管理人员和团队所需的技能。复杂度影响的是项目组织和行政管理所需的层次以及管理项目所需的正式程度。速率则影响规划与审核、项目团队的自主性以及高层管理者需要介入的程度,尤其是在最紧急的项目中的介入程度。

在我们所研究的失败项目中,我们经常发现在项目所需特征的钻石形状图和实际使用的管理风格的钻石形状图之间有很大的差距。现在来回顾,其实这些差距恰恰解释了为什么项目会失败,为什么没有达到预期的目标。作为例证,我们来看看丹佛国际机场项目失败的钻石分析,看看这种方法如何帮助更好地理解其失败的原因。

丹佛国际机场

丹佛国际机场被看做一个典型同时又比较复杂的建筑项目。和其他建筑项目一样,其技术水平可定位为低技术水平。用钻石模型的四个维度(新颖、技术、复杂度和速率)来对其管理风格进行分析,可得出这样的结论,即该项目的四个维度特征分别为平台、低技术、排列和快速/竞争速度。但是自动箱包处理系统却是完全不同的另一个项目。它要求一种全新的技术,一种以前从未如此大规模应用过的技术。项目的这一部分必须当做一个平台、高技术、系统和快速/竞争速度的项目来区别对待,但是其管理却和其他部分没有任何差异(见表1-3)。因此,项目无法对其中最敏感、最新部分的不确定性层次进行准确评估,从而导致时间拖延过长,成本也大幅度超出预算。而原本简单做一次钻石分析就能提前发现这一问题。

第一章

图1-3 丹佛国际机场项目

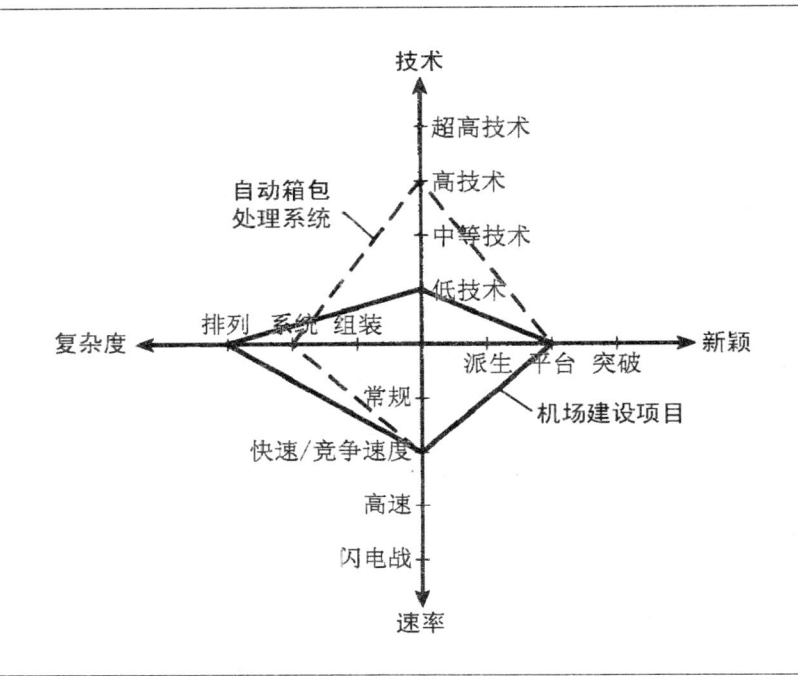

[图：以"技术"（纵轴上）、"速率"（纵轴下）、"复杂度"（横轴左）、"新颖"（横轴右）为四个方向的菱形图。技术轴标注：超高技术、高技术、中等技术、低技术；速率轴标注：快速/竞争速度、高速、闪电战；复杂度轴标注：排列、系统、组装；新颖轴标注：派生、平台、突破。图中标注"自动箱包处理系统"和"机场建设项目"、"常规"。]

本书各章节介绍

本书的框架如下：

第一部分：对项目实施管理的新模型。 开篇的这一部分介绍本书主要方法和框架的动机、背景和具体描述。

- **第一章：为什么你的企业成功与否取决于项目。** 本章介绍了为什么管理人员必须将关注点集中到项目管理中的机遇上面，同时也解释了他们为什么需要一种新的项目管理框架和语言。
- **第二章：是什么让项目获得成功。** 本章讨论如何由经典的三重限制过渡到新的范式，该范式以商业为关注点，使用多种维度来促使项目成功。该章对以下两个案例进行了详细考察：
- 悉尼歌剧院
- 洛杉矶地铁系统

- **第三章：钻石框架**。本章详细探讨钻石模型，展示了钻石图分析如何帮助管理人员对风险和效益进行预先的评估，如何使用这一构架清晰的计划制定工具。第三章中有以下案例：
  - FCS战斗控制系统
  - 索尼的随身听
  - 宝马的Z3汽车
  - 联邦政府对卡特里娜飓风做出的反应
  - 世贸中心建筑项目

第二部分：成功项目的四根基柱。第二部分对钻石模型的NTCP四根基柱进行概述。每一章负责解释一根基柱（或维度）。

- **第四章：新颖**。对客户和用户来说产品有多么新颖？产品越新，市场研究就越不可靠，要求也就越不清楚。第四章分析了下列四个案例：
  - 电影《木马屠城记》的制作
  - 赛格威个人交通体系
  - 金融中间件软件项目

- **第五章：技术**。项目的技术不确定性处于哪一个层次？技术不确定性越大，则设计要摊开的面就越大，需要更多的测试，设计方案的最终确定也比较晚，对管理人员技术知识的要求也相对较高。第五章对以下项目进行了分析：
  - 丹佛国际机场项目
  - SR－71黑鸟侦察机
  - 美国国家航空航天局（NASA）的阿波罗登月计划

第一章

- NASA 的航天飞机计划
- **第六章：复杂度**。产品或组织（或两者）有多么复杂？该维度基于一个由系统和子系统构成的等级系统。复杂度越高，则所需组织越大，需要更多的互动和手续。第六章探讨了以下案例：
  - 福特 2000 重组项目
  - 英吉利海峡隧道或称欧洲隧道工程
  - "和谐"项目——电信合作软件网络项目
- **第七章：速率**。完成项目有多少时间可供支配？速率加快就意味着需要对时间进行更为细致的安排，给项目团队更多的自主权，需要来自高层管理人员的更多支持。第七章包含以下案例：
  - NASA 的火星气候轨道飞行器
  - 千禧年问题

第三部分：将钻石方法付诸实践。本书的第三部分用例证分析了如何在不同的背景和环境下将钻石模型应用于实践之中。

- **第八章：管理项目以进行商业创新**。本章探讨项目背后的商业需求以及这些需求如何影响具体的项目选择和项目管理实际。我们还在本章讨论项目管理与创新之间的关系，包括"创新者的两难境地"以及客户接受程度的循环。第八章中有以下四个案例：
  - 在一个大型媒体公司选择 IT 项目
  - "市场观察"软件项目
  - 闪存的发明
  - 微波炉的历史
- **第九章：在现有企业中对项目进行管理**。本章向读者展示了如何在你自己的组织中应用本书中的模型，如何将适应性方法应用到你现有的项目管理流程之中。然后详细探讨了如何进行项目规划，如何处理项目的不确定因素和风险。我们还描述了如何改善项目活动的总体效率，如何处理项目外包的两难情况。本章主要讨论下面这个案例：
- Quadrant 公司模型（为提高项目效率）

- **第十章：市场与行业如何影响项目管理。** 本章展示了不同类型的客户和市场如何要求不同的项目管理风格。本章还概述了主要行业中项目管理的差别。本章探讨一个案例：
  - 电磁线涂层项目

- **第十一章：为你的企业重塑项目管理。** 本章解释了行政主管和管理人员需要采取哪些行动来充分利用这种全新的方法为自己的组织创造效益。本章以对项目管理未来发展的预见而将全书收尾。

要点与行动项

- 在现代组织中，项目活动在持续增加，而在运营中需要付出的努力则在逐渐减少。

- 大多数项目都无法完成时间和预算目标，无法达成商业目标。要想脱颖而出，获得竞争优势，项目是一个非常值得挖掘的重要领域。

- 通过对企业处理项目的方式倾注更多的关注，各个层次的管理人员都能够抓住这一机会。项目管理不仅仅是项目经理或团队领导的事，它牵涉到每一个员工。

- 传统的项目管理基于一种可预见、稳定、确定和线性的模型。其关注点放在提前制订好的一次性计划上，目标是达成时间、预算和业绩目标，在项目执行过程中却基本不顾环境变化。这种项目管理同时还假定所有的项目都应该遵循某一套标准的规则和

第一章

流程。

- 传统的项目管理已经无法确保今日变化多端的项目能永远成功。即便根据标准做好一切，你仍然可能面临失败。现在需要一种全新的方法、一种全新的语言，来帮助管理人员理解项目管理的真正内涵。
- 观察自己的企业，你可以自问许多问题。和运营活动相比，项目获得了同等甚至更多的关注吗？项目经理从组织和高层管理那里获得了足够的支持吗？你把项目看做是成本还是投资？
- 你应该用五种维度来评估项目是否成功：效率、对客户的效力、对团队的效力、商业效益和对未来发展的影响。
- 钻石框架提供了一种构架清晰的根据，用来评估某一项目的效益和风险，选择正确的项目管理风格。该框架还提供了一种模型，用来在中途对项目进行评估并随时将问题项目重新带回正轨。钻石模型包括四个维度（基柱），用来区分不同的项目，它们包括：新颖、技术、复杂度和速率。

第二章　是什么让项目获得成功

悉尼歌剧院

悉尼歌剧院是世界知名旅游胜地，每年都有数百万游客来参观这一建筑奇迹。[1]根据新南威尔士政府最初预想的计划，该项目大约需要花费七百万澳元，耗时五年。但是这个目标很难达成。建筑项目遭遇了巨大的困难——不断的延期、冲突和痛苦的预算超标。等到歌剧院真正敞开大门时已是16年之后，而最后的成本也攀升到了一亿多美元。

如果单纯从时间和预算上来评估，那你很可能会把悉尼歌剧院项目定义为一次教科书式的失败案例。但是并没有谁真正地关心这个项目管理得如何，几乎每个人都把它看成是巨大的成功。它给悉尼带来了源源不断的收入和名气，成为了世界上最吸引人的建筑物之一。

没有完成时间和预算目标，没有遵循标准的项目管理流程，但是随着时间推移却被看成是成功的项目——这样的案例我们还见过许

第二章

多。而且我们也见过根据传统规则管理得非常完美而最终却归于失败的项目。有些项目确实在时间和预算允许范围内完成了,但是却没有给其组织和客户带来多少价值。

但问题是,如果完成时间和预算目标并不是唯一的标准,那么还有哪些其他的标准?在我们现在这个时代,项目可说是所有组织中最常见的现象之一,因此这样一个简单问题回答起来就不是那么容易了。传统的思维方式认为项目的成功取决于是否能满足三重限制——时间、预算和具体要求。然而,在商业项目的动态世界里,仅仅依赖三重限制来行事已无法满足要求,这个世界需要一个新的模型。

不管项目的起因是什么,要评估某个项目是否成功总要将之与所在企业的成功联系起来一起考察,还要看它所带来的长远利益。但是尽管坊间有无数的相关论述,项目成功的衡量与评估仍然没有放之四海皆准的方法。[2] 本章建议以一种商业的眼光来看待项目的成功。我们的目标是帮助决策者和管理者在项目规划阶段更好地确定其期待视野,更好地对项目成功与否进行评估。

超越时间、预算和业绩

项目成功意味着什么?相同的规则能适用于所有的项目吗?虽然推向市场的时间可能对公司的竞争地位有决定性的影响,但是许多其他问题也可能极大地影响公司长远的项目成功。来看看以下这些著名的案例。

1986年福特特使(Ford Taurus)第一代推出后便迅速成为美国最畅销的车型,而且成为福特销售史上最成功的车型之一,以其革命性的设计和无可比拟的质量为美国汽车行业确立了新的标杆,博

得了客户的青睐。然而当整个开发项目结束时，其项目管理者却遭到了降级的命运，原因是项目的完成时间比计划晚了三个月。[3]

微软推出的第一代窗口操作系统曾遭遇长时间延迟，资源和人员也不断重新分配。但是窗口系统最终成为微软获利最多的产品，不断为它产生收益。[4]

1984年，苹果推出其主打产品麦金塔系统，但是它之前的丽莎电脑却遭遇了彻底的失败。苹果的管理层后来承认，如果没有在丽莎项目当中学习到的教训和发展出来的技术，麦金塔系统是无法成功的——这就让人不得不重新思考丽莎，也许它并不完全是一个失败的项目。[5]

说到项目成功，关键的问题在于："新项目开始启动之前，企业应该考虑些什么？在最后总结时又如何评估项目？"

完成时间和预算目标只是答案的一部分而已。达到这些目标说明项目的管理比较细致、有效，说明项目团队在规划、监控和执行层面做得不错。但是严格遵守项目计划并不能让我们了解项目的执行是否完成了长远的商业目标，而后者恰是项目启动的初衷所在。

大多数项目都是企业战略管理的一部分，因此其评估也应该基于对整个企业业绩的贡献来进行，而不仅仅是去考察其完成时间、预算和业绩目标的能力。而且，项目的成果可以有很多种形式；有一些也许可以迅速体现，而有一些可能要观察后效。因此，企业必须提前设定好能反映企业期待视野的项目目标，不仅是短期的，更应该包含长期的目标。而所有的项目活动也必须与这一期待视野相符合。

第二章

一个多维度的战略概念

有些专家提出应该在项目成功和产品成功之间进行区分。他们认为,我们应该首先评估项目执行的效率(是否在时间和预算范围内完成项目?),然后再来考察产品是否成功及其对业绩的影响(产品是否产生了预期的市场效力,是否带来了预期的收益?)。[6]

然而,我们认为项目成功与产品成功是密不可分的。他们是一个硬币的两面,在项目执行过程中必须得到项目团队同等的重视。其实问题很简单:项目怎样才能对企业的成功和效率做出贡献?

谁负责让项目获得成功

这一视角要求项目管理人员从更广阔的意义上来看待项目成功,然后担负起促使项目获得成功的责任。决策者的任务则是将总体的商业立场传递给项目团队,提前告诉他们商业目标,并提出与这些目标相关的各种问题;这一切都应该在项目计划审批完成之前进行,同时还应该在审核项目进度时随时进行。

有了这样一种思维方式,项目管理人员就能在项目伊始以一种迥然不同的方式对项目进行管理。他们会随时关注商业环境,并确保团队活动的重心放在项目的短期和长期目标之上。项目目标的重要性可能会依项目不同而有所变化,但是项目的总体成功却是项目经理的责任所在,因为正是后者在进行着项目的日程管理。

但是要注意到,有些公司将项目"拥有者"和项目经理的角色区分开来。拥有者负责完成商业需求,而经理则负责按时完成项目。但即便如此,团队及其领导仍然负有责任,确保其日常工作能够带来最终结果的长期成功。

成功：多维度，多角度

我们将项目成功看做是一种多维度的战略概念。[7]对项目成功的评估要求从不止一个维度来进行，而这些维度的重要性也不尽相同，依项目不同而发生变化。

从不同维度来评估企业的组织效力并不是新颖的举措。近些年来这种评估方式在公司层面上不断发展起来，因为商业界逐渐意识到仅基于财会标准而进行的评估是不完整的。卡普兰和诺顿因此发展出公司"平衡计分卡"这一概念来应对此问题。计分卡有四个主要维度：财务尺度、顾客尺度、内部尺度和创新学习尺度。[8]通常，企业会选择15到20项能反映其特定需求和环境的子尺度。另外一些研究建议将该概念扩展到五个维度：财务、市场、流程质量、人员发展和未来准备。[9]

但是，如何才能将之应用于项目及获得成功之上呢？很明显，任何尺度都要应对不止一种需求，应该代表不止一个股东集团的利益。但不管怎样，成功尺度首先还是必须反映公司的战略意图及其商业目标，原因有三。第一，如果某个项目不能为企业服务，那为什么要启动这个项目呢？第二，项目还应涵盖不同时期的成功目标：短期的成功可能最后会归于失败，而短期的挫败也未必不会转变为长期的回报。因此，项目成功在观察时应该在脑海中有不同的时间框架。最后，成功的尺度应该反映不同股东的利益，因为股东能够影响项目最终的结果。

我们可以新办公楼的建设为范例。建筑师可能会从美学角度来考虑项目；工程师从技术视角来看；会计从预算范围内所花费的金钱来看待项目；而人力资源经理则会从团队的满意度来思考问题。最后，CEO会从建筑物对股票行市造成的影响来进行评估，而用户则会从投资回报率来看待这个建筑物。[10]某一群体看来不错的项目，在另一个群体看来可能很普通。下面这个案例在传统管理思维方式看来是世界级的，但是

第二章

最终却以失败告终,原因正在于它没有考虑到其主要股东,亦即客户的需求。

洛杉矶地铁:在汽车城市中的地铁系统

1993年1月,洛杉矶地铁4.4英里长的红线第一部分(the Red Line)在洛杉矶市中心向乘客敞开大门。地铁系统已规划多年,而这条线是整个系统的第一部分。

洛杉矶地铁最初在1925年就有人提出来,但是市民投票将之否决。到20世纪80年代,都市环境渐渐成型,市民终于投票同意资助综合地铁系统。项目将逐步实施,到结束时,总长23英里的红线将从市中心沿三个方向(东、西和城中)向外辐射,为今后30年的城市交通提供一条主干道。

这个项目面临着无数技术和管理上的挑战:地下的天然气、废弃的油井、已被污染的地下水和强地震活动。但最大的挑战是改变普通市民的态度,说服他们将私家车留在家里,乘坐地铁出行。

负责该项目的是洛杉矶公共交通管理局的分支机构铁路建筑公司(RCC),后者根据项目任务和前景制定了评估项目成功的若干标杆:为洛杉矶民众建设一个世界级的地铁系统,并为公共设施设计和建造树立起一个优秀的榜样。成功意味着要在预定时间之前和预算范围之内完成第一部分的建设,维持建筑安全记录(也就是比全国平均水平还要高出50个百分点),雇佣当地的企业和小型企业,保持98%的准时列车运行率,获得行业的正式认可,并赢取行业突出奖。

根据所有这些标准来衡量,这个项目是很成功的:提前八个月竣工,费用也没有超出预算;而且还在1993年被"美国项目管理学会"授予"年度项目"奖。[11]然而,项目接下来的几个阶段在几年后却不得不搁置起来,因为市政府发现地铁的使用率比预期的要低很多。要改变市民的态度,说服他们把私家车留在家里来乘坐地铁——这个任务基本没有完成。而项目目标最重要的部分——建设能造福民众的世界级地铁系统——也遭到了忽视,人们的关注点都放在"为公共设施设计和建造树立起一个优秀的榜样"之上。

项目成功的五个主要维度

根据我们所做的研究,我们建议对项目成功进行长期和短期的全面评估可以从以下五组衡量标准来进行:[12]

- 项目效率
- 对客户产生的效力
- 对团队产生的效力
- 商业和直接成功
- 准备未来

其他的维度也可能非常重要,但是这几组标准代表了很广泛的项目场景,涵盖了大部分的案例和时间范围。每一个维度还包含几种可能的次维度,如图2-1所示。(附录二中有我们研究中所使用的研究问卷调查。)

第一个维度,项目效率(或称遵照预期目标),代表的是一种短期的维度:项目是否按计划完成?是否按时结束?花费是否在预算范围之内?正如我们前面所说,在资源限制范围内完成项目也许表示这个项目管理得不错、很有效率,但是这些并不能保证项目的最终成功,也不能保证项目会给企业带来长期利益。不过,现在竞争越来越激烈,产品生命

第二章

图2-1 具体的成功维度

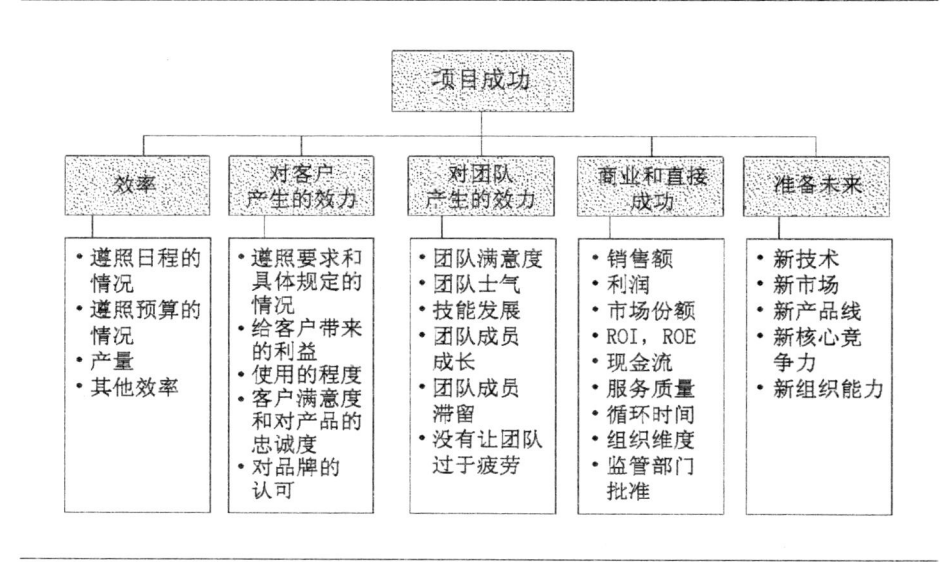

```
                          ┌──────────┐
                          │ 项目成功 │
                          └────┬─────┘
     ┌──────────┬─────────────┼─────────────┬──────────┐
  ┌──┴──┐  ┌────┴────┐  ┌────┴────┐  ┌─────┴────┐  ┌──┴──────┐
  │效率 │  │对客户   │  │对团队   │  │商业和直接│  │准备未来 │
  │     │  │产生的效力│ │产生的效力│ │成功      │  │         │
  └──┬──┘  └────┬────┘  └────┬────┘  └─────┬────┘  └────┬────┘
 ·遵照日程的   ·遵照要求和   ·团队满意度   ·销售额       ·新技术
  情况          具体规定的   ·团队士气     ·利润         ·新市场
 ·遵照预算的   情况          ·技能发展     ·市场份额     ·新产品线
  情况         ·给客户带来   ·团队成员     ·ROI, ROE    ·新核心竞
 ·产量          的利益        成长         ·现金流        争力
 ·其他效率     ·使用的程度   ·团队成员     ·服务质量     ·新组织能力
               ·客户满意度    滞留         ·循环时间
                和对产品的   ·没有让团队   ·组织维度
                忠诚度        过于疲劳     ·监管部门
               ·对品牌的                    批准
                认可
```

周期越来越短,因此上市时间仍然是一项无法忽视的关键竞争力。

第二个维度,对客户产生的效力,代表着主要股东,后者的观点对项目成功的评估起着关键的作用。该维度应该清楚地陈述项目的结果如何改进了客户的生活或生意,如何满足了客户的需求。比如,如果客户是服务提供商,该维度中的成功则可采用如下定义:产品能够让客户把回应自己客户的时间减半,并降低错误达60%。

如图2-1所示,这一维度(而不是项目效率)包括产品业绩衡量标准,功能要求和技术细则。毕竟,产品业绩影响最大的不是客户又是谁呢?该维度通常还包括客户满意度,客户使用产品的程度以及客户的忠诚度:客户是否愿意购买或订购下一个产品。

第三个维度,对团队产生的效力,反映的是项目如何影响团队及其成员。优秀的项目领导会激励、引导团队成员,将项目变成一次难忘的、激动人心的经历。而别的项目则可能是费神费力的考验。这一维度评估的是累积起来的效力：团队满意度、士气、团队对企业的总体忠诚度以及项目结束后团队成员继续留在企业中的意愿。不过，这一维度还评估企业在团队成员身上的直接投资，评估团队学习和成长的程度，以及团队成员新获得的技能与新的专业能力、管理能力。

第四个维度，商业效益和直接成功，反映的是项目对上级企业所产生的直接和即时效力。在商业背景中，它应该评估销售额水平、收入和利润，以及现金流和其他财务标准。简而言之，这一维度应该与项目的商业成功相关，应该回答这样一个简单的问题：项目是否帮助公司构建起了损益表底线？

很多情况下，这一维度表现为典型的商业计划，其中概述了最后产品在未来的预期销售额、成长情况和利润。有时候，这一维度也可能牵涉到投资利润分析计划，后者将投资和预期的回报联结起来。然而，这一维度也可能包括和商业相关的衡量标准，用于评估那些并不是针对进入外部市场的新产品的内部项目，比如为重组商业工作流而进行的重构项目。在这些情况之下，这一维度通常会包括其他一些衡量标准，比如所节省的成本、改善的生产时间、循环时间、产量和流程质量等。

这一维度还能应用于非营利组织。比如，如果某个慈善基金组织为了改善其服务、缩短其流程并以更有性价比的方式来为更多客户服务而发起一项项目，那么对这样一种改善型的项目是否成功进行评估的时候，就应该设计相应的衡量标准，以反映项目对整个组织利益的直接影响。

最后一个维度，准备未来，处理的是项目的长远利益。它反映项目是否帮助所在组织构建基础设施，以为未来做好准备，以及是否创造了新的机遇。未来的基础设施一般包括新的组织流程以及额外的技术和组织竞争力。通常的衡量标准还包括创建新市场、创建新产品线以及发

第二章

展新技术。

正如苹果公司的 Lisa 产品所证明的那样,没有产生直接商业利润的项目仍然有可能成为未来发展机遇的跳板。要对这一维度进行分析,你可以问这么几个问题。你的项目是否对能够产生新市场、带来创新和新产品的新思想进行测试?你是否发展出新的技术和核心竞争力?你是否准备好了在所在行业中发起变革、创造新的未来?是否已经准备好,能够迅速针对外部挑战、竞争对手无法预见的动作以及市场和技术方面的突然变化而做出调整?

这里所展示的五种衡量标准为大多数案例和环境中的项目成功的评估提供了一个通用框架,但是有时候可能还有必要来为具体的项目定义额外的成功标准。比如,在制药行业,要检验项目是否成功最好的办法就是为某种新药物或疗法获得联邦食品及药物管理局(FDA)的认可;而在选举竞争中,胜利则意味着必须获得最后的成功。

同样,对于公众和政府项目来说,成功可能意味着民众对政府的认可和接受,具体的评估标准也就需要另外制定;然而在战争中,成功可能就不仅仅是赢得战争,还应该包括将伤亡和平民的损伤降低到最小。

作为动态概念的项目成功

如果使用这些主要维度,那么项目成功就变成了一个动态的概念,有着短期和长期意义。第一个维度,效率,可以从短期来评估——在项目执行过程当中和项目完成之时。当项目开始进行之时,第二个和第三个维度就逐渐成形,具体而言则是评估产品规格是否适合客户,评估团队交流的质量;这通常在项目完成之后的头几个月里就能清楚地呈现出来,因为在这个时间段,产品已经送到客户那里,而对团队产生的效力也在广阔的企业背景中显现出来。

第四个维度,商业和直接成功,只有在达成了一定规模的销售额水平且项目回报基本与投入持平之后才能得到评估,这通常要在一两年之后。而最后的第五个维度,则需要更晚之后才能评估,甚至可能到三五年之后项目的长远利益开始显现才行。实际情况中,这些评估标准往往重叠在一起,但是各个维度的时间段却不尽相同,具体可参见图2-2。

图2-2　成功维度的时间范围

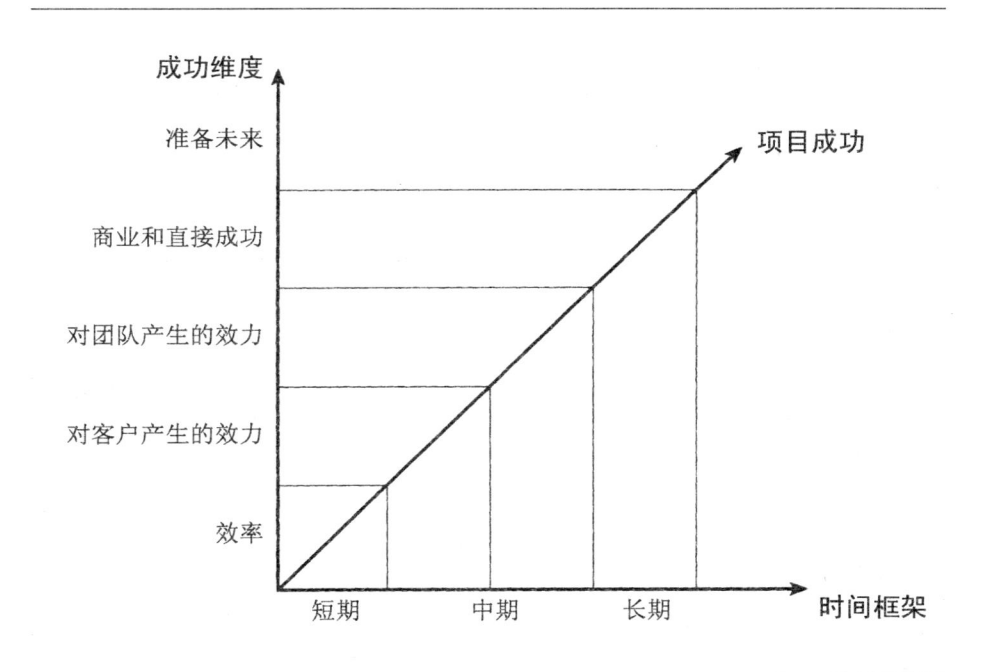

时间效力

这五个维度哪一个最重要?正如各个维度的本质所揭示的,它们的重要性会根据你对它们的看法而变化。短期来看,尤其是在项目执行过

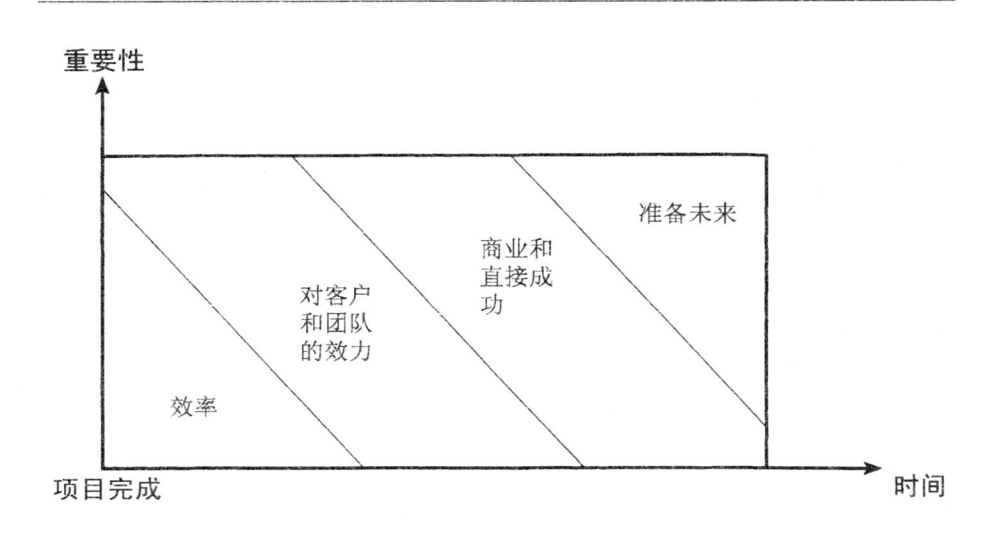

第二章

图2-3 成功维度的相对重要性：与时间有关

[图：坐标图，纵轴为"重要性"，横轴为"时间"（从"项目完成"开始）。图中由左下至右上依次为四个斜向区域：效率、对客户和团队的效力、商业和直接成功、准备未来。]

程中，项目效率这个维度最重要。实际上，在此阶段这是唯一能够具体衡量的维度。要监控项目进度，控制其进展，最好的方法可能就是随时关注资源的限制，留意偏离计划之处，同时注意各种效率衡量标准。

然而，项目完成之后，这一维度的重要性就不断降低。随着时间发展，不管项目是否受到资源限制，这一维度的重要性都逐渐降低，而且在大多数情况下，大约一年之后，这一维度基本就无关紧要了。尽管第二个和第三个维度——对客户和团队产生的效力——要到项目完成之后才真正重要起来，但是思考这两个维度（及其他维度）的时间却最好是在项目进行时，因为这时你有能力来对之产生影响。

第四个维度，商业和直接成功，要到更晚些时候才变得重要起来。要过一段时间才进入人们的视野，通常要等到项目产品的销售开始产生利润，或者开始占据市场份额。而最后一个维度，准备未来，因为传递的是项目的长远利益,所以也通常要数年之后才能对企业产生影响。这五个维度与时间的函数关系见图2-3。

项目类型和成功维度

后面几章的主题是不同项目类型的问题,会详细讨论如何调整你的管理方法。现在只需要注意,风险和机遇通常根据项目类型而发生变化——风险越大,机会也越大——而成功衡量标准则应该反映这种情况。低风险、低不确定性的项目往往只能创造有限的机遇,而大多数这样的机遇只需要有自信就能获得。

图2-4　成功维度的相对重要性依项目不同而不同

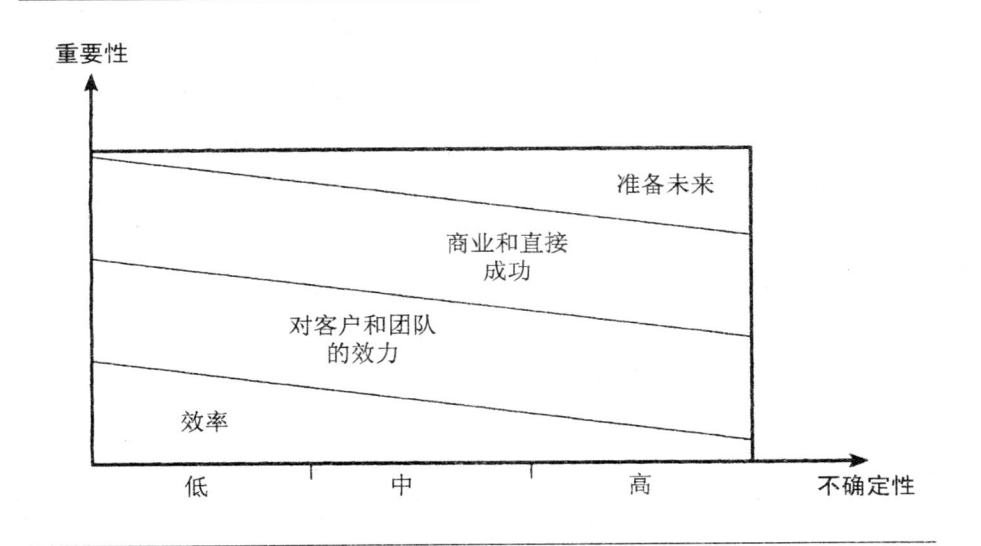

因此,对于低风险的项目来说,关注资源限制可能就比高风险项目要更重要,更关键。低风险项目的直接成功要看是否能在预定时间和预

第二章

算范围内完成项目,而预期的利润也往往能提前确定。与之相反,对高风险和高不确定性的项目来说,短期表现不好,超出预算,甚至短期未带来商业成果,也许都能由长期利益来抵消掉,比如开创新的市场,掌握新技术的专业知识,或者是为未来更高级产品准备基础设施。很明显,客户和团队的满意度以及直接成功对所有类型的项目来说都是很重要的。[13]因此,根据风险和不确定性的不同情况,项目成功衡量标准也会发生变化,如图2-4所示。

总之,我们必须再次强调,尽管根据时间不同和项目类型不同,成功维度可能会有变化,但仍然需要在整个项目期间给予关注。下面,我们将讨论公司和管理人员如何将这一方法应用于实践当中。

将成功维度框架应用到你的项目中去

公司需要创建一个关注成功的项目环境,要运用多维度的灵活衡量方法,在项目计划和执行过程中要留意每一个成功维度。如果在项目执行过程中没有人关心客户是否购买产品,那么,要想最终推出一种能获利的产品的可能性就大大降低了。因此,企业从一开始就应该采取几个关键步骤来确保项目的成功。

根据项目类型来调整自己的期望

管理人员和团队成员的注意力应该尽早集中到项目目标上来,而项目目标则由公司具体拟定。如果企业希望从项目中获得某些战略利益,那么管理人员应该将这些利益作为预先确定的成功标准融入到项目中去。他们必须同时关注项目的短期和长期利益,在所有的维度上判断项目的表现。

没有哪组既定的维度能运用于所有的项目,因此,管理人员需要根据项目类型来调整自己的期望,根据项目来衡量各种成功维度。比如,一个高不确定性、高风险的项目应该主要从商业效果和长远效果来进行评估,而不是从短期标准如时间和预算表现来评估。相反,一个低不确定性、低风险项目(比如新大楼的建设)不大可能帮助企业发展出新的技术,创造新的机遇。

将项目成功维度变为项目计划的一部分

因此,项目成功维度必须成为项目规划不可或缺的一部分,成为企业战略管理的一个标准组件。在启动项目时,你就应该将成功衡量标准融入到管理高层的决策过程之中,应该将它们放进项目团队的规章之中。管理人员应该安排好企业的资源,以达成这些标准。你应该将之详细记录在案,让它们成为项目计划的一部分,而且在项目审核时也应该对它们进行监控。是否仍然重要?项目在达成这些标准上表现如何?

管理人员和项目团队的评估应该基于他们在所有维度上的表现,而不仅仅是短期成果。具体的项目应该把重心放在适当的维度上。如果是短期的、低风险的项目,则利益应着眼于效率。如果是高风险项目,则企业应做好准备应付超出预算的情况,而且短期内甚至要忍受不尽如人意的商业结果,然后才能迎来长远的利益,所建造的基础设施也才能发挥作用——创造未来。

之前提到的适应性强的灵活项目管理风格同样适用于项目成功。如果有必要的话,你还应该做好准备随时根据环境中的新信息和新变化对你的项目成功维度进行调整。在项目审核中,高层管理人员应该关注这样的成功维度,关注所取得的成就,而且在必要的时候,还应该根据环境变化批准对衡量标准做出的更改。

第二章

承担更大的责任

在我们看来,项目经理应负责在所有维度上取得成功——首要是客户满意度和商业结果。当我们把这些思想告诉一些管理人员和其他专家时,我们得到的回应通常是热烈的支持。但是,我们不时也能听到另一个意见——我们的研究论文曾有匿名审阅者这样评论:"项目经理必须确保项目按时完成,不超出预算,而且应该满足各种具体的要求。其他一切都不重要。如果这些标准不适用,我们才能说失败可能来自项目之外,而不是项目之内,才能说这样项目可以看做是成功的。"

我们希望,这些古老的信念正逐渐退出历史的舞台。没有人比项目经理更了解项目,也没有人比经理更有能力来确保项目的成功。项目延长期的工作应着眼于创造一个以成功为核心、超越那三重限制的环境,在这个环境中每一位团队成员都清楚地知道成功的具体标准,从而能有目的地采取行动来获得成功。

但是有什么回报呢?如果商业结果可能要等到项目结束之后很久才出现(或者干脆就没有结果),我们应该给一位表现良好的项目经理怎样的回报呢?部分回报可能在项目执行期间就自然出现,比如客户回馈或初步的商业回应。然而,这种适应性强的方法最终能够带来企业内部文化的转变。项目将更加紧密地与商业结果联系在一起,主管人员将与项目过程更加合拍,而长远来看,回报体系也将变得更加灵活,能根据项目表现的不同指标而做出调整。

应对可能出现的失败

本章的大部分内容都关注项目成功这个话题——如何衡量,如何规划项目以获得最大的成功。但是如果失败了呢?正如我们前面看到了的,项目中的失败是常见的现象;在规划过程当中,项目团队就必须采取应对措施，就如在规划过程中思考面对成功的应对措施一样。诚然，很多团队在项目中使用风险管理计划；但是我们认为，你应该同时在不同维度之上定义成功和失败的标准。失败标准能够提前说明项目实施过程中可能出现问题的地方，从而为你的详细风险管理计划奠定基础。项目可能无法达成时间和预算目标，无法满足客户要求，无法完成商业目标，从而造成损害或危险，甚至危及人员生命。我们将在之后的几章中详细讨论项目风险，并在第九章具体处理风险管理问题。

我们已经考察了成功项目的决定因素，第三章将概述适应性项目管理方法的框架，说明如何将之应用到不同场景和环境下的不同项目之中。

要点与行动项

- 项目的成功不能仅仅由三重限制来判定。时间、预算和业绩都是短期维度，无法反映长远的成功。项目成功是一个多维度的战略概念，应该将项目及其产品的短期和长期成功都考虑在内，应该在考虑项目管理效率的同时集中关注商业成功，而且应该考虑到不同股东的视角。
- 项目成功的规划和评估通常从以下五个维度来进行就足够了：效率、对客户产生的效力、对团队产生的效力、商业效益和直接成功以及准备未来。每一维度又体现为具体项目的具体标准。特殊案例则需要额外的维度。
- 不同的项目有不同的成功标准。这些标准根据视角、时间范围、项目不确定性和其他变量而发生变化。成功标准的相对重要性则依赖于观察时间和项目类型。

第二章

- 成功维度是项目计划的一部分,应该能够推动项目的执行。在确定这些维度的同时还应该确定可能的失败标准,以预见"可能出现问题的地方"。项目经理和团队的职责之一就是:确保项目的执行符合所有的成功维度。
- 项目的整个周期内,成功维度可能随着新信息和环境变化而发生改变。
- 项目规划过程中首先确定相关的成功维度,主管人员应该将之确立为一种制度。项目审核应该包括在所有成功维度上进行进度审核,如果有必要的话,还应该批准在成功标准上做出更改。
- 对于不仅仅是完成时间和预算目标的项目经理和团队,你的企业应该有所奖励。给项目经理更大的责任,如果产品在市场上表现良好,而客户对结果也确实满意时,则应该对他们加以奖赏。

第三章　钻石框架

要超越项目管理的传统操作方法,我们首先必须认识到没有放之四海皆准的标准。和能够重复进行的操作不同,每一个项目本质上都是独特的。每一个项目都代表这一种新体验,面对的是新的问题和一系列新的管理难题,而管理过程也绝不是重复已知的步骤和流程而已。

因为单个项目的独特性,管理人员和行政人员需要了解项目与项目不同在何处,了解适当的项目需要适当的组织方法。实际上,如果不了解这些差异,就会使项目陷入危险境地,甚至导致失败。来看看下面这个故事。

FCS 项目

FCS 是以色列一家知名国防承包商开发的第三代战斗控制系统。FCS 项目所遇到的最大挑战是如何提高机动车辆上装载武器的打击精确度。[1]因为该承包商为之前几代相似产品建造过部件和子系统,经验丰富,所以主管人员就认为他们有能力来竞争整个系统的建造项目。一番激烈的投标之后,公司赢得了合同。

FCS 中的主要技术创新是一种全新的稳定技术,据称能够大

第三章

幅度提高性能。但是,这同时也要求使用一种完全陌生的技术和一种完全不同的操作原理。

然而,公司的管理层认为他们能够管理好这一新系统的开发,正如他们之前曾管理那些不那么全面的项目一样。他们还认为能够使用现有的模块,只需要微小的改动就能成为新系统的基础。而且,他们认为,一旦他们将所有的子系统开发、测试、验证完毕,剩下的工作就很简单,只需要直接将这些子系统组装起来就能得到功能完备的集成系统。基于这些想法,他们以常规的方式组建了一个团队,带着自己早已习惯的思维方式和方法开始了一项全新的项目。

但是,参与项目的大多数工程师都没有接触过这项最关键的稳定新技术。而且,团队成员中没有人曾经建造过一整个系统,却要承担其系统整体性能的责任,要让系统满足系统最终用户的期望。最糟糕的是,整个系统对客户来说也是全新的尝试,这就意味着最终的性能目标(和最低要求)是比较模糊的。计划是在16个月之后开始给客户发送产品草样,三年半之后开始全面投产。

很快人们就发现最初的这个项目日程是不现实的。于是重写项目计划——重写了两次。即便如此,项目仍不断延迟。第一年过后,公司启动了应急方案,开始往该项目注入更多的资源。但是直到整整两年之后,公司管理层才意识到,整个项目需要处理两个大问题才能进行下去,而这两个问题完全不在最初计划的范围之内。到这个时候,危机终于一触即发。

第一个问题是,开发稳定技术需要更多的时间,因为新装置需要额外的设计周期来应付巨大的技术不确定性。

第二个问题更加棘手:一个复杂的系统并非子系统组装在一起就能运作起来。项目需要一段额外的时间来让系统整合起来,同时还需要开发出一套新的战斗原则。这些活动都不在最初计划之中。

于是需要对项目管理方式进行巨大的改变。在高层管理干预之后,团队中新添加进来系统工程和整合小组。另外,公司还启用了精心挑选的专家,包括外部顾问,来帮助团队执行项目。高层管理的介入则越来越广泛,每日都要听汇报,新问题和解决方案几乎都要在第一时间报告。这些努力终于带来了突破,在38个月之后,终于能将第一套完全运作的系统发送出去。投产则要到五年后才开始,整整延迟了21个月,而花费也几乎是最初预算的两倍。

为什么企业需要一个框架

FCS项目的执行者们用惨痛的代价学了一课。回头来看,如果他们提前就正确估计出项目的困难所在,他们肯定会从一开始就用新的方式来管理项目。这些项目经理缺的正是一个能够帮助他们系统评估项目独特性、了解新项目在哪些关键维度上与以前经历过的项目有所区别的模型。

但如果每个项目都是独特的,我们如何能够只倚重一个框架、一个模型或一个通用的模板呢?难道在开始新项目时我们注定要面对一个全新的局面?有没有办法建立起一种连贯的方法并系统地应用于各种项目呢?

回答是肯定的:每个项目确实是独特的,但并不是每个方面都是独特的。我们在考察大量各种项目的时候,可能会发现有许多变化之处——但同时也还有许多相同的特征。正如你们所看到的,变化本身其实也是有着一定模式的,这就意味着我们能够为不同类型的项目制定出一般性的应对方法来。这种变化的特性尚未在现有的项目管理研究文献中出现,也没有包含在这一领域的通用知识库当中。[2]

第三章

项目经理通常是一个企业中最有创造力的领袖,这也许能解释为什么他们都被这一角色所吸引。他们知道必须自己解决自己的问题,通常不会有来自高层主管的指导,而他们又必须在限定的时间范围之内将工作完成。当他们无法在教科书中找到解决方案时,他们就会自创方法来加以解决。

但是实践中他们缺乏的往往是一种足够抽象的视角;特定的经理在其职业生涯中通常只能参与到有限数量的项目当中去。因此,科学化学科的贡献就是超越有限的个体经验而将相关的原则加以概括总结。据我们的经验来看,项目经理最需要的是一个模型,能够帮助他们辨别项目与项目之间的差别,帮助他们将自己的项目进行分类并为特定项目选择正确的方法。

本章将为你展示 NTCP 钻石模型,该模型将作为处理不同项目差异之处的实用框架贯穿本书。尽管钻石模型并不是唯一的选择,但是却能够为大多数项目、企业和管理人员提供一个可行的解决方案和起点。让我们首先来看看如何评估手头的项目并将之归类。

如何区分不同的项目

项目与项目之间的区别多种多样。这种区别可以是技术、规模、地点、风险、环境、客户、合同、复杂程度、技能、地理和许多其他方面的因素。但是项目同样也有很多共性。每个项目都有目标、有限的期限和其他资源,也都有一个项目经理或领导,而且项目通常都会制定好预算方案、日程和组织方式,以确定什么人做什么事。问题在于如何将这些共性和差异融合进同一个模型之中,从而帮助管理人员对项目进行归类,并为每一个项目选择正确的应对方法。

你可以使用三种主要的推动力对项目进行归类:目标、任务和环境。

钻石框架

- 目标。该项目需要具体达到什么样的结果或推出什么样的产品？最终产品是拿来做什么的？项目的最终产品应该从一个比较宽泛的角度来看：可以是实体的，也可以是非实体的；可以是一个流程、一个企业、一个组织、一个系统，也可以是一场营销战，甚至还可以是一个教育节目。
- 任务。需要做的具体是什么工作？有多困难？对之了解程度如何？以前是否曾完成过相似的任务？有多复杂，有多少时间可供使用？
- 环境。项目环境包括商业环境、市场、可获得的技术和特定行业。还可能牵涉到外部的经济、政治或地理环境，以及公司的内部环境：文化、人员、技能、流程和与该项目争夺资源的其他项目。

我们的目标是建立起一个不依赖于背景而能存在的框架，不需要依赖于行业、技术和具体企业，能够非常宽泛地包容大部分的项目。在我们的研究中，我们努力去了解某个项目之所以与别的项目相异或相似的各种潜在维度，从而能够告诉我们如何更加有效地管理项目。

在经典的权变理论基础上，我们总结出让项目与众不同的三个维度：不确定性、复杂度和速率。（附录三 A 讨论了经典权变理论如何应用于项目，而这些维度又是如何从中诞生。附录三 B 收录了我们就项目归类所做的研究问卷调查，附录三 C 讨论了归类体系的概念基础。[3]）不确定性指的是我们所拥有的项目目标、任务和环境信息的状态；通常这些信息都很粗略，而且不完整，尤其是在项目之初。复杂度是项目范围的一个尺度，反映在诸如任务数量和任务之间的相互依赖性等特征之上。自然，速率和时间维度以及推动工作进展的"软"、"硬"期限有关。

在实践中，我们发现将该模型扩展之后会更有用，因为我们注意到

第三章

其实不确定性有两种：市场（或目标）不确定性和技术（或任务）不确定性。因此，就出现了 NTCP 钻石模型（新颖、技术、复杂度和速率）。不确定性维度现在分为两个部分：新颖由目标和市场不确定性决定，而技术则由技术不确定性决定。

也许解释和了解该模型的最好方法就是来看看一些非常有名的案例。

NTCP 诸维度：几个著名案例

NTCP 模型的优点之一就是各个维度相对来说比较容易识别。之前所讲述的 FCS 的故事说明了项目所面临的困难之一就是相对较高的新技术以及将多个子系统融合成正常运作整体系统的复杂问题。具体来说，新技术要求延迟时间以进行技术设计、建造和测试，而产品的复杂本质则要求一种特别的组织方式，要求更长的时间来进行系统整合和系统工程方面的工作。以上都说明了技术和复杂度这两个维度的作用所在。下面这个故事则说明了新颖这个维度能造成的影响。

索尼带来的市场革命

第一台随身听诞生自挫折之中。[4] 20 世纪 70 年代，索尼创始人之一、名誉主席井深大告诉自己的下属："我希望能够很轻松地在飞机上听录下来的音乐。每次我坐飞机出差的时候都得带上一台笨重的磁带录放机和头戴式耳机。"为了讨好自己的老板，一组索尼雇员将录音组件从已有的索尼手持式录音机中挪走，让它变得更轻更小，还加上了一副耳塞。这就成为了第一台随身听的原型——非常小，能够带上飞机，能够在散步的时候也享受音乐。

钻石框架

尽管没有相关营销研究的支持，CEO 盛田昭夫还是在 1979 年决定将随身听作为商业产品进行开发并推向市场。正如盛田昭夫所说的："市场研究全在我脑中；我们创造市场！"在没有任何具体要求的情况下，开发小组工作了两个月，希望达成两个目标：优良的音质和体积较小的耳塞，耳塞小到要让你感觉不到自己戴了耳塞。

虽然技术并不新颖，但是这一产品却代表了一种全新的概念。最初客户的反应非常冷淡。一共生产了三万件产品，但是却只售出三千。索尼的管理层因而知道他们需要有一种革命性的营销策略。但是他们如何才能说服人们相信自己需要这样一种以前从未见过、拥有过甚至想过的产品呢？

第一步是将产品宣传给那些能产生影响力的人，比如名流和音乐行业的人。索尼开始给日本的录制艺术家和电视电影明星免费赠送随身听。索尼将目标锁定在年青一代和思想活跃的人群，让雇员带着随身听，边坐火车边听音乐。周末的时候则到东京的购物中心以及文化和体育活动现场走动。每一个带着随身听的雇员都成为了流动的销售展示。

有些人最初持怀疑态度，但是在尝试过这种全新的音乐播放器之后，他们觉得非常惊讶：这完全是一种全新的体验。随身听开始风靡整个日本，很快从国外来的游客也开始带着这种日本造的纪念品回到自己的国家。一年之内，销售额激增至百万，从而开始了随身听革命。这也使得其商标成为这种产品的通用名称，进入了 1986 年的《牛津英语词典》。[5]

这个经典的故事向我们展示的是企业在面临市场不确定性时可能遭遇的困难。如果项目中面临这样的不确定性，那么公司就不能依赖通

第三章

常的营销研究,更无法准确预估未来的销售额。市场不确定性基于市场对于某种产品的陌生程度(或产品的新颖程度)。

下面我们来看看复杂度这个概念,同样有一个众所周知的产品来例证。

宝马 Z3

20世纪80年代末,宝马公司因为销售额增长越来越缓慢而挣扎着寻求解决方案;销售量下滑是因为新兴的日本豪华轿车生产厂商的崛起。[6]公司的窘境同样还因为世界汽车市场的低迷。为了改变现状,宝马公司决定对自己进行重新定位,目标是生产以质量为出发点的豪华汽车,从而为自己在市场中寻到一席独特而又牢固的位置。它将自己的产品定位为"终极驾驶机器",专为寻找刺激的人群而建造,绝对是独特个性的载体。此外,宝马需要一种产品来满足普通汽车能满足的需求,同时还要能代表一种新的刺激和美学上的愉悦。公司当时考虑了好几种方案,包括赛车、沙丘汽车、越野车和跑车。1992年时最终接受了跑车的概念,因为这能让宝马维持其制造优越、刺激车辆的目标。这一产品被命名为 Z3。

宝马知道汽车制造的复杂性,而且早就习惯了克服与新车设计、开发和生产相关的困难,新车是一个复杂的体系,而其设计、开发和生产也是一个复杂的流程,牵涉到很多内部及外部子承包商生产的许多子系统的整合工作。但是,Z3 摆到人们面前的的确是层次更为繁多的复杂性。首先是公司决定,Z3 将是第一款在德国设计却在美国生产(在南卡罗莱纳州斯巴达堡市的一个新工厂中)的宝马汽车,借此实现公司长久以来的一个目标:成为一个真正意义上的全球汽车生产厂商。这个决定要求公司根据一种完全不同的文化来做出调整,因为要牵涉到一个庞大组织中相互协作的跨功能团队。目标是创造一种简洁而又灵活的制造新环境——这是从本田那里学来的教训。

其次,宝马决定充分利用 Z3 的影响力,将 60% 的营销努力投入到非传统的领域去;目标是在 Z3 正式发布之前就让人们对 Z3 产生兴趣。非传统方法包括很多东西,其中就有搭载在新詹姆士·邦德(007)电影《黄金眼》上的 Z3,还有在内曼·马库斯(Neiman Marcus)的商品目录上和宝马互动网站上出现 Z3 的特写。

为了应对这些困难,管理人员努力地将设计做得尽量简单。他们使用现有的 3 系列汽车平台,新部件非常少。然而,为了确保一切顺利进行,宝马生产了 150 个整合和测试原型。这一数目比以往任何项目中使用的原型都要多。汽车草样的部件在德国生产,但是整合工作将在美国进行。完成之后,这些车辆将放置在美国的样品陈列室里等待产品正式发布。这就让德国和美国的团队能够有机会在产品生命周期的早期发现并解决设计和制造上的问题,而且还能在不停止生产的前提下进行再设计的工作,更重要的是在官方发布之前就已经引起了市场的兴趣。

在所有瑕疵都修补好之后,尽管供应时间已经延迟,但第一年 Z3 就占据了预计目标市场的 32%,收入也比预计高出 50 个百分点。007 电影中 Z3 的亮相以及其他非传统的营销方式带来了正式生产前的九万份订单,同时也促成宝马营销模式的巨大转变。

Z3 项目是公司面对前所未有的项目复杂度进行管理的范例。它的成功是因为宝马投入了巨大的努力,非常细致地建立起适当的组织结构,发动广泛的资源进行整合工作,从而有了数量庞大的整合原型。这

第三章

个项目反映出宝马文化和结构上大规模的成功转型——转变成为一个现代的全球公司，能够使用设计、影响和生产方面的整合团队来制造一种传递纯粹驾驶乐趣的汽车，并将之销售到全世界。

接下来这个故事中，让我们一起来回忆一下卡特里娜飓风的惨剧，借此说明钻石模型当中的速率维度。

卡特里娜飓风

2005年8月29日，卡特里娜袭击了路易斯安那州和密西西比州的海岸，造成美国历史上自然灾害所造成的最大程度的毁坏。这次飓风提醒人类，即便是当今世界最发达的国家也和其他国家一样脆弱，甚至更加脆弱。但对于负责保卫人民生命财产安全的政府来说，这也可说是敲响了警钟。卡特里娜的量级和范围超出了一个城市或国家所能理解和应对的能力范围。它告诉我们，当灾难来袭，联邦政府的责任就是尽快采取行动来挽救生命和财产，迅速地让人民的生活重新回归正常。

然而美国联邦应急管理局（FEMA）和其他美国政府部门的反应和行动却非常缓慢。政府的援助终于出现在新奥尔良时，已经过去了很长一段时间，而那段时间里，绝望的人们只能瑟缩在屋顶之上，只能在垃圾和废墟里翻找食物、寻找避难处。整整三天时间，强盗和罪犯利用混乱的局面四处劫掠，给已遭劫难的城市平添了更多的恐惧。而政府花了四天时间才开始采取行动。终于，一支军方卡车队穿过洪水，给等待数日的难民送来第一批水和食物。数千名全副武装的国民警卫队士兵涌入城市来恢复秩序。

如果将卡特里娜救援工作看做是一个项目，那么我们就一定能得出这样的结论：失败是由于政府没有能力（或没有准备好）在最危急的时刻对危机做出及时的反应,数千人在坐等援救,结果却是一片混乱。现在回过头看,政府对于灾难的程度了解太迟,等了太长时间来听地方政府报告需要怎样的帮助。[7]在信息缺乏的情况下,联邦政府没有采取积极的行动;而在灾难中,最初几个小时往往最为关键。这个时候能拯救最多的生命,能对最终的结果产生巨大的影响。事实就是,在决定命运的那几个小时当中,没有时间来等待信息或制订计划。

卡特里娜飓风的故事说明你不能像对待普通项目一样来对待危机。通常的项目首先要制订计划,然后再采取行动来实施计划。但是面对危机时,计划往往是无用的。一方面,最好能提前设想好可能出现的场景,为能够想象到的灾难制订应急计划;最好提前预备随时能做出反应的人员和设备;另一方面,危机来袭,往往是无法预先想象得到的,因此你就必须准备好在没有计划的前提下采取行动。

最重要的一点是必须在场,必须采取行动,必须给地方领导就地做出反应的权力;你尤其需要养成即席应对的习惯,这就意味着你必须随时能够采取行动,而不是等待着先把计划制订好。这类项目我们称之为"闪电战",它们代表的是 NTCP 模型中最高级别的速率。但是,卡特里娜救援行动也代表着最复杂的项目,因为它牵涉到一整座城市及其公民。因此,在复杂度这个维度上,它被称做"排列",处在这一系列的最顶端。

NTCP 模型:简介

NTCP 模型是一个高度组织化的框架,管理人员能够利用它做出有

第三章

关项目及其运作的决策。这些决策可能包括很多东西，比如选择适当的项目及其管理人员，分配资源，评估风险，选择项目管理风格，选择项目构架，确定流程，以及选择工具。每一个维度又分为三到四个层次，构成一个系列，如图 3-1 所示。[8]

图 3-1　NTCP 模型

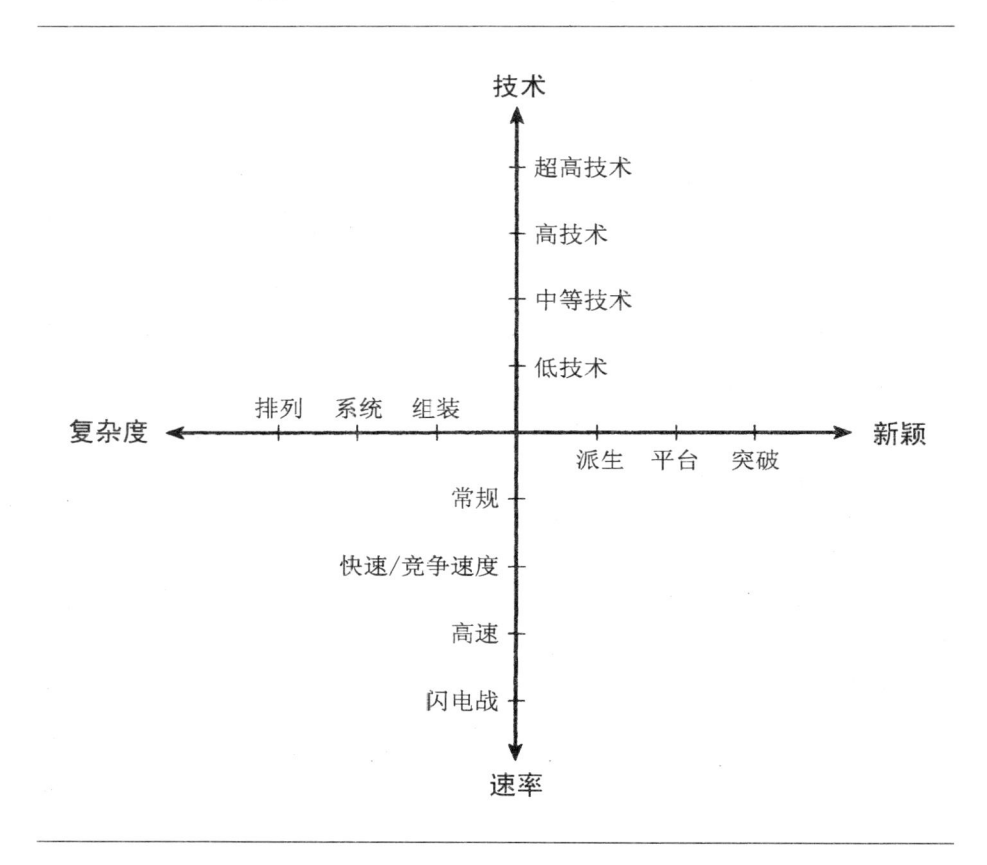

```
                         技术
                          ↑
                        ┤ 超高技术
                        ┤ 高技术
                        ┤ 中等技术
                        ┤ 低技术
          排列  系统  组装
复杂度 ←───┼────┼────┼────┼──────┼──────┼──→ 新颖
                              派生   平台   突破
                        ┤ 常规
                        ┤ 快速/竞争速度
                        ┤ 高速
                        ┤ 闪电战
                          ↓
                         速率
```

在第四章到第七章中，我们将对这个钻石模型的每一个维度（或称垒）进行细致的考察。现在我们只是来简单地了解一下。

新颖：你的产品在市场中有多新

产品的新颖由产品在市场及其潜在用户心目中的新旧程度决定。该维度代表的是客户对此类产品及其使用方法和优点的了解程度。它还代表着项目目标的不确定性——也就是说，你能把要求和客户需求提前定义到何种清晰程度。

产品新颖包括三种类型：派生、平台和突破。[9]这些范畴决定哪种营销方式最好，决定产品将对项目管理产生怎样的效力。大体来说，产品新颖度将影响到三个方面的因素：市场研究的可靠性、确定产品要求所需的时间以及某产品的具体营销策略。新颖的各个层次定义如下：

- 派生产品是现有产品的延伸和改良。
- 平台产品是现有产品线的新一代。这类产品将取代稳固市场中的老一代产品。典型案例就是新型号的汽车。
- 突破产品是全新的产品。这意味着将一个新概念或新想法转变成一种客户以前从未见过的产品。第一台索尼的随身听和第一个3M桌面便笺盒就是最典型的案例。

技术：技术不确定性

任务不确定性主要来自技术的不确定性。（其他可能的原因还包括团队经验缺乏和紧张的财政预算等。）技术不确定性能对很多因素产生影响，其中包括设计和测试、交流与互动、设计截止时间的计算以及所需的设计周期数量。它还会影响到项目经理和项目团队成员所需技术能力的程度。技术不确定性包含四个层次。[10]

- 低技术项目以来现存的成熟技术。最典型的例子是建筑项目。

第三章

- 中等技术项目主要使用现有的或基础的技术,但同时也融入了以前产品并未出现的一种新技术或一个新特点。范例包括许多稳定产业的产品,如医疗器械、汽车和大型设备。
- 高技术项目指的是:项目当中所使用的大多数技术对公司来说都是全新的,但却已经存在,而且在项目启动时能够获得。大多数的电脑公司和国防产品开发公司都属此类。
- 超高技术项目基于项目启动时还没有存在的新技术。尽管任务很明确,但是解决方案却并不明确,而且新技术必须在项目进行当中开发。一个典型范例就是登月项目。

复杂度:项目的复杂程度(系统范围)

确定各种复杂程度的一个简单方法就是使用包含系统和子系统的层级框架。我们把它叫做系统范围,而且在大多数情况下,一个低级范围的层次能被看做是临近的高级层次的子系统。项目复杂度与项目范围直接相关,并影响项目的组织和项目管理的正式程度。通常使用三个层次的复杂度来区分不同的项目管理实践:组装、系统和排列。

- 组装项目牵涉到创建一组因素、组件和模块,它们融合成一个单元或实体,执行单一的功能。组装项目可用于生产简单的独立产品(比如CD播放机或咖啡机),也可以用来为一个大型系统创建子系统(比如汽车上的传动装置)。这样的项目还可以用来创建一个负责实现单一功能的新构架(比如职工工资表)。
- 系统项目牵涉到的是以复杂方式组合在一起的互动要素和子系统,共同执行多重任务,以满足特定的操作需求。系统项目可以用来生产类似汽车、电脑和建筑物的产品,也可以用来创造整套全新的商业系统,这个系统中包含了多种功能。

- 排列项目处理的是分布较散的系统的大型组合体,这些系统共同运作以完成一个共同目标(有时它们被称做"系统的系统"或"超级系统")。排列系统的范例包括全国通讯网络、大型运输基础设施以及地区性的电力分配网络,当然公司整体同样属于这一类。

速率:你的时间框架是否紧急?

在这一维度上,区分项目的标准是项目的紧急程度(也就是有多少时间可供支配)以及没有达成时间目标会造成什么样的后果。速率会影响到项目团队的自主性、管理机构、决策的速度以及高层管理介入的程度。我们区分了四种不同层次的速率:常规、快速/竞争、高速以及闪电战。[11]

- 常规项目中的时间并不会对商业成功产生直接的影响。
- 快速/竞争项目是工业企业和追逐利润为主的企业所执行的最普通的项目。设计这些项目的目的通常是为了处理市场机遇、创造战略地位或者是形成新的商业线。
- 高速项目必须在某个特定的日期前完成,受制于某个特定的事件或某个机会出现的时间。如果不能在最后期限前完成就意味着失败。基于某个特定宇宙星座而发射太空飞船和千禧年项目都属于此类。
- 闪电战项目是最紧急、对时间要求最高的项目。一般都是一些危机项目。尽快处理危机就是成功的标准。

第三章

适应性钻石模型

将特定的项目类别在每一个维度上组合起来就构成了我们的适应性钻石模型。钻石形状根据新颖、技术、复杂度和速率的层次将项目直观地展示为图形。比如，图3-2展示的就是一个平台型、高技术、系统和高速的项目。

图3-2 NTCP钻石形状

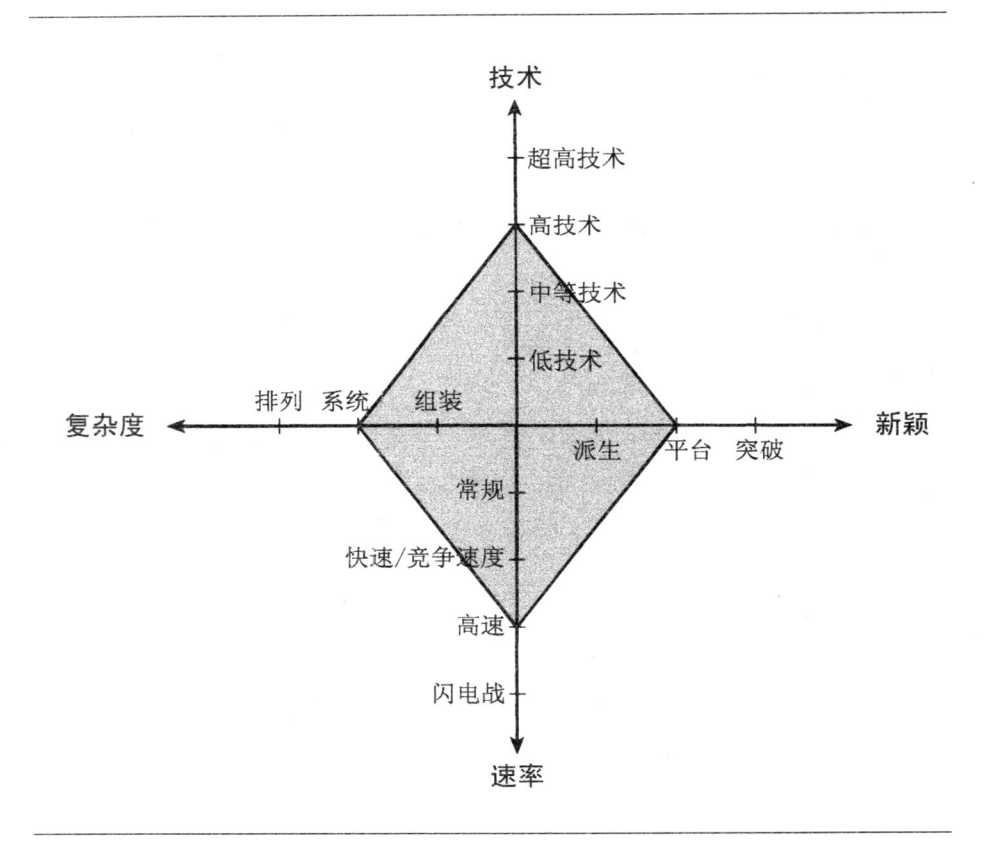

钻石模型在接下来几章中将完成几个目标。首先，它清楚地表明当前的项目属于哪种类型。通过项目的具体钻石形状，我们能获得一种交流的语言，将钻石转化为字母标记方式（矢量格式）。这样一来，图3-2中的钻石形状就被标为D＝(PI，HT，Sy，TC)。同样，一个突破型、中等技术、排列式和快速/竞争速度的项目将被标为D＝(Br，MT，Ar，FC)。

其次，你将在下面看到，你可以将这个钻石形状看做是一种分析工具，用来分析必须的和实际的项目管理风格之间的匹配程度。在管理层和项目团队之间进行双向交流时，该钻石形状同样有用武之地。

必须的和实际的管理风格：匹配与差距

必须的和实际的管理风格之间的匹配程度往往能解释项目所遭遇的麻烦或失败，而且能让你有机会来分析问题所在，并为项目重回正轨提供建议。

因此，我们将钻石模型作为一种图形工具，可用来展示项目应该被管理的方式和项目实际被管理的方式之间的差距。我们将之称为必须风格与实际风格之间的反差。我们使用实线的钻石形状来代表必须风格，用虚线钻石形状代表实际风格。比如，本章开篇的FCS故事中，必须风格是平台型、高技术、系统式和快速/竞争速度的项目。对重要事件和管理活动进行分析之后，我们得出结论，项目最初的管理方式是一种平台型、中等技术、组装式和快速/竞争速度的(参见图3-3)。

钻石模型的第三个目的是让管理层能够借助这个工具确定与项目相关的利益和风险。每个人都知道，风险与机遇是并存的；机遇越大，风险越大。项目也不例外。

第三章

图 3-3　FCS 项目

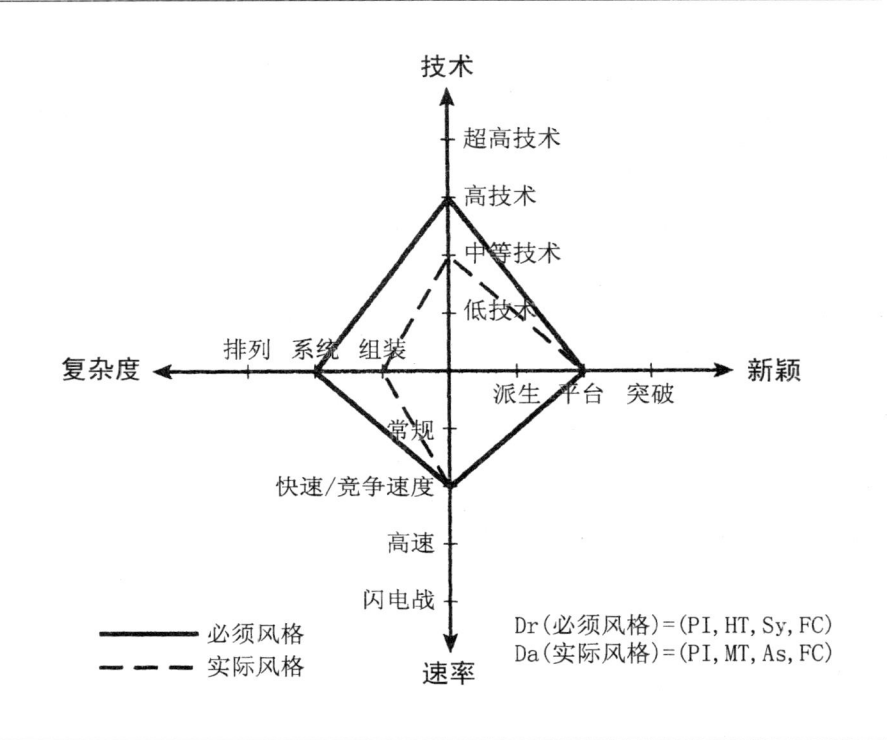

```
                    技术
                     ↑
                  ─ 超高技术
                  ─ 高技术
                  ─ 中等技术
                  ─ 低技术
   复杂度  排列 系统 组装         派生 平台 突破   新颖
   ←────────────────┼──────────────────→
                     常规
                  ─ 快速/竞争速度
                  ─ 高速
                  ─ 闪电战
      ──── 必须风格         Dr(必须风格)=(PI, HT, Sy, FC)
      ---- 实际风格   ↓     Da(实际风格)=(PI, MT, As, FC)
                    速率
```

项目遴选：在利益与风险之间达到平衡

有了钻石模型，管理人员就可以选择适当的项目经理、指派项目团队成员并确定管理层需要以何种程度来关注该项目。因此，在管理人员就项目的选择、启动和资源分配等问题进行决策时，他们就可以参考钻石模型，将之当做一种讨论每一项目提案潜在利益和风险的工具。在现实生活中，钻石越大，就越昂贵，越容易招来窃贼。钻石模型越大的话，则表示项目潜在的回报和利益越大，但同时也表示风险越大。

NTCP 中的每一个维度都代表着项目不同类型的风险和利益。表

3-1和下面的讨论对每一种维度的这些利益和风险进行了总结。(第九章将就项目风险管理展开详细讨论,并探讨如何运用钻石模型来对实际中的项目风险进行量化分析。)

- **新颖**。派生项目对现有的产品进行改进,因此其内容一般都会提前确定。然而,平台产品要为现有产品开发新一代的升级型号,这就意味着在性能上要做出巨大的变化。但是这种变化当中也隐藏着巨大的风险,产品的性能可能无法满足或者是超出了客户的需要,这都不会对客户产生吸引力。突破型的新产品可能会为商业创造前所未有的机遇,但是它们代表的风险也最巨大,公司的产品可能并不符合市场需求,无法收回投资,也可能招来行动更加迅速的竞争对手。
- **技术**。技术越高,则创造的产品会更高级,性能和功能会越丰富。但是很明显,技术可能不完整、不成熟,甚至完全无法适应要求,这样技术方面的风险就会成倍增加。在最高端的超高技术这个点上,客户可能会期待产品的性能和利益出现巨大的飞跃(比如空间项目),但是因为技术必须在项目过程中开发,所以这类项目的风险比采用已知技术的项目要大很多。
- **复杂度**。复杂度呈现的既是由投资带来的机遇,同时也是与复杂度(或规模)相连的风险。与复杂度相关的风险既是组织性的,也是技术性的。项目越复杂,组件数目会随之增加,互动和协调的要求也会上升。系统式项目在融合和配置管理方面会比较困难,而排列式项目则必须处理政治、环境和经济等方面的问题。
- **速率**。速率越快,所创造的回应也越快。然而,速率越快,也就意味着事情会做得越草率。比如在高速项目中,没有在最后期限前

第三章

完工就意味着项目的失败,而闪电战项目则要求必须做出即时反应;否则,危机就无法解决。

表 3-1　NTCP 四维度高层级上的利益与风险

维度	预期利益	潜在风险
新颖	开发新的市场机遇; 交互前进的竞争; 获得先发制人的优势	无法准确预测市场需求; 无法达到销售目标; 招来复制你想法的竞争对手
技术	改进性能和功能	遭遇技术失败;缺乏必需的技能
复杂度	项目越大,回报越高	协调与融合比较困难
速率	迅速占领市场, 迅速获得客户回应	无法在最后期限前完成; 极易出错

NTCP 维度对项目管理的影响

一旦项目遴选完毕,预期的利益和风险也评估完毕,接下来的问题就是:各种项目具体应该如何管理?NTCP 四种维度对项目管理的影响方式不尽相同(见图 3-4)。在接下来几章当中我们将详细探讨这些问题。下面是一个简单的概述:

- 新颖这个维度影响的是市场预期的准确性、确定产品要求的能力以及产品要求冻结的时机把握能力。新颖程度越高,你就越不需要依赖市场调研。在最高的突破层级上,市场数据基本上是不存在的,因为客户从来没有见过你的产品,无法告诉你他们的使用情况,甚至无法告诉你他们是否喜欢该产品。你需要做的就是在产品的最终要求确定之前,利用早期样品尽可能迅速地获得客户

图 3-4 NTCP 维度对项目管理的影响

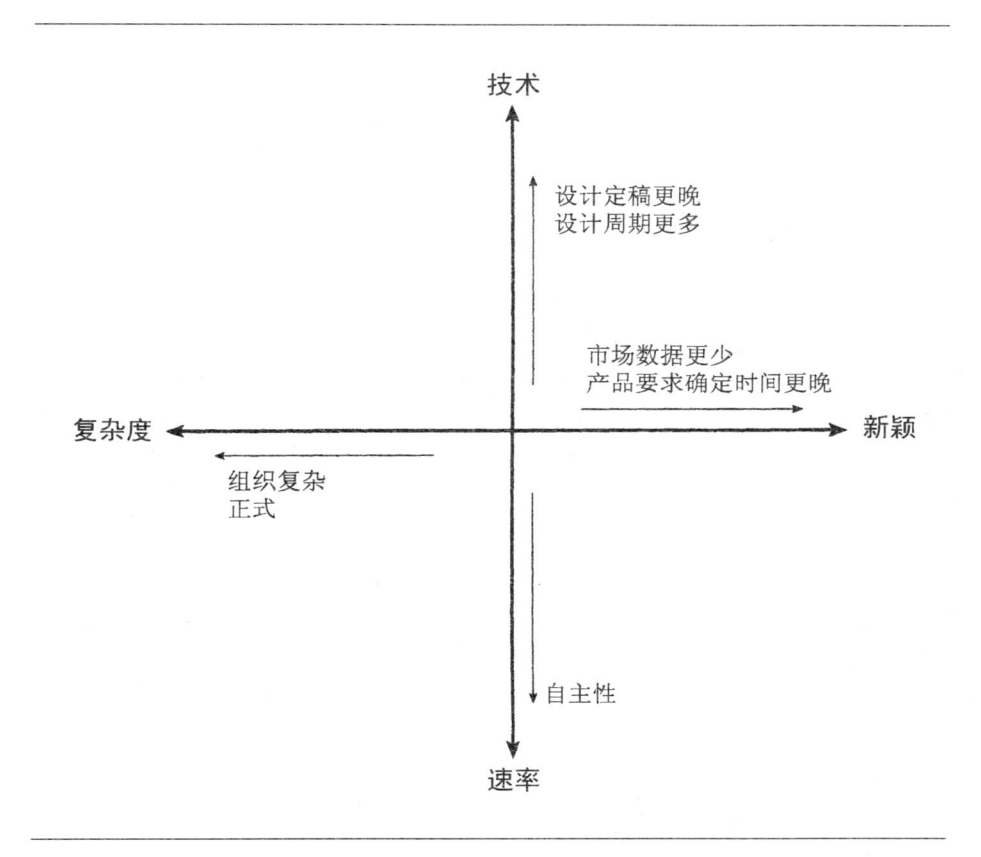

```
                    技术
                     ↑
              │   设计定稿更晚
              │   设计周期更多
              │
              │        市场数据更少
              │        产品要求确定时间更晚
复杂度 ←───────┼────────────────────→ 新颖
     ←────── │
     组织复杂 │
     正式    │
              │
              │   自主性
              ↓
              速率
```

的反馈意见。

- 技术层级越高,要进行的设计和开发活动就越多,设计周期就越长,设计定稿就越晚,而团队成员之间的互动也必须越顺畅。技术层级高还要求团队成员有更高的技术能力,要求你在通常的管理审核之外必须经常召开技术审核会。
- 复杂度会影响到你的组织及其规程。项目复杂度越高,组织就会越复杂,而所需规程也会越正式。

第三章

- 速率要求更加关注时限。速率越快,你需要给予项目团队的自主性就越大,而他们需要从高层管理获得的支持也越多。

然而,你同时还要记住,没有哪一个模型适用于所有的情境。因此企业和组织可能需要发展各自区分项目的独有方式。[12] 比如,企业和组织面对的可能不仅仅是市场或技术方面的不确定性,而是要面对其他种类的不确定性。他们可能需要尤其关注和政治、经济、地理、资金相关的不确定性。每一种不确定性都可能对项目管理造成影响。

同样,有些项目可能会面临其他种类的复杂度,涵盖面可能会很广,从卖方组织和客户到当地或全球网络方面的复杂度。或者项目可能因为成本的限制而有所不同;比如,项目的成本可能要取决于产品要求和规划,或者项目本身就受制于某一个成本限制,规定其"不可超出"某个数额的成本。

总地说来,区分项目的方式多种多样,本书并不打算列举所有的可能性。然而,一旦项目经理接受并领会了不同项目需要不同管理风格的理念,公司就一定能找到具体的方法来调整特定的项目,以使之适应各自独特的情境。

我们用世贸中心大厦的故事来结束本章。2001年9月11日恐怖主义袭击的悲剧让世贸中心大厦永载史册。但是,我们此处只想回顾一下世贸大厦建造的过程:一个独特的项目,将项目领导者的梦想和期望变成现实的一个项目。项目建造始于20世纪60年代,1973年完工,代表着项目管理的最高水平。如果我们将本书的模型应用到这个项目上,我们发现其建造者正确地辨识了该任务的风险和机遇,而且清楚地知道如何为这个非同寻常的项目选择正确的方法。谨以该故事纪念这个项目无与伦比的管理。

世贸中心大厦项目

世贸中心大厦在 20 世纪 60 年代酝酿，目的是重振曼哈顿南区。这是纽约经济由生产制造转向服务的明显迹象之一。纽约州和新泽西州港务局（PA）承接该项目——这是唯一一个拥有足够政治自主性和财政资源来完成该项目的组织。

PA 执行局长奥斯汀·托宾（Austin Tobin）指派盖伊·托泽里（Guy Tozzoli）负责世贸大厦项目。托泽里是一位年纪不大的海军老兵，专业是雷达工程，之前曾负责过新泽西和纽约州的港口项目，但是在建造方面并无经验。不过，值得赞扬的是，托宾仍然看到了托泽里身上的特质，在顶住无数反对意见后最终决定让这位年轻的设计师全权负责。[13]

1964 年初，在考量完几个野心稍小的建筑提案之后，港务局宣布它将建造世界上最高的建筑物。精选出来的建筑师山崎实（Minoru Yamasaki）接到指令，要求他建造比帝国大厦更高的建筑物。港务局希望通过增加 20 层楼来提升这一物业投资的价值。但是港务局还希望能借这个项目传递一个强有力的理念：通过提升全球商业来推动世界和平。[14]大楼建筑花费了八年时间，一万多工人参与了不同阶段的工程，平均每天有 4 000 人同时工作。港务局世贸部协调、管理的承包商超过 700 家。

为了更好地说明项目各个钻石维度，我们将从新颖这个维度开始。将宽敞的办公空间、交通体系与购物广场融为一体——这并不是突破性的理念，但同时也并非是衍生自现有相似的商业大楼。这就使得该项目成为了一个平台。从复杂度来说，世贸中心由七个建筑物构成，占地 16 公顷，总共将建设超过 1 200 万平方英尺的高质

第三章

量办公空间。世贸中心涵盖了一系列系统,包括电梯、供暖、通风和空调(HVAC)、交通、公共、通讯、卫生及其他要素。曼哈顿南区最大的购物广场将位于世贸中心地下,同时还将建成四层的停车库。此外,世贸中心将与公共交通体系以及周边其他设施实现对接。这些无疑都将该项目置于复杂度这个维度的最高端,也即排列端点(见图3-5)。

图3-5 世贸中心项目

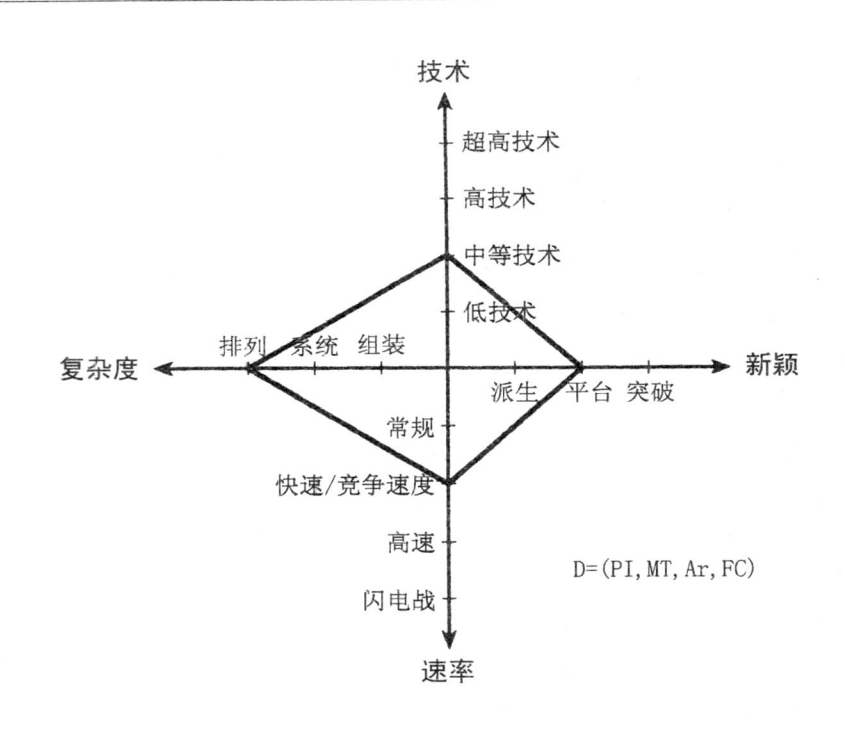

```
                         技术
                          |
                    — 超高技术
                    — 高技术
                    — 中等技术
                    — 低技术
复杂度 ←— 排列  系统  组装 ———————— 派生 平台 突破 ——→ 新颖
                    — 常规
                    — 快速/竞争速度
                    — 高速              D=(PI, MT, Ar, FC)
                    — 闪电战
                          |
                         速率
```

与大多数的标准建筑项目相比,世贸中心在技术上面临着前所未有的挑战。技术上的第一大突破是"倒置浴缸"系统,解决了穿越哈德逊河潜水面抵达岩床的难题。尽管这项技术基于一家意大利公司已经研发出来的技术，但是用于如此大规模项目之上还是首次。

其次，为了运输大楼中工作的五万人，设计中引入了一百多架高速度、高容量的电梯；电梯两侧均有门，这样就能让首先进入的乘客首先走出电梯。第三，外层结构支柱的设计同样是革命性的，利用了最新研发出来的高强度钢筋。另外一重考虑是高楼将经受的10至15英尺的摇摆，以及楼内人员所能承受的摇摆幅度。这些以及其他一些技术挑战让该项目成为一个中等技术项目。

最初，很多因为经济、政治因素而做出的更改将整个项目计划拉长到了15年。然而，建筑一开始，速率就接近了快速/竞争这个端点，而在这个端点上，完工时间有着商业和经济上的重要意义。世贸中心项目的时间表每天都要核对，因为每延迟一天就将耗费一百万美元。建设开始那一刻起，除了一些小的偶然情况外，项目一直稳步前进。

项目管理者们非常清楚该项目中所内涵的不确定性和复杂度，因此提前准备好了适当的应对方法和流程。比如，虽然建筑项目中，通常在建筑开始之前设计方案就应该确定下来，但管理层还是做好了准备，随时支持对设计进行修改，并将之看做是世贸中心获得长远成功的关键因素。比如，管理层决定对世贸中心顶楼餐厅的窗户设计进行修订，以使用餐者能在顶楼看到整个城市的辉煌全景。

作为一个大型的排列式项目，世贸中心大楼需要一个运作良好的中央协调管理体系。工作由工程与建筑办公室分派给数百个子承包商。为了解决系统整合问题，港务局选择了一家大型建筑公司，同时组织了一个由建筑师和房地产专业人士组成的顾问团。由

第三章

20位工程师和建筑师组成的这个团队有着直通交流渠道,这样就能对所有的子单位进行复杂的整合。每月都召开与港务局董事会的会议,而层次较低的审核会则每周甚至每天都举行。

现在回头来看,整个项目过程当中,项目领导都以一种战略的长远眼光来管理项目。他们不仅仅是关注在时间和预算范围内完成任务,而是随时考虑最终结果的商业效益和长远效果。而且,他们还随时准备着应对世贸中心项目的经济、环境、社会和政治等各方面的问题。尽管管理层在当时并未对项目进行明确的理论归类,但是在对项目新颖度、技术、复杂度和速率方面的准确了解基础之上(如图3-5所示),他们很明显采取了适当的行动应对项目风险。

世贸中心的建造对纽约这座伟大城市的安康带来了巨大的长远效应。人民将之描述为当今世界最伟大的建筑项目,它成为世界贸易与和平的象征。完工之后,建筑业在曼哈顿南部开始兴盛起来,创造了价值无与伦比的各种物业。服务型经济全面盛开,金融服务和保险成为引领行业。

本书的前三章展示的是为什么企业需要一个新的模型来应对项目的挑战。这几章成为本书其他部分的概念基础。在接下来第二部分的四章中,我们将详细讨论项目的四个维度,并提供一些规律性的建议,告诉你如何根据项目类型来调整项目管理。

这些章节中一个共同的主旨就是将项目当做一个临时组织、一个流程的理念。然而在现实中,你可以通过项目周期中三个不同但又紧密相连的流程来区分项目。第一个是确定产品要求的流程,牵涉到的工作是确定客户需求并将之转换为产品要求。第二个是技术流程,牵涉到的工作是将产品要求转换为技术规格,然后贯彻到产品设计、建造和测试当中。第三是管理流程,牵涉到的工作是控制前两个流程、收集相关信息并做出相关决策。

在考察项目权变时,我们将这一项目理念运用到接下来的四章之中,其中的关键问题是:不同的项目类型如何影响项目组织以及这些流程?第四章中我们将从新颖开始。

要点与行动项

- 权变理论揭示的是基于项目不确定性、复杂度和速率而做出的不考虑背景的区分方式。我们使用两种不同类型的不确定性对这一理论视角进行了拓展:市场和技术,从而得到了项目适应钻石模型(NTCP 模型),包含四个维度:新颖、技术、复杂度和速率。
- 项目新颖度指的是产品在市场中有多新以及目标有多确定;技术指的是项目中使用了多少新的技术;复杂度指的是在一个系统和子系统的层级结构中产品的复杂程度;而速率指的是时间框架有多紧急。一个项目可由其特定的钻石模型来表示。
- NTCP 钻石模型能让管理人员识别项目的风险和机遇,识别项目进程中必要管理风格与实际管理风格之间的落差。该模型的另一用处是帮助人们在规划与启动时选择正确的项目管理方法。
- 尽管 NTCP 模型为大多数项目提供了一个不牵涉具体背景的框架,但是在某些案例当中,你的项目或企业可能需要一个具体的模型。这个模型可以基于不确定性或复杂度,也可以基于其他的环境变量。

第三章

Reinventing Project Management

第二部分 成功项目的四根基柱

第二部分

第四章 新颖

新颖是我们的适应性项目管理模型中的第一个维度（也是管理人员应该了解的第一根基柱），由项目产品的性质决定——产品对市场、客户和潜在用户来说有多新颖。新颖代表的是购买者和用户对这种产品的熟悉程度——其优点以及他们使用这种产品的方式。新颖度标示的是产品在市场中不确定性的程度，即外部不确定性，同时它也反映了项目目标的不确定程度——最终结果或项目目标能定义到何种程度。

我们所使用的分类方式并不新颖。比如，惠尔赖特和克拉克在其对新产品开发所做的广泛研究中，曾使用了三种类别的产品来描述公司的项目产品组，并在此基础上制订出总体的项目计划。这三种类别分别是派生、平台和突破。[1]我们将借用这几个类别来对新颖这个维度进行讨论。我们将在下文中展示，这些类别将影响到管理行为、营销活动以及项目管理的其他任务。表4-1对新颖度的三个层次进行了定义，并列举了一些典型的案例。

新颖度如何影响项目

产品新颖度的层次将影响确定产品要求的过程，也将影响到与市场

第四章

表 4-1 项目新颖度的定义和案例

项目新颖度的层级	定义	案例
派生项目	扩展或改善现有产品或服务	利用相同技术开发某一款个人电脑的新版本；升级某一生产线；简化企业流程
平台项目	开发或生产现有产品线的新一代或新型服务，对象是现有的或新的市场和客户	制造新的汽车型号；开发新飞机；建造新一代的网络系统
突破项目	引入全新产品或概念、全新理念或某一产品新的使用方式，客户可能从未见过	第一个企业资源规划(ERP)套装软件；第一台微波炉；第一台随身听；赛格威个人交通系统

相关的活动。具体而言，产品新颖度影响到的是人们如何轻易地了解到该采取怎样的行为、制造怎样的产品、怎样将产品推销给客户。这些任务至少牵涉到项目管理的四个不同侧面：

- 你如何最大限度地利用市场调研数据
- 你如何最适当地确定产品要求和项目目标
- 在最终确定产品要求之前你应该等待多长时间
- 你应该使用哪些营销策略和市场渗透战略

要注意的是，虽然新产品通常牵涉新技术，但情况也并非都是如此。产品的新颖度和所采用技术的新颖度是两码事。产品的新颖度很高，而采用的却是已有的现成技术，这样的例子比比皆是。正如在第三章中所探讨的那样，随身听在市场中可谓全新概念，但是产品却基于广为人知的技术，在便携式收音机和录音机当中已经普遍应用。技术上的问题好解决，但是其他方面的决策却比较困难：营销调研并不完整，而产品启动的决策往往来自管理层的直觉。同样，有名的3M桌面便笺盒并没有使用很高级的技术，其营销预期也并不被看好。仅仅在最初的市场测试之后，产品便开始了其成功之旅，成为办公用品时最为成功的产品之一。

让我们来看看另外一个鼎鼎有名的故事：第一部完整的电脑动画电影。

关于《玩具总动员》的故事：电影产业的新平台

1991年，沃特·迪斯尼公司和皮克斯动画工厂开始携手制作《玩具总动员》，这是第一部完整的电脑动画电影。这部影片的制作需要两家富有创新才能却又截然不同的公司精诚合作才可能完成。[2]

迪斯尼在动画电影方面享有盛名。从第一部完整的动画片《白雪公主和七个小矮人》（1937）开始，公司的动画设计部就已经为动画电影设定了一个前所未有的高标准。自那以后，它已经制作了38部动画故事片，使用的制作方法基本不变：动画绘制人员将每一个场景都画到塑料方格当中，然后将这些方格以每秒24帧的速度播放出来。

皮克斯公司由乔治·卢卡斯（George Lucas）创建，后来由史蒂夫·乔布斯（Steve Jobs）收购，几年之后又被迪斯尼收购。在这之前它已经制作了几部电脑动画短片，这些短片是公司主要的利润来源。但是皮克斯公司希望能做的不仅仅是短片制作。

对迪斯尼及其客户来说，《玩具总动员》代表的是一个稳定市场中现有产品线的新版本。这部电影让迪斯尼有机会来启用一种全

第四章

新的软件技术,这一技术后来成为了一个新的平台,产出了一系列动画片,比如《怪物史莱克》、《海底总动员》和《超人特工队》。

在制作《玩具总动员》过程中,两个公司都负责各自擅长的领域。皮克斯公司有着电脑动画电影制作的动力和能力,因此负责电影的制作技术,而迪斯尼则负责艺术内容和营销。皮克斯公司借鉴迪斯尼在制作完整电影方面的经验,第一次开始学会将电子角色、布景、道具和场景储存起来以备后用,让这对商业伙伴在电脑动画电影制作的劳动密集任务当中节省了客观的成本。

在该项目的四年时间里,来自迪斯尼和皮克斯的行政人员定期会面,对电影进度进行评估,对制作和故事情节进行审核。电影于1995年在美国影院上映,时间安排在感恩节前一天——人们通常会选择这样的周末去影院看电影。《玩具总动员》一上映就获得巨大成功。这不仅仅是资金上的丰收,更设立了一个新的标准,为接下来几年的许多动画电影创建了一个技术平台。

在创建平台的时候,你通常不仅是在创建新的产品,更是在为未来的产品创建基础设施。制作《玩具总动员》为两个公司都赢得了一系列商业机遇。不过,作为项目的这部电影给我们的教益已经超越了产品的新颖度这个维度。实际上,这个项目与我们模型中的其他维度也是相关的。在复杂度维度上,它是一个系统型项目,在技术维度上则是一个高技术项目,这些我们都将在接下来的两个章节中进行进一步的讨论。

而在本章中,我们将详细地考察一下类似《玩具总动员》这样的平台式项目所具有的要素,同时也会考察其他两种类型的项目:派生式和突破式。

根据新颖度来区分不同项目

在不同新颖度层级上的项目都有着各自独特的要素,使各种不同的项目泾渭分明。管理人员必须了解这些区别,并根据项目的新颖层级来调整其管理活动。

派生式项目:修正、延伸和改进

派生物是现有产品的延伸和改进,可能包括成本缩减、产品改进、产品修正以及对现有产品线的增添。比如,可以想象便签盒的新版本,颜色或形状与原有产品不同。之前的产品根基已经牢固,市场调研数据也随手可得。因此"该做什么"的问题就很好回答。

对于这类衍生式产品来说,产品成本以及其他产品要求的预估都能做到比较准确,同时也没有必要进行市场试验。因此,产品要求就可以尽早确定,大多数情况下在产品启动时就能确定,而设计就应该确保能迅速执行,进而确保准时完成。另外,衍生物的营销将集中于与之前型号的优势对比,目标是现有客户,同时因为有了额外的产品特性和变体,所以也能针对潜在的新客户而展开。

平台式项目:新一代

平台式产品是为新的或已有的市场及客户而设计的现有产品线的新一代产品。新的飞机或汽车设计是典型的平台式产品范例,用来制作《玩具总动员》的工具同样属于此类。用来制造平台产品的项目通常会创建出一系列新产品,从而为衍生产品奠定基础。

这类产品会在已经奠定根基的市场中替代原有产品。尽管某些平台会涉及全新的技术,客户对产品的使用却往往能较为准确地预估。当

第四章

然,新的平台开发所花费的时间比衍生产品的开发时间要长。

如果要进行平台式项目,公司应该进行广泛的市场调研,研究之前产品的数据,并详细规划产品的价格。因此,产品要求的最终确定将延伸到项目执行期。不过,也需要达成平衡:你应该尽早确定产品要求,这样才能确保产品及时引入市场,并获得合理的利润。平台式产品的营销应该集中于创建产品形象、强调产品优点,并将之与竞争对手产品区分开来。

突破式项目:创造全新产品

关于创新的文献通常会在渐变与突变之间进行区分。[3]突变式创新与已知市场和已知产品方案或技术的背道而驰,而渐变式创新的目的则是利用、补充或拓展现有的产品。突变式创新并不会利用或拓展已经存在的产品,而是努力对之进行颠覆,有时会对某个企业内部已存在的技能、实践、产品形式和社会关系造成破坏。[4]

突破式产品代表的是市场当中的突变式创新。它们通常被称做"全新"产品,能把你对市场的现有了解变得一无是处。创造全新产品的项目则是将一个新概念或新理念转变为客户从未见过的产品。赛格威的两轮个人交通系统是案例之一;其他案例还包括第一台个人电脑、第一台微波炉以及第一个网络浏览器。突破式项目还可以在那些没有通常意义的客户行业里找到,比如外太空项目。因此,我们可以将很多太空任务定义为突破式项目,因为类似的项目之前并不存在。

尽管突破式产品可以使用新的或成熟的技术,但是它们的预期市场并不存在。在见到或试用之前,客户对这一新产品完全不了解,甚至不知道如何使用。因此,营销调研是无用的,而产品定义必须基于最好的猜测、直觉和市场试验及错误。[5]因此,产品要求必须保持灵活的状态,直到产品进入市场并获得客户反馈。在产品最终要求确定之前就必须迅速定型，这比广泛的市场调研更加重要。管理突破式项目的公司必须与客户紧密合作，客户能对最终的产品原型进行测试，并帮助公司确定产品的最终要求。因此你在管理突破式项目的时候，就必须做好思想准备，因为产品定义很可能在初步的市场试验和早期用户提供反馈意见之后发生变化。

突破式产品的营销与其他两类产品的营销有区别。关注点放在引起客户的注意，杰夫·摩尔（Jeff Moore）将这些客户称为"创新型客户和早期接受者"。[6]其目标在于告诉客户新产品的潜力，同时也往往是客户潜在需求的一种表达。全新产品的营销往往要以低于成本的价格销售产品，甚至是免费赠送。另一种方法是将新产品与现有的明星产品捆绑在一起，这样客户就能了解并欣赏突破式产品的优点。

突破式产品往往能在行业中创造新的方向，甚至创造新的行业。全新产品引入的是全新的设计理念，往往会招来他人的效仿。通常新产品设计会变成行业标准。公司将自己的技术确立为行业标准的能力是其长期战略地位和成果的关键因素。（我们将在本章稍后篇幅里继续讨论这个问题。）

产品新颖度和项目成功

很明显，不同层级的新颖度就会有不同的市场和商业目标。一个衍生产品通常的目标是获得额外的客户，并延长现有收入来源的寿命。与之相对，你引入一个突破式产品的目的可能是为了创造新的市场，为从来没有使用过类似产品的客户提供一种使用产品的新方式。因此，正如我们在第二章中所描述的那样，你的项目规划应该包括对预期视野的提前设定。这就意味着要确定何谓项目成功，何谓项目失败。表4-2总结了这些不同新颖度层级的不同预期视野。

表 4-2　项目新颖度和项目成功：应该期待什么

成功维度和可能的失败	项目新颖度的层级		
	衍生	平台	突破
效率	高效率非常关键；没有超出时间限制的空间	为了获得竞争优势，进入市场的时间非常重要	效率很难达成，而且可能并不是关键要素（除非有竞争对手在为相同理念而努力）；很可能超出时间限制
对客户产生的效力	获得额外的客户和市场份额	对客户有很强烈的战略影响；保留之前产品的客户	客户生活和工作的显著改善
对团队产生的效力	团队成员在快速产品修订方面的经验得到提高	团队成员在介绍新一代产品方面获得技术和管理经验	团队成员探索新的领域，并在未知市场获得广泛经验
商业和直接成功	延长现有产品的寿命；在现有产品的基础上获得额外的收益和资金来源	对商业有强烈的战略影响；预期会有多年收益，并创建起额外的衍生产品	长期的重要商业成功；可能到来的时间较晚，要等到最初产品得到测试和修正之后
准备未来	几乎没有	在市场中维持战略地位	创建新的市场，建立切实的领袖地位
可能的失败和风险	低风险；可能的风险包括晚于限定时间，从而只能获得较少的价值	中等风险；可能的风险包括与前代产品相比没有做出足够的进步，甚至在市场中缺失某一代的产品	风险最高；风险包括无法满足客户的真实需求，无法说服客户接受新的理念，以及没有正确评估真实的市场规模

让一切都运作起来：将产品新颖度和项目管理融为一体

在现实的项目中你应该如何对待不同的新颖度层级？请回过头想

一想我们之前举的《玩具总动员》的例子,这个案例展示的是一个平台式项目的典型问题:如何为未来的衍生产品创建基础设施。制作该电影所需的技术是新颖的(高技术),新颖度层级为平台式,而复杂度层级则为系统式。在图4-1中,我们使用等式 D=(PI,HT,Sy,—)来描述《玩具总动员》钻石模型的部分情况(速率这个维度没有包含在内,我们将在第七章中对之进行探讨)。

图4-1 《玩具总动员》项目

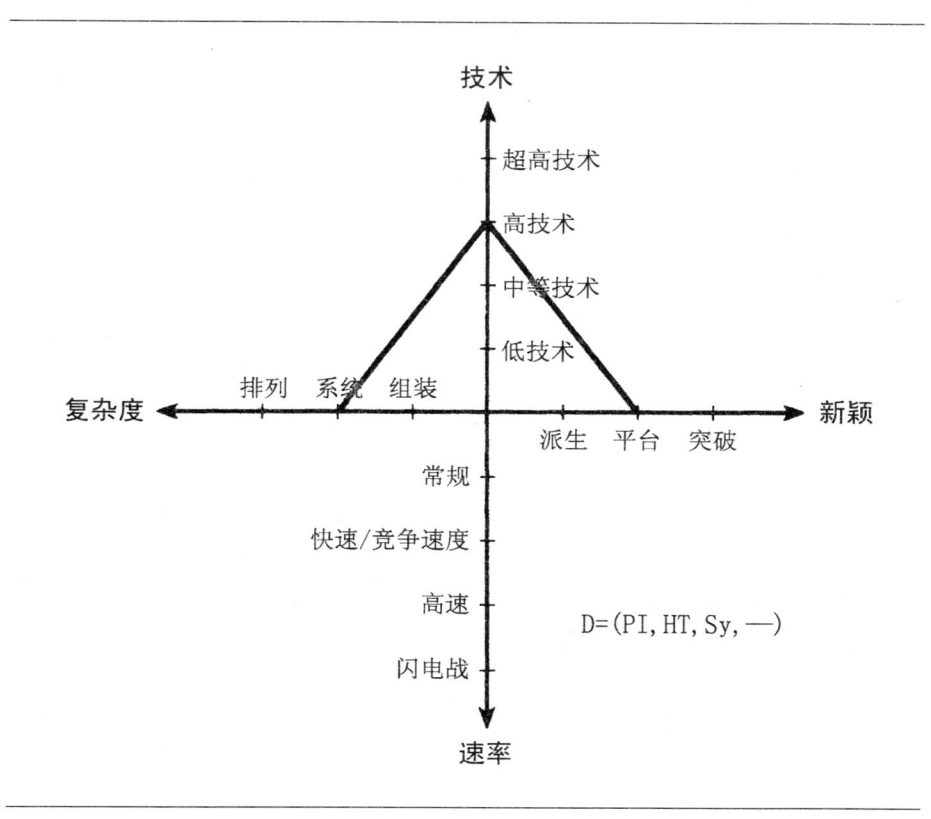

第四章

表4-3列举了新颖度层级对项目管理在产品定义、管理决策和市场相关活动方面产生的主要影响。附录四描述了产品新颖度的不同层级如何影响项目管理的传统流程,其主要特征是九个主要的PMBoK知识领域。

现在让我们来更加详细地看看新颖度层级当中最难,人们却又了解最少的一个层级:突破式项目。

表4-3 项目新颖度层级的影响

管理要素	项目新颖度层级		
	衍生	平台	突破
市场数据	精确的市场数据来自于当前产品和市场调查	需要对当前产品、竞争者和市场趋势进行特别的市场调研和仔细分析	不可靠的市场数据、不明确的市场需求、没有应对替代品的经验、客户基础不明确
产品定义	对预期价格、外观、功能等有清晰的理解	需要在产品定义方面额外投资,让潜在客户参与进来	产品定义基于直觉、追踪和错误,需要进行快速原型开发以获得市场反馈,在产品定义方面有许多变革
产品需求冻结的时机	产品需求冻结时间早,通常在项目启动前或者刚启动	需求冻结滞后,通常在项目中期	需求冻结最迟,通常在原型反馈之后
营销	和先前的模型相比更强调产品优势;基于产品外观和改款,关注新客户	建立产品形象,强调产品优势,与竞争者差异化	通过创新的营销技巧吸引客户关注,宣传产品潜力;有时甚至免费提供或者降价销售,明确表达潜在客户需求;付出额外的努力以创建行业标准

突破式项目的风险和机遇

突破式项目在市场中的风险最高,但是它们也承载着最大的商业机遇。通过将新的概念传递给客户,公司就能够创建新的市场,并长时间占领这个市场。但是正如历史所表明的,早期的创新者往往遭遇失败,将战场和利润都留给竞争对手和模仿者。在将突破式产品引入市场之时,公司如何保护其创新的内容呢?

推销突破式项目的首要也是最难以逾越的障碍来自公司内部。不幸的是,研究表明,在大公司为激进的项目获得支持往往很难,因为其内部文化和压力往往会将人们的创造力引向低风险的项目、渐进的项目以及那些能取得即时回报的项目。[7]这些项目要想推销出去并获得认可,你需要在公司内部有强力的支持者,能够勇敢地站出来说话,能够不惜将自己的声誉押在他们所相信的事情之上。营销调研不可靠,这让这类项目的启动更是难上加难。

正如迈克尔·塔什曼和查尔斯·奥赖利(Charles O'Reilly)所展示的,要想提高突破式项目的成功几率,公司需要将突破式活动与公司其他活动区别开来。新颖项目和不那么新颖的项目并驾齐驱的话,往往会对新颖项目造成损伤,因为即便是在成熟的市场当中,强有力的现存活动也会带来广泛的销售额增长。[8]

市场不确定性的外部风险

克莱顿·克里斯滕森曾写有两本颇有影响力的著作(《创新者的两难境地》(*The Innovator's Dilemma*)和《创新者的解决方案》(*The Innovator's Solution*)),其核心内容即是突破式项目的破坏性本质以及激进观点缺乏市场数据的现实。[9]正如克里斯滕森所说:"不存在的市场

第四章

无法分析。"而且,现有的客户永远不可能引导公司去创建突破式的产品,实际上,他们的建议通常会让公司离下一个革命性的伟大产品越来越远。

解决方案是什么呢?可以从小型的试验开始,尝试那些不会对现有企业结构造成威胁的理念。项目经理可以不借助市场调研,而依靠其判断和直觉来快速建模,并迅速在市场中进行测试,从而尽早获得客户的反馈意见。只有到那时你才能最终确定产品的特征,最终将产品要求固定下来。没有哪项市场调研能够预见到随身听和便签盒的巨大成功。只有在第一批用户试用了这些产品之后,公司才能认识到产品应该以何种面貌出现、方向在何处以及产品的其他用途。

争取行业标准地位的战斗

将公司的突破式产品设计建立为行业的标准——通常称为主导设计,这在很大程度上将决定这个产品在竞争中是否能获得长期成功。[10] 以往的经验表明,当一个突破式的理念被他人模仿之后,领先者的设计往往不能成为行业标准,即便其产品更好。可以回想一下索尼在录像机方面设计的 Betamax VCR 磁带标准,这是个很高的标准,结果却输给了 JVC 的 VHS 标准;苹果的麦金塔式设计也遭遇了同样的命运,将垄断权让给了个人电脑的 Windows 标准,尽管它早期在性能、易用性、用户友好度方面都有优势。

在争取行业标准地位的战斗当中,公司必须将项目的活动着眼于占领更多的市场份额,而不是获取巨大的利润。苹果关注巨大利润,拒绝他人克隆自己的麦金塔设计,结果 IBM 的个人电脑及其低成本、兼容性好的软件很快就成为行业标准,而且这种情况持续了很多年。因此你应该让自己的突破式产品能吸引他人,要尽一切方法达到这一点,比如降低价格,提供其他准入刺激等。一旦产品成为行业标准,你就可以转换着眼点,比如增加价格和利润等。

一个突破式产品要成为行业标准,还有其他办法,比如授权、与大公司建立战略联盟关系、采取适当的定位战略、开发辅助产品以实现多样化等。影响到这些结果的关键因素包括他人效仿的门槛高度、竞争对手的能力、自己的资源和技能以及辅助产品的易获得性。[11]

赛格威个人交通系统的故事就是一个经典的突破式项目范例。

赛格威的故事

赛格威最初被称做"生姜"(Ginger),由企业家迪恩·卡门(Dean Kamen)开发,其公司 DEKA 曾发明了第一款便携式胰岛素注射器、"贝克斯特家选"透析机及其能攀爬楼梯的 iBOT 轮椅。[12]一天,一位员工坐在一辆 iBOT 概念验证模型上滑过卡门身旁,这个模型构建在一个单轴平衡的平台上,由两个伺服电动机驱动;导航则由一个摇柄控制器完成。卡门灵光突现,想出了一个能改变人们出行方式的全新产品。

赛格威的故事是一个在任何一方面都出类拔萃的突破式产品开发项目。卡门雇到了一些非常优秀又极富创造力的工程师。他们设计了赛格威的每一个要素并加以完善;他们甚至注意到了很微小的细节,比如车子将发出可听见的声音,让这个产品的使用尽量舒适。产品就绪之后,营销工作也是非比寻常,在几乎没有广告预算的情况下让公众对之产生了前所未有的关注。迪恩·卡门和赛格威几乎每天早上都出现在电视节目当中,和每一个能接触到的名人一起拍照,甚至和美国总统一起出现。然而,尽管赛格威是一个不错的产品,但却没有像预期的那样大举进入市场;其开发者对市场需求做出了错误的预判。

第四章

从一开始,赛格威团队就无法得到突破式项目所必需的客户真实反馈意见(参见图4-2)。卡门担心他人将自己的想法窃走,因此导致团队无法在客户那里测试早期的模型。[13]项目进入了进退维谷的尴尬境地:没有真实的市场反馈,就没人能够最终确定究竟哪些产品要求能最好地符合客户的需求。

如果DEKA能一开始就建立其一个强有力的产品要求设定流程,让客户参与其中,那么这个项目就不会等到客户反馈意见分析完成、产品要求最终确定之后才进入最终的设计过程。卡门身上值得赞扬的一点是,他认识到无法依赖客户为你提供具体的设计方向。他早就了解到,客户并不总是正确的:"他们并没有深入思考问题,从而无法得出创新性的解决方案。"[14]

然而,即便客户不能总是找到解决方案,他们至少能发现问题所在。在面对新的解决方案的时候,他们通常会告诉人们这个方案好在哪里,以及如何加以改善。这部分的工作在赛格威的开发过程中明显缺失。[15]最后终于进行了准市场测试之后,第一次出现了一个意想不到的问题:"有些驾驶者说他们上班的通勤路程对生姜来说太远了,而短途的小事他们又更愿意走路去办。"[16]公司没有把这一发现当做是一个警告信号,并对之进行进一步的研究,而是按照原计划继续进行赛格威项目。

卡门不仅希望设计赛格威,他还希望制造赛格威。尽管已经建成一个年产四万辆的制造工厂,但是DEKA在项目启动之后的头18个月里只卖出了六千辆赛格威。无疑,产品并没有像卡门所设想的那样革新了世界,更没有完成其商业预想。

图 4-2　赛格威项目

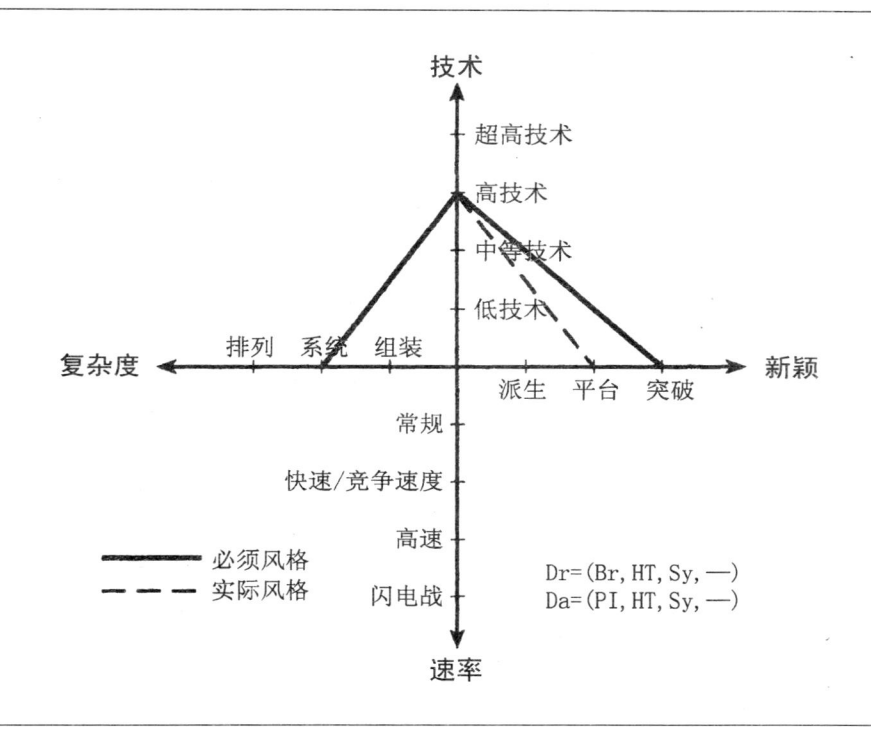

赛格威的故事为那些处理突破式项目的公司提供了宝贵的教益,在无法预见市场真实预期和早期利用客户真实反馈意见这两方面的教益尤其宝贵。DEKA 范例中的这些做法本来会让公司将注意力放在初期细分市场上,比如包裹运送,或者让公司能发展得更快,开始低成本的制造过程。DEKA 本可以考虑将产品授权给其他制造商,从中收取使用费,或者为长途旅行生产一种坐姿型号。这些想法都有可能让赛格威成为一个更加成功的故事。但是,谁知道呢?也许有一天,赛格威能真的改变世界出行的方式。

第四章

错误定位产品新颖度的影响

新颖度对项目管理的影响主要在产品定义和市场准入两方面。要想对项目进行高效的管理,你必须尽早认清自己产品的新颖度层级,尽快确定其对项目规划和组织将产生的影响。产品新颖度还会影响到你为项目所挑选的人员和你所采用的管理风格。在低层级,管理风格应该比较严格,而在高端则应该比较灵活,新颖度层级越高,创造力要求也就越高。

下面这个软件平台开发的案例表明了正确判定新颖度层级的重要性——具体来说就是当一个平台式项目被当做一个简单的衍生产品时会发生怎样的情况。

金融中间件软件项目

该软件项目的客户是一家投资管理公司,目标是通过创建一个直接处理其客户买卖订单的格式来减少成本。传统的商业流程是代表客户做出投资决策,比如退休基金会和富有的个体。交易决策在内部做出,通常牵扯三个系统:交易、财会和通信。外部流程牵扯的工作是将交易细节(股票名称、数量、价格和费用)在特定时限内发送给各自银行。在该项目之前,这些活动大多由人工完成。

该公司很小,之前并没有监控复杂软件项目的经验。项目外包给一个软件开发公司,后者声称曾经为保健行业开发过类似的系统。软件公司建议将其现有的通用中间件进行修正以完成该项目的产品开发。最初,这个提议看起来很适合两家公司。投资公司需要的就是一个简单的信息化平台,而软件开发公司则希望能将自己的客户群扩大到金融机构当中去。

新系统由三个软件组件构成:自动转移交易信息的中间件软件、数据库软件和优化软件,优化软件的功能是从数据库中接收信息并将之发送给外部银行。

前四个月一切顺利;然而项目过半时,情况开始恶化。修正后的系统并没有像预期的那样运作,软件公司不得不匀出更多的资源来处理问题。第一个模型最终交给客户之后,客户无法及时对之进行测试。最终,软件公司把源码交给客户,然后转身走人。投资公司只能独自进行痛苦的软件安装和测试工作。项目不断审核、修改;待交付的产品不是被修改就是取消。最后,在长时间的延迟和额外的成本支出之后,第一个可用的实体产品通过审核,得到认可。

回头来看,双方都错误估计了与该项目相关的风险和困难的程度。正如事情进展所证明的那样,与医疗软件系统相比,创建一个包含复杂商业逻辑的金融软件系统是一个巨大的变化。面对如此复杂的一个项目,客户并不拥有管理甚至定义的知识和专业水平。而对软件开发公司来说,它并没有预计到产品所引入的市场中的变化程度,只是假定该产品只需要扩展另外一个产品即可,而后者原本是为另一个行业而设计的。

使用钻石模型,我们能够得出结论,软件开发公司将产品的新颖度设定为之前某一产品的衍生物,而不是将之当做一个平台产品——这样一种假定最终被证明是错误的(见图4-3)。将一个产品引入一个新的行业必须被看成是一个平台式项目——是为新客户设计的新一代产品。

第四章

图 4-3　金融中间件软件项目

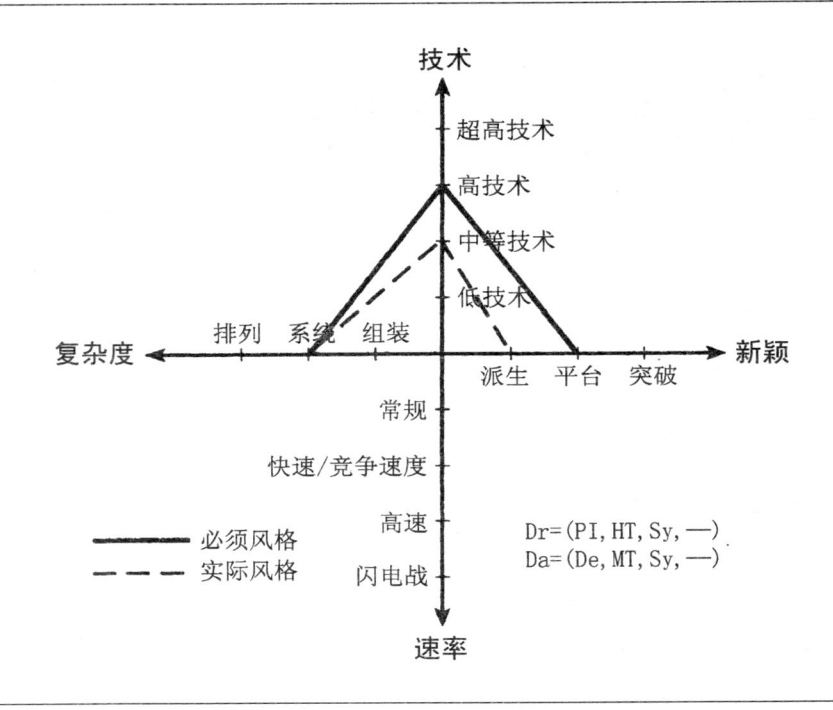

```
                    技术 ↑
                    ├─ 超高技术
                   /│\
                  / │ \  高技术
                 /  │  \
                /   │   \ 中等技术
               /   ╱│╲   \
              /   ╱ │ ╲   \ 低技术
   复杂度 ←──┼───┼──┼──┼──┼──┼──→ 新颖
           排列 系统 组装 │ 派生 平台 突破
                        │ 常规
                        │
                        │ 快速/竞争速度
                        │
   ── 必须风格          │ 高速    Dr=(Pl, HT, Sy, —)
   -- 实际风格          │         Da=(De, MT, Sy, —)
                        │ 闪电战
                        ↓ 速率
```

同样，正如你将在第五章中看到的那样，尽管软件开发公司在此类技术方面有经验，但是对客户来说，这个项目代表的却是一个高技术的项目。结果这个项目却被当做是一个中等技术的项目，因而得出假设认为不需要进行技术审核。

如果双方都正确地对项目的新颖度层级进行评估，那么很多事情都会呈现出不同的面目。软件开发公司会花更多的时间来了解金融行业的独特性，了解公司的决策制定过程、数据分派过程以及客户、软件公司、银行和其他金融机构之间的交流过程。客户及其项目经理就会花更多的时间来详细说明这个系统、制定测试流程、进行设计审核，从而降低技术风险。所有这些行为都将会包含在项目规划当中，而不是在出现问题时以突发情况的身份添加到项目当中。

现在我们已经考察了新颖度，在第五章中我们将转向 NTCP 钻石模型的第二个维度：技术或称技术不确定性。

要点与行动项

- 产品新颖度的决定因素是：产品对市场、客户和潜在用户来说有多新颖。新颖度有三个层级：衍生产品、平台产品和突破产品。衍生产品是现有产品的延伸和改良。平台产品是为新的或现有的市场和客户设计的现有产品线的新一代产品。突破产品是全新产品。

- 产品的新颖度层级会影响到产品要求的定义和产品的营销——也就是说，该采取什么行动或制作什么产品，如何将产品推销给预期的买家和用户。这些任务牵涉到项目管理四个方面的问题：你如何最大限度地利用市场调研数据；你如何最适当地确定产品要求和项目目标；在最终确定产品要求之前你应该等待多长时间；你应该使用哪些营销策略和市场渗透战略。

- 对于衍生产品而言，"该采取什么行动"的问题相对比较容易回答，因此产品要求必须尽早确定。对平台产品而言，确定产品要求所花费的时间会长一些，因为要在广泛的市场调研和对之前一代产品的累计数据的基础上才能完成。

- 对于突破产品而言，营销调研通常无用，因此产品定义必须基于最优秀的猜测、直觉和市场测试及错误检查。产品要求必须维持稳定的状态，直到产品可以引入市场并获得客户反馈意见。

- 一个公司将其突破产品的设计确立为行业标准的能力是其长远

第四章

竞争地位和成功的关键决定因素。

- 每一个项目都应该提前评估项目新颖度,在规划阶段就应该确定产品新颖度对管理的影响:你如何使用营销调研,何时确定产品要求,哪一种营销策略最适合该产品?

第五章 技术

在本章中,我们将考察区分不同项目的最为重要的维度之一:技术,或更准确地说,技术不确定性,以及这个维度的四个层级:低技术、中等技术、高技术和超高技术。正如你将看到的,评估一个项目的技术层级可能会非常棘手,即便在如建筑这样的低风险行业中也会出现这样的情况。为了说明这一情况,我们回到丹佛国际机场的故事去,该项目极大地超出了其完工时间和财政预算。[1]

一个建筑项目的错误判断:丹佛国际机场项目案例剖析

在20世纪80年代早期,因为经济的迅速发展,丹佛的斯特普尔顿机场已经超出了其最大容纳能力。1989年,丹佛选民通过了建设一个现代化新机场的决议。当年11月建设开工,预期完工时间是1993年秋。

尽管项目规模浩大,但是四年的时间看起来已然足够。任务很清晰,资金来源也充足,研究表明能获得巨大的经济利润,而且项目还有必要的政治支持。人们期待的是一个标准但又规模庞大的建设项目,没有明显的问题。然而,最终的结果对股东来说却是一场

第五章

噩梦,而且时间延迟,成本超支。

作为新机场的最大用户,美国联合航空公司计划将该机场作为自己第二大集散中心。为了让飞机能在30分钟之内掉头,联合航空要求机场设置自动行李系统。规划中的先进集成系统将改善地面工作效率,减少费时费力的人工行李分拣和处理流程。1991年12月,机场委托BAE自动系统公司设计并安装一个自动行李系统,预期日程是两年半。该项目是同类当中的第一个,比以往相似项目的规模要大很多。

从项目之初开始,行李处理项目面临的就是一场攻坚战。从一开始项目就遭遇很多方面的问题——比如交流的缺乏、不现实的时间范围、规划不够以及人力资源的错误使用。到1994年8月,项目已经延迟11个月,而且阻碍了机场的正常运作。为了避免更严重的不良后果,管理层决定签署一项五千万美元的合同,以建设一个备用的传统行李系统。计划是联合航空只能为自己的枢纽中央大厅使用BAE系统。对该系统全面、集中的测试在1995年1月达到顶点,三个小时的完整试用取得了成功。机场终于在1995年2月投入使用,延迟了16个月,超出预算15亿美元。

机场延迟开业,成本超支——这都源于不够重视项目的不确定性。尽管机场总体上来说是一个低技术的项目,但是行李处理系统却需要不同的处理方式。作为同类项目中的第一次尝试,这个系统有着所有高技术项目的一切要素,因此就需要多个设计周期和广泛的测试(见图5-1)。项目经理没有完全理解这些风险,也没有意识到需要将行李处理系统项目与机场建设的其他部分分离开来。BAE对建设自动行李处理系统比较熟悉,但是通常只是处理一些小规模的系统。技术新,系统需要服务的实体数量大,技术和项目不确定性的程度高,而要求完工的时间短——这些都让这个项目与它以往处理的项目有所不同。

现在回头来看,如果项目管理者提前认识到项目所牵扯的技术不确定性,那么从一开始就能够考虑到备用的系统,这样的话,在一个相对较小的组件未准备好时也能让机场按时投入使用。

图 5-1 丹佛国际机场项目

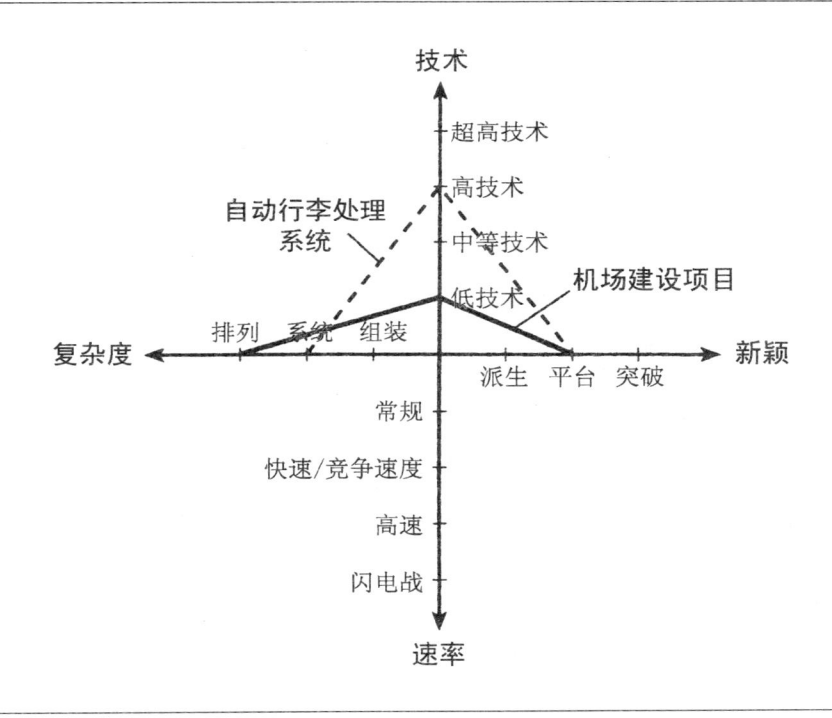

我们将技术定义为创建、建设、制造某一产品、流程、服务或为其使用提供便利所需的知识、能力和手段。[2] 技术可以嵌入可见或不可见的产品当中,可以牵扯软件或硬件,其专业知识也可能源自不同学科领域,比如机械、电子、生物技术、生物工程学等。大多数现代项目都使用某一项

第五章

技术（或多项技术），使之成为最终产品的一部分，或者将之应用在建造产品的过程当中。一个很小的手持个人电子辅助设备（PDA）可能包括软件、电子、显示和包装等技术，而大型的产品，比如飞机，则要牵扯到数百项技术。而技术也可能是新的或成熟的，根基深厚的或新近开发的。

何为技术不确定性

在我们的模型里，技术维度代表的是项目技术不确定性的层级。层级由项目使用新技术或成熟技术的程度而决定。[3]项目的不确定性层级并不是通用的，而是主观的，因为它取决于现存的或公司能获得的技术知识。因此它是一个衡量项目中可使用的新技术或成熟技术数量的指数。[4]因为大多数项目都运用多种技术，所以我们的分类将基于产品或流程中新（相对于公司）技术的比重来定。尽管技术不确定性这个指数可以被看做是一个连续体，我们发现基本上用四种层级就能涵盖所有项目（表5-1中对四种不同类型的技术不确定性的区分进行了总结）。四个层级定义如下。

表5-1 基于技术不确定性层级而划分的项目类型

	技术不确定性的层级			
	低技术	中等技术	高技术	超高技术
定义	只运用已有的、广为人接受的成熟技术	大多数是已有技术；新技术有限，或某一个特征较新	使用很多新的、最近开发的、已有的技术	项目开始时关键的项目技术尚不存在
范例	建筑、修路、公用设施、按照图纸建筑	产品的衍生物或改良品；在根基较牢固的行业中的新型号（比如医疗器械行业）	在迅速变化行业中的新系统（比如电脑、军用系统等）	超越最先进技术的新的、尚未验证的概念

低技术项目：低技术不确定性

这类项目牵扯到的是现有技术的应用——即所有行业成员都能平等获得的成熟的、广为接受的技术。这些技术有时被称做基础技术，通常不会对竞争优势有任何助益。[5]尽管整个项目规模比较庞大，但是技术可以容易获得，在执行过程中并不会产生任何困难或不确定性。这个类别中的典型项目有建筑、修路、桥梁和公用设施安装等。另一类范例是按照图纸建筑项目，一个承包商按照之前另一个承包商设计、开发的图纸来重建某个产品。

中等技术项目：中等技术不确定性

这是最常见的行业项目。这类项目主要基于已有的成熟技术；但是，它们也可能牵扯数量有限的新技术（通常是一两种，但绝对不会是项目成功的关键性技术）。有些项目会融合以前从未尝试过的新特征，借此建立该产品的竞争优势，使之成为所谓的核心技术。[6]典型的项目包括在格局较稳定的行业内开发一种新型号（比如汽车或电子消费产品），或者对现有产品进行改良、修正和升级。

高技术项目：高等技术不确定性

这类项目通常会首次使用比较新但已存在的技术。具体而言，这类项目所牵扯到的许多核心技术都是新的。这类技术通常被称做促动技术，因为这些技术有改变竞争格局的潜力。[7]尽管这些还没有嵌入产品或流程，但是在项目真正开始之前就已经开发完毕。将已有但较新的技术第一次融入到项目中通常会产生过去并不存在的产品，甚至在行业中都会显得非常新颖。许多国防开发项目可以归为此类，高技术或高周转率行业中的项目也可归为此类。[8]

第五章

超高技术：极高的技术不确定性

虽然很多公司并不区分高技术项目和超高技术项目，但是两者差别还是非常巨大的。超高技术项目要求开发的新技术在项目开始的时候并不存在，因此开发也就是项目的一部分。有的时候这些技术被称做新兴技术，意思是它们看起来有成为促动技术的潜力。[9]但通常来说，要使用的技术仍然是未知的。

超高技术项目可以有明确的任务和熟知的客户。但是因为需要开发并不存在的技术就使得项目变得非常有风险，而且非常罕见。很多情况下，这类项目都由大型企业或政府机构来承担。有名的例子包括阿波罗登月计划、"战略防卫计划"（通常被称为"星球大战计划"）和美国航天宇航局的哈勃空间望远镜项目。[10]这类项目还可以在一些新兴的公司中发现，这些公司希望探索一些不存在的技术并将之投入商用。

但是，我们必须强调的是：超高技术项目并不一定就是技术开发或者纯粹的研发项目。它们可以有真实的客户和清晰的任务，只是完成任务所需的技术在项目开始的时候是未知的。

技术不确定性和项目成功

正如我们前面提到的，技术不确定性的层级取决于相关公司和行业的具体技术根基。比如，一个低技术的公司要开发某种新型产品，而如果使用的是它之前没有尝试过的新技术，那么就可能遭遇困难。这样一个项目将被看做是该公司的一个高技术项目，但是对一个技术水平较高的公司来说可能就只是一个中等技术项目而已。同样，技术不确定性的不同层级可能会带来不同的项目结果，也会对公司业绩造成不同程度的影响。比如，在一个传统行业中的低技术项目（比如建筑）通常会在一个变化较慢的环境当中创造常规的利润水平。而另一方面，高技术或超高技术项目可能就会代表一个能创造额外商业利润、为公司赢得领袖地位的机遇。

但是技术不确定性也有风险。不确定性的层级越高，失败的风险就越大，首先是低级和中级，然后就上升到最高层级的高技术和超高技术项目。在这些层级上，技术可能会辜负期望，也可能让项目超出期限，甚至可能会带来一些未知的安全隐患。正如我们前面提到的，项目规划应该提前设定好期待视野，根据几个成功维度来确定何为项目成功。另外，规划时还应该提前考虑到风险和失败的因素。表5-2总结了不同技术层级在各种成功维度上的预期结果以及可能的风险。

在接下来的几节当中，我们将描述技术不确定性对新产品和服务设计的影响，同时还将考察不同类型项目中，技术不确定性对项目管理的不同意义。

技术不确定性如何影响项目管理

低技术和高技术项目之间的区别可能会对项目管理活动产生非常可观的影响，尤其是对那些塑造产品具体参数和规格的技术活动造成影响。[11]但是技术不确定性还会影响到交流和互动的层级、管理的态度、审核的流程，甚至会影响到管理团队和经理所必需的能力和技能。

项目的技术活动通常包括对设计和产品规格的操作、建造、组装、测试、审核和批准。技术不确定性越高，设计、开发和测试活动就会越密集。在低技术项目中不需要进行开发和测试，因为产品的建造通常都会依据已经设计好的蓝图进行。技术越高，就需要进行越多的开发活动和测试，在最终产品定型之前也就需要更多的模型。而且根据我们所发现的情况来看，在技术的最高端，所有成功的超高技术项目都会建造缩小的模型，目的就是在进行技术的最终选择之前测试新开发出来的技术。[12]

表 5-2　技术不确定性和项目成功：应该期待什么

成功维度和可能的风险	技术不确定性的层级			
	低技术	中等技术	高技术	超高技术
效率	高效率非常关键	效率很重要	可能超出时间限制；不要期待这种情况发生，但确实发生时要坦然接受	很可能超出时间限制
对客户产生的效力	标准产品	功能性产品；为客户增加价值	显著改善客户能力	客户效率有重大飞跃
对团队产生的效力	拓展团队成员在本行业内的经验	拓展团队成员在快速设计和产品修订方面的经验	拓展团队成员在应用新技术方面的学识	培育未知技术开发方面的技术领袖人物
商业和直接成功	利润合理	中等利润；中等投资回报	高利润；高市场份额	在长远期有突出的商业成就；市场领袖地位
准备未来	几乎没有	获得额外的组织能力	新的产品线；新的市场	领袖地位；新的核心技术
可能的失败和风险	低风险；所使用的技术基本不会产生具体风险	技术可能产生中等风险	因为首次使用新技术，所以风险较高，包括延迟、超支和不良业绩	未知技术会带来很多风险；造成长时间延迟和成本超支，还可能会造成产品的失败，或者无法完成预期业绩

设计周期和设计定稿

完成一个产品往往需要几轮反复的设计、建造和测试过程。这些反复是开发活动的必要组成部分,被称做设计周期。[13]因此,一个技术项目可以看做是一个由多阶段设计周期构成的流程,目的是减少不确定性。[14]一个低技术项目只需要一个周期,中等技术层级上的项目则通常需要两个周期;高技术项目至少需要两到三个设计周期,而超高技术在最终技术选定之后还需要大约三个设计周期。图5-2展示的是每一项目类型所需的设计周期数量,n代表选择最终技术所需的周期数量。

一系列设计周期的完成标志是被称做设计定稿的重要事件。这一事件并不意味着不能再做任何修改;它代表的是产品已经达到预期的最后形态,只有在确实必要的情况下才能进行额外的修改。要注意的是,技术确定性的层级越高,定稿决策的日程应该设定得越晚。对低技术项目而言,这一决策通常在项目执行之前就已经完成;对高技术项目而言则在项目中期时完成;而对超高技术项目来说一般是在第三或第四期进行(见图5-2)。

在项目之初就确定技术不确定性的层级能够帮助管理者将这些决策融入到项目规划当中,并分配项目成功执行所必需的财政预算和其他资源。(如需了解更多有关设计周期和设计完成的详细信息和实证数据,可参考附录五A和五B。)

最后一点,技术不确定性越高,你就必须在技术问题的审核上投入越多的时间。在较低层级上,管理层对进度和标志性事件进行正式审核就足够了。然而,对于高技术和超高技术项目来说,管理层的审核还不够。项目必须由相关学科里的独立专家小组进行技术审核。这些专家并不参与到日常的项目进程当中,但同行审核能够确保管理团队在开发期内获得足够的反馈意见,因此非常重要,而很多项目之所以失败正是

第五章

图 5-2 设计完成的可能时间范围、实际周期的数量和项目结构的风险领域

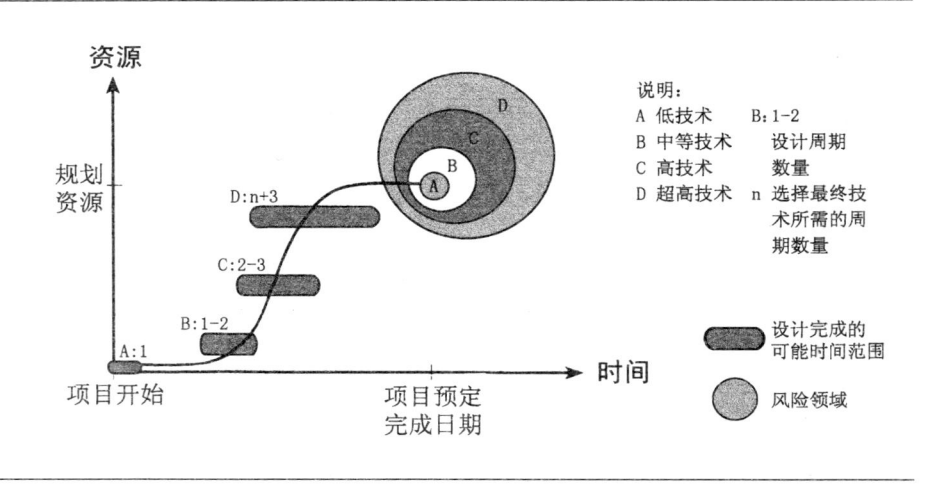

因为缺少这种形式的审核。[15]

管理风格、交流、态度和紧急预案

因为技术不确定性越高,就越需要延迟设计完成的时间,需要越长时间的设计、建造和测试周期,因此也就需要比较灵活的管理风格,能够容忍模棱两可和不确定的情况。另外,设计完成之后的过渡期也通常会出现项目经理对待变化态度的急剧改变。在项目早期往往会有较高程度的灵活性和对变化的容忍度,而一旦设计完成,则灵活性降低甚至为零。[16]

在低技术项目中,管理人员必须坚定地坚持最初的计划。在中等技术的项目中,他们应该准备好接受早期的某些变化,但是在设计完成之后,他们就应该努力地尽早将产品生产出来投入市场。技术不确定性层级较高的话,就需要高度灵活的风格。高技术项目管理人员必须准备好接受数量众多的变化,必须等待较长时间才能最终确定产品的设计;而

超高技术项目的管理人员则必须极端地有耐心,必须适应不断的变化,必须确保所有可用的技术都得到了尝试。他们还必须培育一种"挑刺"的态度,因为问题发现得越早,他们就越能及时进行修补。

技术不确定性还会影响到项目交流和互动。在较低层级上,正式的交流和之前设定的会议流程通常就足够了。随着技术不确定性层级的上升,正式的流程就必须由非正式的互动和未提前加入日程的会议来进行补充。在最高的层级上,管理人员必须为非正式互动创造充足的机会并安排好必要的条件——会议工作站、联合对话、会后活动,这样人们就能够分享最近的工作经验和问题。

最后,虽然没有人愿意看到延迟的情况出现,但是确实出现的时候,管理人员要做好应付的准备,尤其是在高技术和超高技术项目中,因为这些项目当中不确定性和相关的风险往往比较巨大,延迟的情况会经常出现。因此,许多项目都会预先留出应急资源,以应对意想不到的困难和延迟。我们的技术不确定性衡量标准能够让你以一种比较精确的方式进行这样的资源配置。在低技术层级上,5%的应急资源比较常见,而对中等技术项目来说则是5%-10%,高技术项目10%-25%,超高技术项目则可能需要25%-50%。比如,美国航天宇航局大获成功的阿波罗项目在初始预算中就有大约50%的应急储备资源。

项目经理和团队技能

项目经理当然必须是一位优秀的管理者、规划者和领导者。尽管这些技能在所有的项目中都是必需的,但是较高的技术不确定性还额外需要项目经理拥有较强的技术能力。项目经理必须能够对他人的技术工作进行评判,做出与设计相关的技术决策,并判断相关学科与项目团队之间是否对接良好。他们必须能够直觉地理解技术人员在谈论的东西,必须能够从总体上把握整个项目。同样,随着技术不确定性逐渐上升,

第五章

项目团队成员也就必须有较高的学养和技术知识,在技术不确定性的最高层级上则需要拥有非常优秀的专家。

总结技术的影响

表5-3总结了不同项目技术层级之间的差异,其中还包含有这些项目类型通常出现的行业,以及不同层级上的典型产品。(如需了解与技术不确定性相关的实证研究结果以及技术不确定性对 PMI PMBoK 知识领域中描述的传统项目管理所产生的影响,可参考附录五A和五B。)

表5-3 项目特征与技术不确定性层级

变量	技术不确定性的层级			
	低技术	中等技术	高技术	超高技术
技术	无新技术	有一些新技术	大多数技术都是新的	项目初始时关键技术尚不存在
典型行业	建筑、生产、公用设施、公共工程	机械、电气、化学、部分电子行业项目	高技术和以技术为根基的行业;电脑、航天、电子	尖端技术和领先行业;电子、航天、生物科技
产品类型	建筑物、桥梁、电话安装、按照图纸建造施工	非革命性型号、衍生产品或改良产品	新兴的、首次出现的产品系列,新的军用系统(在尖端技术范围之内)	新兴的、未经验证的概念,超出现有尖端技术的范围
开发、测试和模型	没有开发;没有测试	有限的开发;有一些测试	数量客观的开发和测试活动;开发过程中通常会使用模型	在项目过程中需要开发关键技术;必须有过渡性的小规模模型,以测试概念和选择新技术

表 5-3　项目特征与技术不确定性层级（续表）

变量	技术不确定性的层级			
	低技术	中等技术	高技术	超高技术
设计周期和设计方案完成	只有一个周期；项目执行开始之前设计方案完成	一到两个周期；设计方案完成较早，不会晚于项目执行的第一期	至少两到三个周期；设计方案完成通常会在项目中期，也就是在第二期或第三期	通常在最终技术选定之后还需要三个周期；设计方案完成晚，通常在第三期甚至第四期
项目审核	正式的进度和状态审核	正式的进度和状态审核；对最终设计进行一些技术审核	在正式的进度审核之外，还需要在专家协助下进行技术审核	由技术专家进行广泛的同行审核，这对项目成功非常关键
管理风格和态度	坚定的风格；坚持初始计划	稍微温和一点的坚定风格；准备好接受一些变化	更灵活的风格；期待出现很多变化	高度灵活的风格；要适应不断的变化；"挑刺"
交流和互动	大多为既定会议上的正式交流	更频繁的交流；有一些非正式的互动	通过多种渠道进行频繁交流；非正式互动	交流渠道众多；管理层协助、提倡非正式互动
项目经理和项目团队	有良好管理技能的经理；大多数为半熟练工作人员	有一定技术能力的经理；有数量可观的学者	有良好技术能力的经理；项目团队中有很多专家和学者	项目经理拥有出众的技术能力；有许多高度熟练的专家和很多学者
项目应急资源	5%	5%-10%	10%-25%	25%-50%

第五章

特殊情况:超高技术项目

你可能会问,为什么不直接按照通常的低、中、高的分类方式来划分项目类别,而要增加第四个类型——超高技术项目?增加超高技术这一层级的目的是为了区分使用许多对公司来说较新的技术的"常规"高技术项目和为了达成项目目标而需要开发尚不存在的技术的超高技术项目。项目中如果内在含有开发新技术需要的话,则代表了另一种不确定性和风险层级,因而需要独特的管理方法。

首先,超高技术项目必须有一种高度灵活的氛围,这样才能够对新颖的,有时甚至是极端的理念进行引入、评估和测试。其次,这类项目需要单独一段开发期。在这段时间里,之前未知的技术将得到开发和测试,直到最终选定技术和相应配置。第三,在这些项目中需要建造小型的模型,新开发的技术将在这些模型之上进行试用和测试。这样一种模型必须在技术最终选定和选定技术融入完整产品之前进行测试和审批。

为了说明超高技术环境的独特性,我们将考察非常有名的一个航天项目:20世纪50年代末美国洛克希德(Lockheed)公司(现为洛克希德·马丁公司的一部分)建造的SR-71黑鸟侦察机。即便在今天,该项目也是面临巨大技术和管理挑战的项目管理优秀典范。

SR-71黑鸟:航空史上的超高技术革命

SR-71黑鸟是建造最为成功的飞机之一,是唯一能在80 000英尺高度以3.2马赫速度飞行的军用飞机。[17] SR-71项目始于20世纪50年代,目标是替代美国空军和中央情报局当时使用的U-2侦察机。

洛克希德公司的开发部［由克拉伦斯·L."凯利"·约翰逊（Clarence L."Kelly" Johnson）带领］设计了黑鸟（当时称做 A-12）。为了满足飞机极富挑战性的要求，洛克希德公司的工程师需要克服令人生畏的技术挑战，很多技术在当时都还是首次提及。比如，初始预案中有液氢推动引擎，后来证明不可行，因为燃料消耗过大。因此设计就转向两种传统的，但仍然很独特的排气后燃器涡轮引擎，使用的也将是特殊的喷气燃料。引擎必须跨越大幅度的速度范围进行运作，从 207 英里/小时的起飞速度到最高纬度上的 2 200 英里/小时。

机体几乎完全由钛合金制成，以承受持续 3 马赫速度飞行时产生的热量。机体设计经过优化之后能在雷达探测中达到隐蔽的效果，机身上还覆盖有一种特殊的雷达吸收涂料，能帮助飞机消解长时间极速飞行时剧烈摩擦所产生的热量。这就让飞机有了一种很独特的"黑鸟"外观。

从新颖度的角度来看，SR-71 只是一个中等层级的平台式项目，因为它只是取代了前一代产品——U-2。然而，考虑到任务的广度和完成任务所需的技术，我们现在回头来看的时候将项目归类为超高技术项目（见图 5-3）。它要求开发出项目初始时并不存在的新技术。约翰逊并没有正式地使用任何归类框架，但是他组成了一支仅由 135 名工程师组成的专业团队，基本上采取了超高技术项目的管理风格。

这一工作构架后来成为知名的"臭鼬工厂"。[18]这个团队独立运作，行政系统最小化，交流程度却非常高，因而启动并测试了许多创新性的理念，并使用了比较高级的工程方法，从而绕开在高纬度恶劣环境中高速飞行通常会面临的典型问题。这个团队对成本进行了艰苦的审核，频繁做出变化，并且不断与客户紧密合作。但归根

第五章

结底,项目的成功还是要归功于约翰逊管理项目的方式:管理高度灵活,容忍项目持续时间延长问题上的巨大不确定性,在对未探索技术机型测试之后很晚才将设计完成,使用多个模型,并且展示出强大的技术专业知识和技术领导能力。

图 5-3　SR-71 黑鸟项目

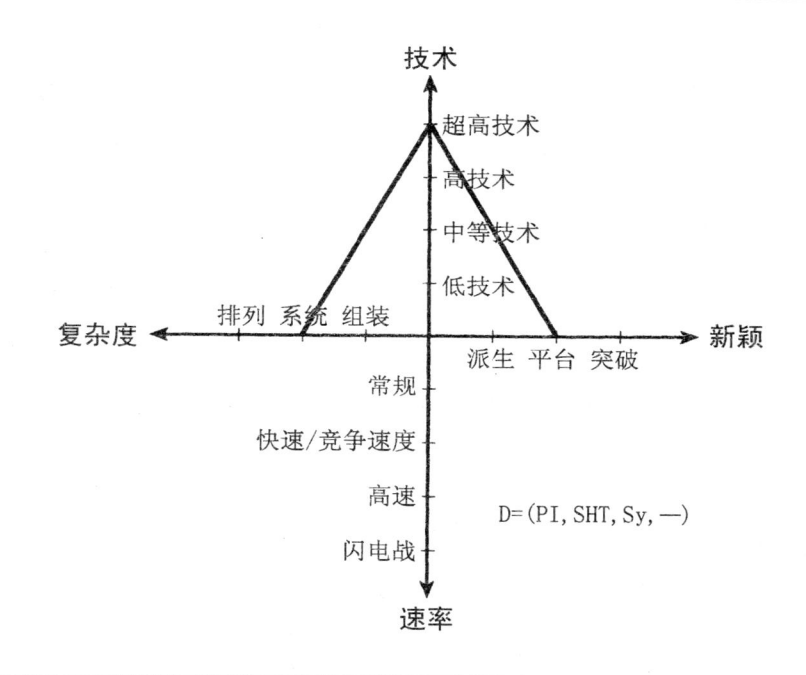

$D = (PI, SHT, Sy, —)$

技术的低端和高端

技术不确定性可能是规划、工程设计、资源分配和风险处理过程中最重要的一个维度。在本节当中,我们将探讨技术低端和高端之间的区别,将低技术、中等技术、高技术和超高技术项目一一进行对比。(表5-4对这些区别进行了总结。)

表5-4 低技术和中等技术项目 VS 高技术和超高技术项目

管理问题	项目类型	
	低技术和中等技术	高技术和超高技术
管理风格	严格、实际、"完成项目为核心"的方法	灵活,随时准备接受多种变化,能容忍长时间的不确定性
项目审核	对主要的阶段性完工进行正式的、管理高层的审批	正式的行政审核,外加由专家进行的技术同行审核,目的是评估设计并提供专业的反馈意见
阶段重叠所节省的时间	可能有阶段的重叠	不建议出现阶段的重叠
最佳合同形式	固定价格	额外成本;开发晚期也许能够确定价格
开发方法	线性开发	螺旋式开发
额外担忧	更低的成本,按时完成	风险管理,系统工程,质量管理

技术不确定性的低端和高端之间的主要区别在最恰当的管理方法上。在低端(低技术和中等技术项目),管理人员最好使用一种严格的、"依照计划行事"的方法。产品规格已经为人熟知,因此可以很早确定,而管理人员则不应该允许出现变化,以免转移项目的注意力,进而无法

第五章

按时完成任务。相反，他们应该将团队的注意力和工作集中到以低廉的成本尽早完成项目之上。

在高端（高技术和超高技术项目），最恰当的方法有所不同。在不确定性的这些层级上，管理人员应该采取一种灵活的态度，允许产品规格和设计在项目晚期出现变动。而且他们应该准备好长期面临非常大的不确定性。

低端的项目审核大多是正式的，由行政团队成员（通常称做行政审核组）审核项目进度和业绩，并为接下来的工作做出预先决策。在高端，管理高层的正式审核往往不足以提前发现问题，不足以确保项目的成功完成。在这一层级上，大多数的项目最好是调用专家的帮助，组成同行审核小组来检查项目的技术进度，审核设计情况，并就公开的技术问题和可能出现的风险提供专业的反馈意见。

管理层有时候会试图通过将项目阶段重叠在一起来缩短项目时间——也就是在当前阶段尚未结束时启动下一个阶段。这种做法（通常称做赶工）在技术不确定性的低端是可行的，但是在高端的成功率就比较低（甚至不可能成功）。高技术和超高技术项目中的不确定性和风险层级已经非常高，因此由阶段重叠引发的风险是无法接受的。通常来说，下一个阶段在很大程度上取决于当前阶段的结果，而重叠可能会引起很多变动，以至于这种做法很可能无法节省任何时间或资金。

另一个主要问题是应该使用何种类型的合同。通常，人们会在固定价格合同与额外成本合同之间犹豫不决。在固定价格合同中，承包商承担所有的风险，但是也有机会赢取客观的利润。我们发现，固定价格合同在技术不确定性的低端可能会更加有效，但在高端可能有缺陷，会给双方都带来无法接受的风险。承包商可能会因为无法预期的项目困难而遭受资金损失，而承包商为了努力维持价格范围可能会选择非最优化的解决方案，从而使得客户得到不完善的产品。在这种情况下，选择成本加激励酬金合同可能会更加适合双方的情况,因为风险和机遇都由双方共享。客户承担开发成本,避免走捷径和选择非最优化解决方案的情况出现,而承包商则有激励酬金来提交出最佳的结果,同时还能维持利润空间。

然而,在某些项目中,两种方法的混合可能更加有效。在开发早期使用额外成本合同。然后,当不确定性层级下降之后再替换为固定价格合同。

从工程角度来看,技术不确定性一般可以通过分期设计、模型和测试的使用来减少。分期设计通常有两种形式:一个是线性的、一期接一期的形式,另一种则是螺旋式的或灵活开发的模式,后者近年来非常流行。在螺旋式模式当中,第一件产品模型中只体现核心的产品要求。为了让产品能够迅速改良,基本的设计是模块化的,以支持未来每一周期中添加或改良某些要素。[19]螺旋式开发模式由顺序设计周期构成(定义、设计、建造、测试、定义、设计,等等),构成了一个螺旋状的不断扩大的周期链。

线性模式最适合低技术和中等技术项目,而螺旋式模式则适合高技术和超高技术项目。在最终设计完成之前,技术不确定性增加则意味着需要更长时间的设计、建造和测试。另外,高技术和超高技术项目所内含的高风险也要求使用各种不同的方法来减少其影响,比如演进式开发、系统工程和风险管理等。

本章结束时我们将用我们这个时代里最具雄心的两个技术项目来收尾:阿波罗登月计划和航天飞机项目。两者都代表了巨大的科学和工程挑战,而且两者都需要最高等级的项目管理能力。尽管这两个项目之前都记录得非常详细,但是在我们的框架当中再来考察仍然非常有意思,因为两者的管理风格和结果是如此迥然相异。

第五章

阿波罗登月:科学、探索和管理的胜利

约翰·F.肯尼迪总统在20世纪60年代早期启动阿波罗项目,目标是在10年时间里将第一位美国人送上月球。很明显,这样的项目将牵扯到非同寻常的未知领域。美国航天宇航局的工程师们不得不面临辐射、流星和其他各种各样的危险。月球表面环境基本是未知的,因而有着巨大的潜在危险,比如月球尘埃和月球阴阳面之间的极端温差。当时还没有技术能够控制这样的温差,也无法保护宇航员免受其危害。另外,当时人们并不清楚如何将一个登月舱送上太空;可能会通过绕地旋转的飞船,可能通过绕月旋转的飞船,也可能是两者的融合体。[20]

阿波罗项目采用了一种独特的开发和测试方法。在美国航天宇航局规避风险的环境当中,每件事情都会不断地进行测试,设置无数的安全机制,以确保不会出现任何差错。比如,美国航天宇航局在尝试第一次登月之前进行了10次阿波罗飞船的发射。

现在回头来看,我们可以将阿波罗项目归类为突破式、超高技术、排列型、快速/竞争速度项目(图5-4)。最终的配置和设计直到所有的未知情况都解决之后才在延迟很长时间后确定。美国航天宇航局曾使用双子座计划作为过渡项目和小规模模型,内容是将两名宇航员送入绕地轨道。这一相对较小的项目能够帮助人们解决许多未知因素,帮助管理组织开发并选择之后将融入阿波罗项目当中的新技术。1969年7月阿波罗11号成功登月,标志的不仅是探索未知太空领域上的成功,更是开拓产生深远影响的新技术的胜利。

技术

现在我们来对比一下阿波罗 11 号项目和航天飞机项目。

图 5-4　阿波罗项目

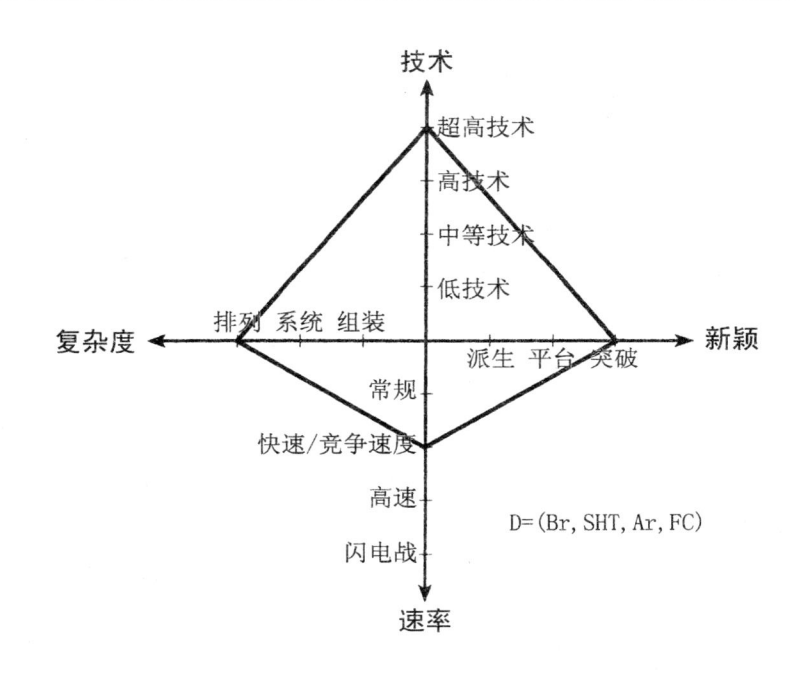

```
                        技术
                         ↑
                        超高技术
                        高技术
                        中等技术
                        低技术
复杂度 ←  排列 系统 组装  ┼  派生 平台 突破  → 新颖
                        常规
                        快速/竞争速度
                        高速            D=(Br, SHT, Ar, FC)
                        闪电战
                         ↓
                        速率
```

航天飞机项目:过分乐观的故事

　　航天飞机的理念是要让人类能够使用相同的交通工具,通过重复飞行在外太空环境下展开工作。项目最初提出是在 1969 年,当时整个美国还在为阿波罗项目的成功激动不已。作为登月计划的自然延伸,美国航天宇航局提议将航天飞机作为星际交通体系中的一个要素,借助这个交通体系美国可望在 20 世纪 80 年代将

第五章

一组船员送上火星。然而，当时阿波罗时代特有的那种热情和空间竞争已经消耗殆尽，很少有人愿意支持航天飞机项目最初高昂的成本。

美国航天宇航局的官员很快发现，要想在一片漠然和怀疑情绪的氛围中赢得国会对航天飞机项目的支持，主要希望还是在强调项目的性价比——也就是项目的再利用率和低廉的开发价格。核心想法是这一创新项目基本能够完全在现有技术范围之内建造，基本使用无须定制的部件或者能够迅速制造的部件。宇航局对航天飞机的定位很简单，就是"进行空间适应改造的飞机"。[21]最终，一个建造适度的、低廉成本的、能够再利用的航天飞机项目通过了审批，最终配置时间定在1972年。

现在来看，我们很清楚地发现美国航天宇航局对航天飞机项目的态度构成了我们所谓的平台式、高技术、系统型、快速/竞争速度项目。人们最初以为航天飞机能够基本在现有技术的基础之上迅速建成，不会超出现代技术的范围，但是这一想法最终被证明是不现实的。要建造一个既能在太空又能在大气中有效运作的庞大飞行器问题很多，在美国航天宇航局乐观、"以成功为旨归"的态度指引下是很难完成的。[22]最终，项目严重超出限度，延迟近三年，非预算成本60%，这些在1986年挑战者号悲剧发生之前就已经达到了顶峰。

航天飞机的开发最终成了航天时代里最困难、最让人恼火的工程挑战之一。开发期当中的工程和设计问题层出不穷。比如，新开发的主要引擎在两年时间内14次熄火。[23]由三万片手工黏合的陶瓷片构成的著名热防护系统被证明是轨道飞行器上非常不稳定的附件，多次瓦解，造成无数次延迟。[24]如果宇航局能够建造一个小规模的模型，然后进行早期的技术和飞行测试，那么它选择的解决方案可能就会有所不同。

1986年1月的挑战者号事故夺去了七位宇航员的生命,整个世界为之震惊。原本被描述为能够挑战不可能的宇航局不得不立刻停止太空飞行,时间长达两年,并开始认真的反省。总统指派的特别调查组(罗杰斯调查组)对事故进行调查后得出结论说,事故原因在于船尾密封装置失效,该装置无法承受很多敏感因素的影响,这些因素包括温度、几何尺寸、材质和再利用效应等。

2003年的哥伦比亚号事故同样夺去了七位宇航员的生命,让公众再次想起太空飞行的风险和不确定性。"哥伦比亚号"事故调查委员会(CAIB)将事故的技术原因确定为一块泡沫碎片撞击到航天飞机左翼前缘的热保护系统。然而,委员会在报告中同样提到了事故在管理和组织方面的原因:

> 太多时候,事故调查将责任归咎于一个复杂流程当中的最后一个步骤,而实际上对该流程进行更为全面的了解之后能让人们清楚地认识到,其实早期的许多步骤可能同样甚至更加应该遭到责备。在本委员会看来,除非本报告中提及的技术、组织和文化方面的建议付诸实施,否则就很难避免另一场事故的发生。[25]

CAIB对项目历史和决策过程进行了详细的分析,多次提及美国航天宇航局为了让项目获得审批而在早期甘冒的风险和做出的让步。报告还指出宇航局多年来资源紧缺、工作重心不断变换、日程紧张等情况,指出其错误地将航天飞机项目当做是一个操作而非开发项目,并进一步指出国家对人类太空飞行缺乏统一的认识。[26]

第五章

现在回头来看，基于项目初期的风险和不确定性，它似乎在孕育阶段就应该采取一种不同的管理理念。在这样的背景下，突破式的超高技术管理风格可能比实际所使用的平台式高技术风格更加合适（见图5-5）。另外，发射航天飞机的压力不断攀升，使之成为一个快速/竞争速度的项目，而实际上常规速率可能更加适合如此高层级的风险和不确定性。

事后诸葛亮总是比先见之明来得容易。我们必须牢记，当航天飞机项目通过审批并确定预算时，美国航天宇航局承受着来自政府的巨大压力，主要是要证明飞机系统的性价比，于是大幅削减开发费用。在这样的情况下，美国航天宇航局放弃了其出发点很好的计划，没有建造一个小规模的测试飞行器，以确保在完整飞行器开始建造之前，所有的技术都得到了彻底的测试。[27] 也许，如果美国航天宇航局给政府展示的是一个正式的框架，并在不同的维度上对项目风险特征进行具体的划分，那么也许就能够更有说服力，从而说服政府增加预算并减少时间压力。[28] 这样一个框架还将在内部争论中发挥作用，引导工程师和管理人员提前评估项目风险，确保有适当的安全机制来对项目风险进行另一种方式的管理。

这两个太空项目很快就会成为历史，但是它们的教益仍然新鲜，仍然重要。项目如果非常复杂——比如牵扯到大型系统的建造——通常牵扯到的技术数量也会非常巨大。为了应对这一局面，有些实体，比如美国航天宇航局和其他政府部门，最近采用了一个称做技术准备层级（TRL）的框架。在这个框架之内，每一种技术都根据九种成熟度进行评估。[29] 新技术和高复杂度共同使得这些项目的管理成为了一种独特的挑战，这一点我们将在下一章中更详细地进行考察。

图 5-5　航天飞机项目

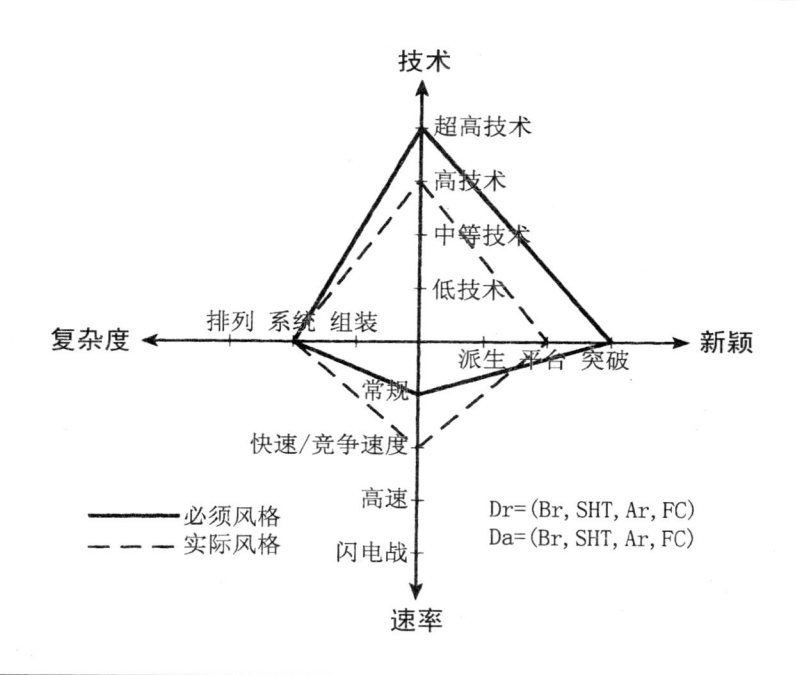

```
              技术
               ↑
          超高技术
           高技术
          中等技术
           低技术
复杂度 ←  排列 系统 组装  派生 平台 突破  → 新颖
               常规
           快速/竞争速度
              高速         Dr=(Br, SHT, Ar, FC)
             闪电战        Da=(Br, SHT, Ar, FC)
               ↓
              速率
```

—— 必须风格
---- 实际风格

要点与行动项

- 技术不确定性是项目中所使用技术中新兴技术与成熟技术之间的数量对比。根据技术不确定性,项目可划分为四种类型:低技术、中等技术、高技术和超高技术。技术不确定性的层级较为主观,要取决于公司在技术方面的经验。

- 技术不确定性影响项目的预期成功。使用的技术越高级,为客户和公司创造的价值就越大,但同时,时间和预算超支的风险也越大。

第五章

- 技术不确定性会影响到项目管理的技术活动，比如设计、制造模型和测试等。技术越高等，设计定稿时间就应该越晚，项目所需的设计周期也越多。技术越高，就需要更多的交流和互动，更高的灵活性以及容忍更长时间不确定性的能力。
- 使用的技术越高等，就要求项目经理和项目团队在组织和管理能力之外还有更高级的技术能力。
- 超高技术项目是特殊情况，需要在项目过程当中开发尚不存在的技术。这一任务要求有卓越的技术领袖力、较长的新技术开发、测试期，要求使用小规模的模型和高度的灵活性。
- 管理人员应该评估主要项目中的技术不确定性层级，应该根据项目的风险和机遇水平分配资源和人员。管理人员还应该能够容忍并随时接受高技术和超高技术中因较高水平的风险而出现的延迟情况。
- 管理人员应该在项目规划和组织期内考虑项目的技术不确定性层级，然后根据技术不确定性确定设计定稿的日程和设计周期的数量，还应该配置好应急资源、技术同行审议和团队的技术能力。

第六章　复杂度

设想你正在管理一个企业再造项目。项目内容包括简化企业的运营流程，设置新的信息技术软件，对这些流程进行控制，管理数据库并为管理人员和决策者提供实时信息。

尽管这些任务看起来都是基础性的东西，但是企业不同，这些任务的内容也大相径庭。比如，在某一类企业中，你可能只需要处理一个部门、一个运营小组的工作流程，或者是地方单位中的一个单独流程（比如一个银行的分支办公室）。在这些情况下，所需的付出可能相对较小，人们相互了解，流程也很简单，而牵扯到的信息技术也比较有限。

现在我们假设你的任务是为一家大型的跨国国际公司管理一个再造项目。这可能会是一个无比复杂的项目。所涉及的大多数人相互都不认识，他们的工作需要以一种连贯的方式协调起来。这一项目可能得以以一种高度正式、组织复杂的方式进行管理，必须有许多子项目来负责公司的不同部门。

这三个项目之间的差别正在于它们不同的复杂程度。在本章中，我们将讨论这些差异，探索 NTCP 模型当中的 C 维度——复杂度。和之前讨论的一样，没有放之四海皆准的标准，不同的项目复杂度层级要求有不同的项目管理风格——风格使用错误很可能就会导致失败。我们

第六章

在第三章的 FCS 项目案例中已经看到了上述的情况，该案例中的项目将更适合子系统的管理风格应用在一个复杂的系统之上。本章将进一步阐释复杂度这一概念，并详细描述其对项目管理的影响。

尽管项目复杂度在很大程度上取决于项目产品的复杂度，但仍要注意的是，本章关注的是项目而非产品的复杂度。还要注意的是，人们通常会将复杂度与不确定性混淆，但是这两者之间的区别是很大的。你可以找到不确定性层级较低但却非常复杂的项目，反之亦然。

那么，如何才能最好地对项目复杂度进行定义和分级呢？一种答案可能是项目的规模（比如，从预算、人员等角度来进行衡量），但是只有规模是不够的。某一行业中一个大型的、昂贵的项目——比如建筑行业——可能比另一个行业（比如生物科技）中的小型项目要简单得多。复杂度取决于很多因素，尤其是构成项目的各种要素——数量、种类和各种要素之间的错综关系。

我们的想法是要在一个脱离背景的框架中，寻找到定义复杂度的简单、通用方法，不管项目处于哪个行业，也不管涉及何种技术。为了应对这一问题，我们将在整体项目的结果和各部分中的产品之间进行区分；我们使用系统和子系统的层级制度来对不同的项目复杂度进行比较自然的区分。[1]

产品复杂度如何影响项目复杂度

每一个项目都有一个产品，产品则可能由部件、系统或子系统构成。[2]比如，一个电脑系统的主要子系统有键盘、处理器、内存、电源和显示设备。键盘的部件有外壳、按键、连接器和其他电子部件。[3]但是，我们必须强调的是，项目的产品不一定总是人造物品或硬件。前面提到的再造项目的产品就是新的流程以及为这些流程提供支持的软件。因此，项目的结果可以是有形的,也可以是无形的;可以由硬件构成,也可以由软件构成,还可能包括服务、营销战、政治竞选或新的组织。表 6-1 展示的是产品复杂度六个层级的上下级关系。不过,你很快就会看到,项目的复杂度类型只有三个层级。

表 6-1 产品复杂度的层级

产品复杂度的层级	定义	案例(硬件、软件、组织)
物质	物理实体、物质	硅、塑料、织物
部件	一个子系统的基础要素,从不单独运作	灯泡、外壳、轴承、电子部件、软件代码
组装子系统	一组部件和模块融合为一个单位,以有限的规模执行单一功能	电源、汽车传动、电视机、文档处理软件、一个组织部门
系统	一组单位、子系统和组装部件的复杂集合,执行多重功能	雷达、交流链、HVAC 系统、办公软件包、生产线
系统平台	一个简单构架,作为其他已安装系统的根基存在,执行平台任务	飞机、建造、船只、企业资源规划系统(ERP)、电脑操作系统、生产工厂、企业某一部门
排列或由多系统构成的系统	一个大型的、广布的系统集合体或网络,共同运作以完成某一共同任务	国家空中交通监管、州际高速公路、城市、因特网、大型跨国公司

不同复杂度层级的产品对制造这些产品的项目设计和管理会有不同的意义。管理理论已经表明,产品的复杂度可能会带来以组织和结构变量为基础对项目所进行的不同类型学描述。[4]

如前所述,我们使用产品复杂度层级来定义项目复杂度的层级结构。然而,我们发现,有几个产品复杂度层级所需的管理相似,因此项目复杂度所呈现的变化范围比产品复杂度小。这一发现让我们得出这样的结论,即六种产品复杂度的层级能够由三种典型的项目复杂度层级来处理。[5]我们将这些类型命名为(1)组装项目、(2)系统项目和(3)排列项目。具体说来,我们发现,处理材料或组件的项目在本质上与处理组装部件的项目很相似,而项目的建造方式也与系统平台很相似(见表6-2)。

表6-2 项目新颖度的定义和案例

项目复杂度	产品复杂度	项目案例
组装	材料、部件、子系统、组装	开发一款PDA、便签盒、单一服务的设计
系统	系统、系统平台	导弹开发、新电脑开发、新汽车型号、单一建筑物的建造、重建一个生产工厂
排列	排列、多系统的系统	英吉利海峡隧道、国家导弹防御系统、新社区建设、全国电话网络

项目复杂度的三种类型

三种类型项目复杂度之间的主要区别在于各自组织的方式。项目复杂度越高,则意味着组织复杂度越高,各部分之间的互动程度越高,项目管理中的正式度也就越高。

组装项目

组装项目处理的是单一部件和装置,或者一整套组装部件。一个组装产品要么执行一个大型系统(如汽车传动)中一项明确的功能,要么是执行自身单一功能的独立、自主产品(比如液晶投影机)。因此,雷达接收器、新款录像机和电脑硬盘的开发都是组装项目案例。同样,一项新服务的设计和测试(如抵押贷款处理流程)也是组装项目。

一个组装项目通常由一个小型团队在某一地点在一个单一功能单元当中执行,团队成员之间的交流非常紧密。项目团队成员通常相互了解,并且每日沟通,正式度和文件归档程度都较低。

系统项目

系统项目处理诸如电脑、导弹和通讯设备这样的系统。但是,它们也可以处理另一个层级的产品复杂度:整体平台,如飞机、船只、汽车、建筑物以及完整商业单元的创建或改良。这类项目也可能创造出大型的无形产品,比如复杂的软件、包含许多功能组的商业单元的重组等。

因为系统项目比组装项目更加复杂,所以它们的内容不仅是产品本身,还要附带提供培训手段和设施、测试设备、维护工具、后勤支援、备件和大量的文档。在前几章中,我们曾提到系统项目的几个范例,比如20世纪90年代《玩具总动员》的制作以及20世纪60年代SR-71黑鸟侦察机的开发。[6]

系统项目很少在一个单一的企业中进行。它们需要一个中央项目(或工程)办公室来协调无数子团队和子承包商的工作,正式度和行政工作组织的级别都比较高。中央办公室最少也要负责客户要求的定义、产品的定义、系统的设计、系统的工程处理和系统的融合与测试。

排列项目

排列项目处理的是一组分散系统的集合体,这个集合体共同运作以完成某一共同目标,有时被称做"多重系统的系统"。排列项目绝不会在一个单一地点进行(比如一个建筑物中);相反,它们分布在广阔的地域范围之内,通常由一系列系统子项目构成。排列项目在规模上比较庞

第六章

大,而且大多数都以一种演进的形式构建而成,在进行过程中不断有额外项目添加进来。

这个层级的项目通常处理的是为现有排列项目修正、改良或增添组件,而不是从无到有地建造一个排列项目。排列项目中一个有名的范例是20世纪90年代早期纽约市捷运局对地铁基础设施进行现代化升级的项目。该项目由超过350项各自独立的工作构成,包括轨道、车站和桥梁的建设和重建。[7]同样,英吉利海峡隧道项目也是一个将两个国家相连的排列项目,由无数系统构成,如车站、轨道、三条隧道,等等。[8]

排列项目(通常称做"工程")一般是在一个总揽组织的领导下进行构架,这个组织主要处理财政、后勤和法律事务,并负责招募、控制构成排列工程的各个系统项目办公室。

下面的案例展示的是处于复杂度最高层级的一个项目。讲述的是福特汽车公司的故事,福特公司在20世纪90年代启动了其"福特2000"重组和再造项目。该项目跨越了两个大洲,多个设计、开发和工程中心与遍布全球的分销和营销设施参与其中,因此可以被看做是一个排列项目。[9]

福特 2000 项目

1994年,尽管销售额高达1 280亿美元,利润也比1993年上升了10个百分点,福特管理层还是对未来产品开发和生产效率的问题非常担忧。公司开发、制造新汽车的速度已经落在竞争对手的后面。

福特为自己在21世纪的竞争力而忧心忡忡,于是启动了一个大胆的重组计划,目的是改变整个公司的商业流程和组织结构。"福特2000"的设想是将公司从地区运作的基本思维模式改变为全球公司的理念定位,拥有遍及全球的产品开发、市场、供应和销售流程与体系。管理层还认为这些活动应该基于高技术、先进数据管理和交流系统的运用。[10]

"福特2000"重组工作在启动时并没有出现经济衰退或公司侵入者的威胁,没有大规模的下岗、剥离和扭曲性的破坏。[11]下面是福特采取的部分活动和做出的变化:

- 两大洲上的三种独立运营活动融为一个单独的运作单元。
- 公司建立了五个"车辆工程中心",每一个中心都对分配给它的车辆进行全球范围的设计、开发和工程建设。
- 福特将八千名驱动系统白领职员重新分组,组织结构单元数量是之前的一半。
- 公司让数百位员工参与到这个过程当中。原则很简单:"让那些必须接受变化的人参与进来,促成变化的发生。"
- 福特每周发布传真报纸,更新电子公告栏目,播放相关内部电视节目,召开由数千员工参加的会议,让他们随时跟踪项目的进展情况。

这些努力很好地展示了我们模型当中的复杂度(见图6-1),并收到了成效,至少在生产效率方面如此。公司1998年的生产效率在美国三大汽车公司中是最好的。福特生产一辆车平均需要22.85小时,基本与丰田的21.3小时持平,但是绝对要优于通用公司的30.32小时和克莱斯勒的32.15小时,在单车利润率方面福特明显已经超越其美国的竞争对手。[12]

第六章

图 6-1　福特 2000 项目

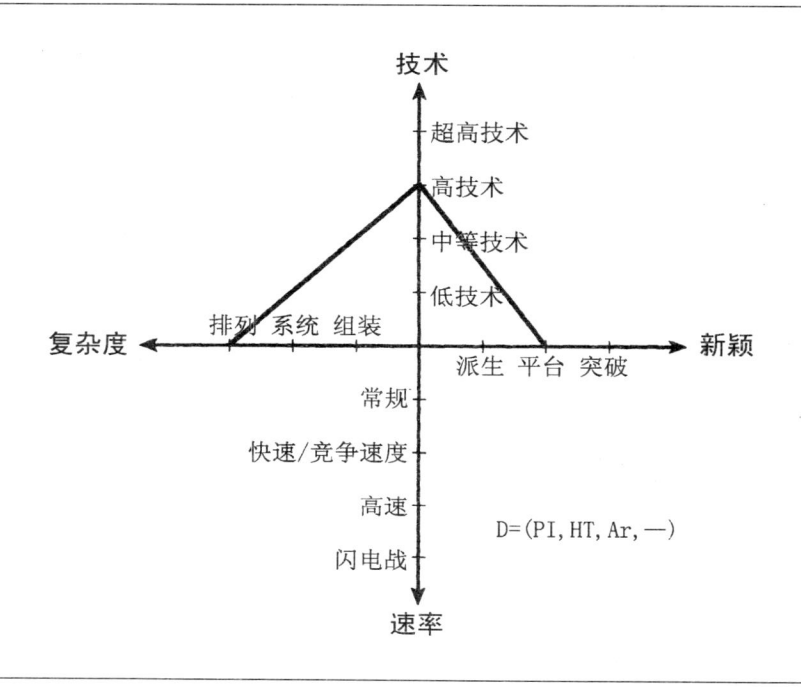

$$D=(PI, HT, Ar, —)$$

(图中标注：技术轴 — 超高技术、高技术、中等技术、低技术；复杂度轴 — 排列、系统、组装；新颖轴 — 派生、平台、突破；速率轴 — 常规、快速/竞争速度、高速、闪电战)

复杂度对项目管理的影响

　　项目执行过程中的典型管理流程包括规划、日程设定、预算、订约、组织、人员配置、控制活动以及信息收集与共享、决策、磋商和其他协调活动。[13] 你也许还能记起在那些经典的项目管理案例中，项目规划的开始都是将项目工作进行分解，从而得到一个树形的工作分解结构图（WBS）。[14] WBS 是各个独立部分融合为一个运作体系的基础工具，能够建立项目日程，同时在项目的整个持续周期内对其进度进行监控。

　　项目复杂度的层级会影响到与项目规划相关的活动：项目订约、项目执行与监控以及文档记录。复杂度由组装上升到系统然后到排列，项目中的许多事情也会随之改变。除了需要不同类型的组织结构,不同复杂度层级的项目也会牵扯到不同类型的客户、合约、规划与监控技巧、文档记录和管理重心。我们将在下面几节中探讨这些变化。

典型的组织结构

根据不同项目复杂度而得出的项目主要差异与以下因素相关:组织结构、流程的正式程度以及项目活动协调、融合的方式。在复杂度的低端,组装项目在单一组织尤其是单一功能组当中进行,不过也能获得其他技术功能的帮助。

在系统项目层级,项目通常会有一个主要承包商,负责最终产品的交付。整个工作会分给数个子承包商,可以是内部的,也可以是外部的。主要承包商负责最终产品的融合,并负责完成业绩、质量、时间和预算等方面的目标。工作通常由一个项目管理办公室领导,该办公室负责与各种专业领域的职能部门联络,并通过独立合约与外部组织打交道。另外,在项目地点通常会有一个全职或兼任的客户代表。

排列项目的组织方式与其他层级项目有所不同。管理排列项目要求对许多独立项目进行监管,每一个独立项目都专门负责项目的某一部分或某一系统。因此,此类项目都采用一种中央集权式的组织方式,往往由一个独立的实体或公司来进行领导,职责就是对所有子项目的工作进行正式的协调。因为许多排列要素的演进式发展,所以排列项目的组织通常都是一种渐进式的形态,不断往其中添加新的部分。

正式程度和行政框架

根据复杂度不同层级而得出的第二个主要差异是项目的正式程度和管理重心。正式程度会随着复杂度的上升而增加。组装项目通常的特征是非正式的、家庭式的、技术为主的氛围。参与者相互熟知,因此往

第六章

往不需要进行正式的文档记录,也不需要详细的规划。如果有正式的文档记录,通常也是由高层管理或客户强加给项目团队。很多情况下,规划都是人工完成,而且行政构架基本不存在。组装项目的管理人员关注的问题是成本、质量,工作重心是要将产品交付给客户或生产部门。

在系统这个层级,风格更加严格、正式。因为系统项目要求最终产品的融合,所以项目管理必须牵扯到一系列的技术和管理问题。系统项目管理人员往往倾向于将项目"行政化",对管理、监控和协调等工具进行调整。

与项目各种技术和管理问题相关的正式文件你至少可以发现10种。其中一个引人注目的例子是挣得值(earned value)报告。这一文件用财政数字说明所花费预算与实际完成工作的共同状态。你可能还会发现终止价格报告,这一文件对成本进行持续的估算,以免客户中途决定终止项目。还有投入水平文件,将所有活动划分为两类:直接影响项目的活动和不直接影响的活动。这个文件让管理层能够将其工作集中于直接影响到成功利润的活动之上,从而避免将时间浪费在相对不那么重要的活动上面。除了要面临组装项目中可能面临的成本与质量重心,系统项目还需要面临对系统进行定义、设计和融合的挑战。这个任务尤为困难,我们将在本章晚些时候再讨论这个问题。

在最高的排列项目这个层级,正式程度最高。最终产品的分散性质与子承包的程度都使得管理者必须以一种非常正式的方式进行管理,并在各种合约的法律问题上投入大量精力。但是,这类项目牵扯到的融合问题要小很多。因此,项目管理面临的主要是财政、监控和法律问题,而技术问题则留给子项目的管理者。项目规划和监控的普通工具似乎不那么重要,每一个项目的管理都必须发展出自己的合约协调与项目监控体系。[15]常用管理工具[比如 WBS、应用计划评审技术(PERT)和甘特图]的用处也比较有限。结果就是,项目管理者和团队必须发展出一整套全新的规划、监控、报告和配置管理体系。

这类项目不能使用典型的行业标准,比如国防部(DoD)标准。因为其规模与复杂度,每一项目都必须发展出自己的标准与政策,以对其系统承包商进行指导。

排列项目的领导者还必须意识到项目的社会和环境效应,必须考虑到政治决策者的观点。如果没有政治支持,没有哪一个排列项目能够生存下来。

现在,让我们来看看英吉利海峡隧道项目(通常被称为海底隧道项目),这个项目展示了正确评估项目复杂度层级的重要性。

海底隧道项目

将英国与欧洲大陆相连的海底隧道是一个能追溯到拿破仑时代的梦想。[16]1985年,英法两国政府发出"招标邀请函",呼吁人们设计一条能够使用120年的隧道,能够抵御恐怖分子的袭击,能够阻挡或杀死狂暴的动物。

早期的想法——从1802年的提议到20世纪70年代的提案,都因为脆弱的政治机遇或经济衰退无功而返。20世纪80年代的新海底隧道倡议者意识到了这些脆弱之处,因此规划了长达七年的设计建造期。然而,大多数的工程人员认为如此浩大的项目应该需要14年的时间来进行准确的设计和建造。海底隧道项目由三个各长50公里的隧道建设任务组成:每个方向一条主轨道,当中一条辅助隧道。

项目需要英法之间签订条约,于是在1987年两国领导人签署条约,批准建立政府间委员会和安全委员会对项目进行监督。欧洲隧道公司作为运营业主得以建立。TML联营体(Transmanche

第六章

Link)是一个由10家英法建筑公司联合构成的财团,成为项目的承包商。

除了如此大规模隧道建设通常要遇到的复杂情况之外,欧洲隧道公司还必须立刻处理很多问题,包括建立一个运营机构,建立一个公司,商谈数十亿英镑的合约,并筹集足够的资金来为这个庞大的项目付款。项目所遭遇的复杂程度足以枪毙大多数其他项目,涉及文化差异、政治和财政上的复杂情况、利益冲突,而且缺乏最高级别的领导、合约不完善以及健康与安全上的各种考虑。

英国政府要求,项目费用必须完全由私营企业承担。私营企业筹集了大约10亿英镑,世界各大银行也最终为项目提供了50亿英镑的贷款。然而,贷方就是股东,这后来成为负责审核合约的国际银行的一大障碍。

两家新成立的公司也有着不同的日程。欧洲隧道公司认为,隧道应该能反映出最先进的技术。不完善的合约使得双方对合约阐释有冲突,欧洲隧道公司因而对项目范围和设计进行大量改动,极大地影响到了成本。另一方面,承包商TML联营体则认为它的角色不过就是提供一个满足合约要求的隧道而已。两家公司关于项目范围的分歧贯穿了整个项目始终。

项目过程中,建筑公司的损失超过10亿美元,运营前三年又累计损失32亿美元。欧洲隧道公司在1997年有惊无险地逃过了破产的命运,其信贷银行最终同意对其148亿美元的债务进行重整,并接受欧洲隧道公司45%的股本。

海底隧道项目是一个典型的排列式平台项目。但是,尽管其建造者意识到了项目的政治层面,但是他们却低估了其复杂度,可能主要将之当做是一个系统项目(见表6-2)。隧道这种项目要么什么都不是,要么就必须全部完成。只有到所有的阶段都完成之后,项目整体才能运作起来。项目执行过程中遇到的大多数问题都源自其广阔的范围和地理区域、需求不一致的两个政府、两种不同的文化和来自不同国家的公司所组成的复杂财团。从技术角度来说，我们可以将这个项目定义为中等技术，因为不确定性和挖掘隧道所需的设备都让它比普通建筑项目更有风险。

现在回头来看，如果项目复杂度之前就得到了正确的评估，也许事情要简单一些。如果能由一个拥有更高权威的中央集权实体来仔细撰写更加详细的约束条款，那些文化和协调方面的困难可能就不会出现。

但是，尽管遭遇了许多建筑困难，海底隧道还是投入运营，并将在未来许多年里继续承担人员和物资交通的任务。长远来看，它甚至会为那些对建设这个卓越项目胸怀远见并付诸实施的人带来经济价值。

正如海底隧道项目所展示的，正确评估项目复杂度的重要性再怎么强调都不为过。排列项目最为复杂。如果将排列项目当做系统项目，就可能会导致不必要的延迟、不通畅的协调和参与者之间的冲突。

然而，较低层级的复杂度上同样会出现类似的误判。我们在第三章中曾经提到，FCS项目具备系统项目所有的要素，但却被当做是一个组装项目。项目管理人员低估了整个系统的复杂度，这就使得系统融合时间拉长，而且需要一个适当的系统工程设计过程。相比之下，第四章中描述的《玩具总动员》项目展示的是对待项目复杂度细致入微的态度以及两家拥有不同文化和专业知识的公司之间的成功融合。

总结复杂度的影响

表6-3总结了三种项目复杂度层级之间的主要差异，包括每一层

第六章

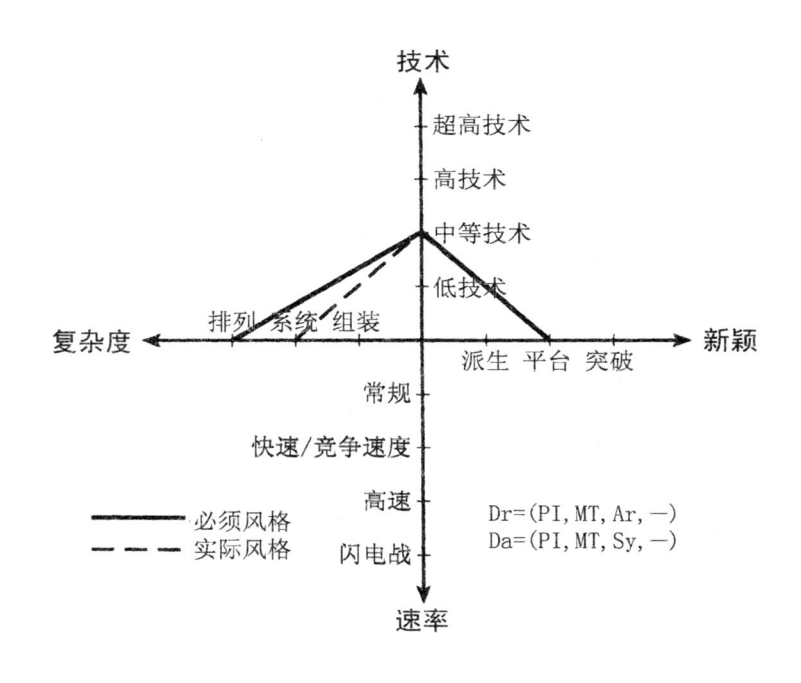

图 6-2　海底隧道项目

```
                              技术
                               │
                          ─ 超高技术
                               │
                          ─ 高技术
                               │
                          ─ 中等技术
                             ╱│╲
                            ╱ │ ╲
                           ╱  │  ╲── 低技术
                          ╱   │   ╲
复杂度 ←──────排列──系统──组装─┼───────────────→ 新颖
                              │  派生  平台  突破
                          ─ 常规
                               │
                          ─ 快速/竞争速度
        ──── 必须风格          │
        ---- 实际风格     ─ 高速      Dr=(Pl, MT, Ar,一)
                               │           Da=(Pl, MT, Sy,一)
                          ─ 闪电战
                               │
                              速率
```

级可能出现的风险。附录六 A 中有关于项目复杂度的实证调研结果。附录六 B 总结了复杂度对传统项目管理中 PMBoK 领域的影响。

薄弱环节：系统项目

企业承担的多数项目都是小型的组装项目。相对而言，排列项目比较少见，而且耗费高昂，需要长时间的关注。许多项目都是在长期的准备、规划和构思之后才由政府启动。最近一些比较有名的案例有国际空间站项目、战略防卫计划（SDI，即星球大战计划——译注）以及海湾战争之后的科威特重建项目。[17]

另一方面,系统项目往往看起来在中途就会迷失方向。人们对系统项目了解最少,往往困难最大。本节将特别就这类项目展开讨论。

系统项目的典型困难

系统项目是系统或系统平台的创建或修正。最终的结果是在一系列条件和环境下运作一个拥有多重功能的集成系统。典型的系统项目有很多共同点。[18]

首先,系统项目处理的是多种环境下一系列复杂的功能,包括一系列复杂的子系统和组装部件。这些子系统共同运作,互动程度很高,相互影响也很大。另外,这些子系统之间差异可能会很大,牵扯到的技术不同,要求不同的技能、不同的设计和建造方法以及不同的成本和质量方面的考量。而且这些子系统中有很多是他人建造的,有的时候是通过复杂的合约与商业协定由不是很相关的组织建造。

其次,子系统通常会相互干扰并争夺系统的资源。在物理系统中,争夺内容可能是空间、电力、电脑内存和频率的使用。在服务系统中,内容可能是管理重心、信息技术资源甚至是办公空间。一个子系统中的变化可能会对其他子系统和整个系统产生非常大的影响,而且可能会让整个系统失衡。

再次,系统项目的运作是一个复杂的活动,要求经过专门训练的人员以及维护、维修、升级、文档记录以及承包商的支持。而且,系统项目的客户很少只购买系统本身。他们会关注系统的整体运作寿命:系统的适用性、可靠性和可维护性,以及项目操作是否简易,是否需要培训操作员和服务人员,运作成本,等等。

因此,许多系统项目都会遭遇到可能危及项目成功的困难(失败因素)。[19] 比如,系统项目的管理者往往很难确认实际用户的需求并将这些

第六章

需求转换为系统要求。要预见到最终的系统及其复杂的功能性和可能的风险往往比较困难。因此,最终的系统能力通常低于之前承诺和预期的状态;维护和支持工作非常复杂,且容易出错;而最终的系统可靠性、可维护性和适用性也会低于预期水平。即便是在成功的项目当中,也往往很难确认合适的业绩衡量标准、实际的系统周期成本和运营效率。

因此,要成功地管理系统项目是一个非常严峻的挑战。不仅项目领导必须面对管理人员、设计者和客户之间糟糕的交流情况,他们还必须依赖由外部供应商、复杂采购体系以及与子承包商和其他合作者签订的长期而详细的合同所构成的复杂网络。难怪系统项目通常遇到的问题都是组织和项目结构方面的问题。在下一节中我们将总结企业在开始一个系统项目时需要注意的关键问题。

表 6-3 项目特征与项目复杂度

特征	项目复杂度的层级		
	组装	系统	排列
客户	客户或一个更大项目的主要承包商	客户、行业、公共组织、政府或军事机构	公共组织、政府或国防机构
采购与交付形式	直接采购或简单合约;产品交付后合约终止	复杂合约;根据里程碑事件付款;交付包括后勤支持	多重合约;项目每一部分完工并付款的演进式交付
项目组织	在单一组织内进行,往往在单一功能组内进行;项目组织中几乎没有行政职员	主要承包商,通常以矩阵或纯粹项目形式组织;有很多内部和外部的子承包商;有各种技术和行政职员	有一个总揽组织,通常是一个项目办公室,对子项目进行协调;有很多专家职员;有行政、财政、法律、人力资源职员等

表6-3　项目特征与项目复杂度(续表)

特征	项目复杂度的层级		
	组装	系统	排列
规划	简单工具，通常人工完成；网络中很少超过100项活动	复杂规划；高度电脑化工具和软件规划包；数百项甚至数千项活动	有一个核心主规划，其中包含为子项目而设置的独立规划；高度电脑化工具；总项目可能包含高达1 000项活动
监控与报告	简单、非正式的内部监控；向管理层或主要承包商报告	对技术、财政和日程问题进行紧凑而正式的监控；由客户和管理层进行审核	由项目办公室实行主要或中央监控；由承包商对子项目进行独立的额外监控；与承包商举行许多报告会和会议
文档记录	简单，大多数是技术文档	很多技术和正式管理文档	大多数是项目办公室层次上的管理和法律文档；较低层次上则是技术和管理文档
管理风格、态度和重心	大多为非正式风格；家庭式的氛围；一般重心放在成本、质量、交付和生产（必要时）上	正式的行政风格；与子承包商和客户维持非正式的关系；有时处理政治和组织间问题；主要重心放在系统要求、系统设计和系统整合上	正式、紧凑的行政体系；有较高的政治、环境、法律和社会问题意识；需要将绝对重心放在项目政策协调和政治决策者上
政策、标准与指导方针	通常不适用具体的标准和政策	遵循行业或公司标准	项目必须发展出自己的政策和标准；并没有针对如此规模的项目的通用行业标准
可能的风险	无法完成要求的风险较小	中等到高度风险；风险主要是很难将所有子系统整合为一个优化的运作系统；复杂配置和子系统间双向交流也有困难，收回投资有风险	风险最大；风险主要在构成排列项目各系统之间的协调较差，无法完成任务；无法与环境、政治或经济大气候保持一致，在超支的情况下容易出现资源的过度使用

第六章

系统项目管理的关键问题

定义、规划和管理一个系统项目是一项很复杂的管理和组织任务。熟悉组装项目管理的人必须认识到，系统项目并非是一个组装项目的重复。相反，系统项目要求一整套全新的技能和完全不同的关注水平：

- 你需要构建一种系统方法和系统思维技巧。这就意味着将系统看成一个整体，而非各种部件和子系统摆放在一起。这还意味着要采取一种自上而下的视角，从认识整体系统目标以及为用户和客户提供服务的方式开始。系统思维只有经过时间考验成熟之后才能获得。
- 构架系统要求将许多人员的技能与专业融为一体，要求有能力以一种连贯的方式将这些技能整合起来。来自不同专业的人往往思维方式也不同，而且专业语言也有差别。他们对世界有不同的看法，每个人都想分一杯羹。你必须学会如何在各种专业和各个子系统的接合处做出决策，而且往往还必须牺牲某一个或某几个部分的局部利益，从而实现系统的整体优化。
- 意识到并理解某一系统的客户需求非常复杂，而且很耗时，牵扯到对方方面面问题及股东利益的理解与表达。最终的需要可能会在项目执行过程中发生变化和演进。
- 系统的商业部分也很棘手。它意味着要理解系统如何处理需求，而这个系统从技术、经济和组织角度来讲都是可行的，而且在一定的时间内可以实现。对客户和执行组织来说，整个项目都必须有意义。要想抓住商业机遇，就必须在"需求与种子"之间实现匹配，也就是公司必须有能力满足这一需求。[20]对系统而言，任务更加复杂，需要规范的调研和详细的经济、技术分析。

复杂度

- 将商业情况转化为系统要求同样很复杂。系统要求通常会以一份篇幅很长的文件勾勒出来，这个文件的创建时间很长，需要股东、管理者、客户、潜在用户、专家和子承包商共同参与。

- 系统工程设计是一门技术和管理的专业学科与流程，涉及的是将系统要求转化为系统概念和系统参数，由一组基准规格记录下来。系统工程设计流程逐步将系统要求和系统概念分解，直至最低层级。系统概念分为部件和子系统，每一个实体的规格都确定下来。系统工程师负责进行平衡研究，然后得出最终规格。系统工程师处理接口监控、风险管理、验证管理以及业绩和测试管理。他们还要定义系统整合的方法，并对每一个整合阶段进行确认。[21] 系统工程设计的一个关键部分是系统建筑。优秀系统建筑师很少，而学校里也基本不教授这些技能。[22]

- 系统项目中的一个主要问题和困难是系统整合，在这个流程当中，所有的子系统放置到一起、组装并连接起来形成一个整体系统。即便所有的子系统都完美地运作，每一个都完全符合规格要求，第一次放置到一起的时候也很难成为一个整体系统。双向效应、空间局限、干扰和其他无法预期的因素往往使得最初的系统原型归于失败。如果项目管理者忽视这一现实情况，可能就会导致延迟和意外情况。正确的方法是在规划中为系统整合分配足够的时间。在诸如飞机这样的复杂项目中，第一个系统展现出正常运作迹象之前可能要花费数月时间。整合期必须是项目规划的一部分，而且整合时间应该提前分配。

- 系统项目中的另一个典型问题是配置监控和配置管理。要求和规格往往在项目建造和设计过程发生变化。你必须对每一个变化及其对其他部分的影响持续进行完整和系统的监控。最低层级上的每一个要素被称做配置要素，每一个要素都需要有自己的

135

第六章

规格、设计审核、测试、验收审核以及运作和维护手册。配置要素有时也被称做"线性可更换部件"(LRU),在必要时能由备件进行替换。

- 系统项目通常的特征是用户的高度参与程度。用户参与能帮助人们塑造正确的系统,并清楚地说明用户如何对系统进行操作。用户参与有时会很难实现,尤其当用户同时还是客户的时候,因为这个时候用户会向系统设计者发号施令。但是用户参与的价值要超过困难,因此客户越早参与,系统完成其需求的机会就越大。

- 建造一个系统项目需要许多组织、功能组和子承包商的共同努力。为了将这些努力组织起来,你必须建立一个中央项目(或工程)办公室,负责分派任务和签订子合约。这个办公室还负责对系统要求进行定义,并负责系统工程设计、系统建筑和配置管理。该办公室还可能需要负责系统整合(尽管这一功能也可以订约给另一个系统整合公司),这样的话,它就还需要负责项目验证以及将系统交付给最终客户的工作。

为了展示系统项目的复杂度,现在让我们来看看"和谐软件项目",该项目由我们曾研究过的一家大型电信公司启动。我们将该项目放在这里,目的是展示如何正确地处理系统项目。

和谐项目:系统项目展示

美国一家主要电信网络供应商发现,每次自己的基础设施出现故障时,都会丧失很多商业份额,因此启动了和谐项目。公司为数千位商业客户提供服务,付款内容主要是客户定制的特别服务及其使用的带宽。通常服务出现故障时，公司要花很长时间人工搜索问题所在，数小时甚至数天之后才能恢复正常。这个过程还因为技术支援团队成员之间交流不畅而无法加快速度，因为正是这些员工负责整个网络的有效运作。

项目的目标是优化网络运作，减少故障，从而提高客户满意度，并将网络的利用率最大化。项目需要一套基于新规则的软件控制基础设施的设计、开发和设置，这一套基础设施能够让内部和外部用户发现网络故障和问题。这样一来，在一个基于网络的易用接口系统的帮助下，用户就可以根据其恢复需要来动态地对系统进行设定。

这样一个系统之前从未建造过；但是，因为它将替换一个现有的人工系统，所以其新颖度层级可以确定为平台层级。因此，公司极为明智地启动了长期的系统要求准备阶段。这需要广泛的市场调研以及来自数百位客户的意见，这些工作都提供了有关客户具体需求的洞见和信息。系统要求的完成时间定在第二期结束之时，但是因为管理人员同时也非常在意客户对产品的熟悉程度，所以他们决定模型一出来就第一时间与客户分享。

公司已经有了片段的技术，但是大多数都相对较新，而且从未融合到一个产品当中，这让和谐项目成为了一个高技术项目。为了应对这个层级的技术不确定性，管理者采用了一种灵活的风格，允许项目晚期出现变化，并在项目周期的第三期时才将设计完成。开发过程中使用模型，让客户参与，从而能够剔出设计上的问题，并在项目整个过程中随时对技术规格进行重新厘定。

为了达到如此高度不确定环境中所需的互动和知识水平，管理层选择了高度熟练的技术人员，并授权他们做出自己的技术决策，同时开放频繁、密集的交流渠道。最后，这个高技术项目的团队调

第六章

动了外部技术同行审议小组的帮助。该小组成员并不属于正式行政审核委员会，也不是日常工作的小组。他们是企业建筑和其他功能领域方面的专家，将作为顾问每季度就核心团队做出的设计和建筑决策提供有价值的反馈意见。

产品由庞大的模块系列构成（在电脑软件技术中有时被称做"引擎"）。这些模块数量很多，包括一个常规模块、一个标准化模块、一个事件订阅模块、一个规则向导模块、一个日程模块、一个任务引擎、一个通知引擎和一个定制协作模块。为了协调并整合所有这些模块，项目需要许多功能组之间的协作，比如企业建筑、系统工程设计、软件开发、软件测试、产品支持和客户支持。

这样的复杂度将项目定位在了系统层级，为了对这样一个项目进行管理，管理者建立了一个正式又有些行政意味的规划、监控和决策流程，对要求管理、建筑建造、开发、整合和测试提供支持。管理团队创建了详细的文档记录和交流结构，但同时还鼓励团队成员相互之间甚至与客户进行一定的非正式互动。另外，高层管理者也了解该项目的重要性，因此在必要时会提供毫无保留的支持。主要技术官员领导该项目，确保及时做出所有的管理决策，从而确保团队在做好准备的时候能随时向前迈进。

最后，该项目对公司的重要性使之成为了一个快速/竞争速度项目。尽管无法在最后期限前完成并不会带来灾难性的后果，但是也足以伤害到公司的根基。高层管理者对这一点进行了强调，在团队成员当中产生了一种紧迫感。因此，他们努力地遵循构架好的流程，并对成本和时间施加了严格的监控。

总的来说，和谐项目采用了正确的方法来管理这个平台式、高技术、系统型的快速/竞争速度项目。表6-3展示了在这个范例中，实际风格和必需风格保持了和谐的一致关系（正如项目名称所指出的那样）。

第七章将进一步探索快速/竞争速度项目以及项目速率的其他层级，这是我们钻石模型的最后一个维度。

图 6-3　和谐项目

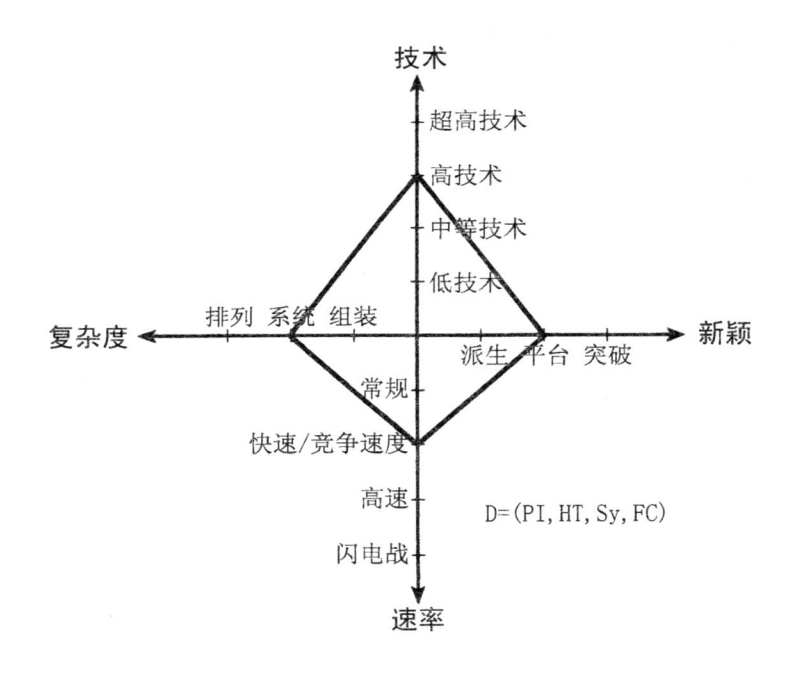

```
                    技术
                     ↑
                  超高技术
                  高技术
                  中等技术
                  低技术
复杂度 ←─ 排列  系统  组装 ── 派生 平台 突破 ──→ 新颖
                  常规
                  快速/竞争速度
                  高速        D=(PI, HT, Sy, FC)
                  闪电战
                     ↓
                    速率
```

要点与行动项

- 项目复杂度取决于产品复杂度。在大多数情况下会有六个产品复杂度和三个项目复杂度层级：组装、系统和排列。每一个项目

第六章

要求一种独特的组织、行政形式和重心。

- 组装项目通常由一个小型团队在某一地点一个单一功能单元当中执行，团队成员之间的非正式交流非常广泛。
- 系统项目要求有一个中央项目（或工程）办公室对子团队和子承包商的工作进行协调，正式程度和行政构架水平有所提高。
- 排列项目处理的是一组分散系统的集合体，这个集合体共同运作以完成某一共同目标，有时被称做"多重系统的系统"。这类项目分布在广阔的地域范围之内，通常由一系列的系统子项目构成。排列项目（通常称做"工程"）一般是在一个总揽组织的领导下进行构架，这个组织主要处理财政、后勤和法律事务。
- 从组装项目上升到系统项目是一个重要的变化，要求高超的行政与整合技能。系统项目的管理者必须有一种系统视野，必须对专业之间的接合处进行管理。
- 在面对排列项目时，管理者必须学会放开技术问题，转而发展出一种关于行业及其参与者的开阔视野，必须学会处理法律、环境和政治问题，较低项目复杂度层级上的管理者通常不会处理这些问题。
- 企业需要根据系统的层级结构创建其项目管理者的技能，并逐渐让员工建立起一种系统视野。

第七章 速率

在充满竞争的现代世界里，好的想法必须尽快进入市场，公司必须能够不断地迅速引入新产品，并尽快地修补已有产品中发现的缺陷。技术发展不断加速，项目周期不断缩短，全球市场不断多样化，这些都对项目团队提出了越来越高的要求，要求它们找到更好的方法来加快项目执行的速率。

NTCP模型的第四个维度（也是钻石模型的最后一根基柱）——速率，也相应地涉及完成项目时间目标的紧急、重要程度。每一个项目都受时间限制，不过每个项目中的这一限制都有所区别。时间限制可能来自市场需求、竞争压力和管理战略，也可能来自要求迅速采取行动的环境、自然或敌对威胁。完成项目的可用时间对项目管理会造成非常大的影响。目标相同而时间框架不一样，项目结构、流程和管理重心也会相应发生变化。在本章中，我们将探讨速率对项目管理的影响，并讨论管理者应该采取怎样的行动才能成功地对不同速率层级的项目实施管理。

最近有几项非常重要的研究探讨的就是项目和产品引入逐渐增加的速率。比如，凯瑟琳·艾森哈特和肖纳·布朗（Shona Brown）引入了时间速率战略的概念，指出公司必须根据预期的演进节奏来设定其项目

第七章

的速率。[1]马可·伊恩斯蒂（Marco Iansiti）研究了因特网时代的产品开发,其完成时间已经成为现代行业的主要驱动力。[2]

正如我们将在本章后面内容讨论的,项目速率通常分为四类:常规、快速/竞争速度、高速和闪电战。下面这个火星气候探测器项目的故事是一个高速项目的范例,给我们展示了这样的时间限制会对项目其他维度造成怎样的损伤,从而导致项目的最终失败。这个范例还再次证明,项目管理者必须对钻石模型的四个维度都非常重视。

火星气候探测器项目

火星气候探测器（MCO）是1993年美国航天宇航局在前两次火星探索成功之后启动的两个项目之一（另一个项目是火星极地登陆者项目,简称MPL）。MCO的任务是帮助人们从MPL接受,并向MPL发送数据,同时收集这个星球的天气数据。日程规划37个月,预算上限是1.84亿美元,项目范围包括飞行器与科学载荷的技术开发,以及建造地面操控系统并将之投入运作。但是因为火星与地球的相对位置,项目特征中最关键的要素是速率。发射机会的时间期限非常紧张,因此MCO很明显是一个高速项目。错过了这个时间期限就意味着项目的失败。

开发项目按时完成,赶上了准确的发射日期。1999年9月,在太空飞行了九个月之后,天气卫星飞行器到达了火星附近;但是一开始轨道嵌入动作之后,人们与飞行器的联络就立刻中断,并且再也没有联系上。后来,项目的失败被归因于一个技术错误:工程师在MCO的地面软件中没有使用公制单位。[3]但是,我们的分析结论却是:项目失败不是因为技术原因,而是因为管理有问题。管理团队将注意力放在关键的时限上,从而忽略了其他维度上的特殊风险。

从本质上来说，MCO这个项目以前从未有人做过，包括美国航天宇航局。这就使它成为了一个突破式项目。MCO还是一个系统项目。除了本身作为系统所内含的复杂度之外，MCO在到达火星之后还必须与MPL共同工作。使用的技术有现存的，也有新兴的。然而，有些技术是首次应用。这就使得项目处在高技术的层级上。

要管理好一个突破式、高技术、系统型的高速项目，需要长时间的产品要求确定期，需要与客户有广泛的互动，还需要细心、系统地将所有的子系统与股东利益整合起来。另外还需要不计其数的设计周期、广泛的测试与技术审核以及较晚的设计完成；同时需要持续关注时间目标，工作重心放在完成每一个里程碑事件，绝不能因为行政或其他原因出现任何延迟。

仔细观察MCO项目的管理就能发现，美国航天宇航局"更好、更快、更便宜"的态度所带来的成本限制迫使MCO的管理者选用一种并非最优化的项目管理风格。管理人员几乎是被迫将项目看成是一个现存产品家族的新一代产品（平台），看成是一个只涉及众所周知的技术的产品（中等技术）。比如，不论就使用还是技术成熟度来说，航行软件系统都是所有系统中最新颖、最不确定的一部分；但是它却没有比其他子系统获得更多的测试和审核机会。另外，与客户的互动有时被定位为"扰乱视听"。[4] 而且，测试、审核和交流程度都不够——这些都是高技术项目大量需要的东西。结果，从之前项目中沿袭各种子系统（比如航行）的做法成为MCO失败的原因之一。人们对待MCO的方式"与火星全球探勘者（MGS）无异"，MGS是之前的一个太空航行项目。因此部分测试、验证和确认工作很有限，设计完成也相对较早。

第七章

其次，预算和时间限制使得项目管理者对子系统整合工作只进行了有限的监控和审核，端对端验证和确认工作也不够。现在回头来看，尽管项目很大部分被看成是一个系统，但是有一些不确定程度较高的子系统被当做组装项目进行了管理。链条的强度要看其最薄弱的环节，因此将系统的任何部分看做是组装式的就意味着将整个系统看做是组装式的项目。

但是MCO实际上却被当做是高速项目进行管理的。管理者非常关注发射时间的关键性，因此项目流程被缩短，且不涉及行政管理；高层管理者也一直密切关注，并不断提供支持。但是，为了赶上日程进度，团队成员有时候得连续几周满负荷工作。飞行系统的副主管诺埃尔·欣纳斯（Noel Hinners）说："我们非常繁忙，要完成那些必须完成的工作，甚至周末舒服地在椅子里靠一会都是一种奢侈，晚上回家之后也根本没有时间来想一想事情的进展情况。"[5] 但是具有讽刺意味的是，尽管限制许多，MCO团队保持了高昂的斗志，有着获得成功的无与伦比的动力。

图7-1展示了最优项目管理风格和实际风格之间的对比。现在看来，将项目看做是一个稳妥项目的态度使团队牺牲了部分关键的测试和整合活动，甚至允许一个尚未完全测试的部件存在。这可以归咎于美国航天宇航局在"更好、更快、更便宜"时代里经常遭遇的压力和挑战，各种要素的削减最终在MCO失败中发挥了关键作用。应该根据实用功能而非成本来进行设计，这一点告诉我们，在上述"更好、更快、更便宜"思维模式中的预算和压力环境里，这样的项目是不可能完成的。

图 7-1　火星气候探测器项目

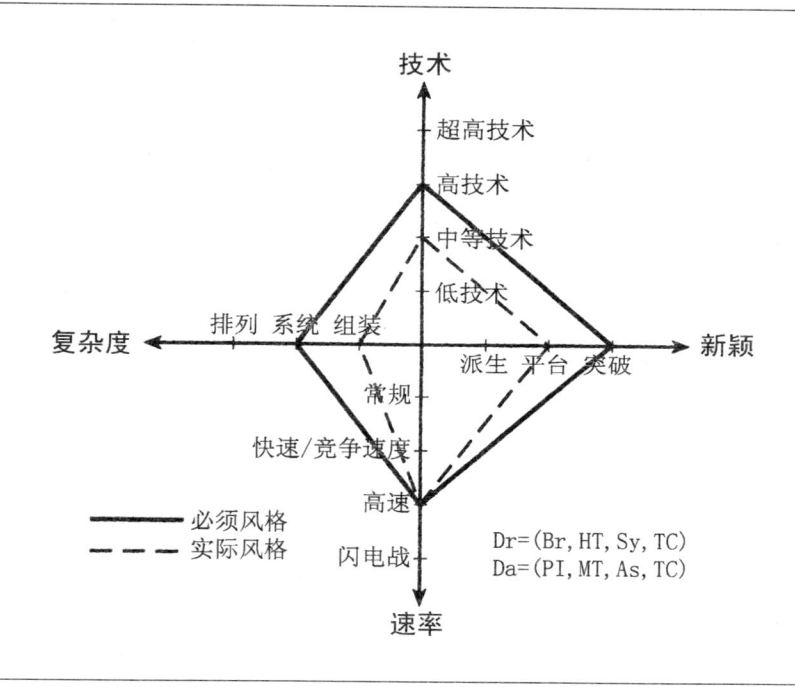

项目速率的四个层级

此处的分类方式基于项目启动时的紧急程度。[6]与这种紧急程度相关的是交付时间的紧急程度，也就是可用的时间有多少。表 7-1 显示的是紧急程度或速率的四个层级。

常规项目

我们所谓常规速率的项目通常都是为了达到长期目标或是为了建设基础设施，只是没有实际的时间压力。可能是公用建筑物和道路的建设、类似再造工程的企业改进以及技术累积工作。虽然常规速率项目在

第七章

规划时会设定一个特定的完成日期,但是错过最后期限是允许的,因为对于企业成功来说时间并不是最关键的因素。除非完成时间被具体地确定为优先考虑,否则这类项目的管理往往会比较宽松,而且往往会因为其他压力更大的任务而延迟,甚至放到一边。

这一类型项目的典型范例是我们在第二章中描述的悉尼歌剧院项目。没有实在的压力,政府政策也没有变化,整个建筑物经过了16年的停停走走才结束,远远超过了最初的六年期限。教训很明显:没有外部的竞争或强制压力,常规项目花费的时间通常要比预期时间长。

快速/竞争速度项目

这类项目在各行业和营利组织中最常见,但是公共或政府组织中的项目如果优先考虑按时完成任务的话也可归属到这个类别中。快速/竞争速度项目启动的目的通常是为了应对市场机遇、创造战略优势地位或者形成新的商业链。项目完成时间与竞争力、领先地位和组织稳定直接相关。尽管错过最后期限并不会造成致命的后果,但是却会影响到公司的利润、竞争优势和组织力量。重点在于这些项目之所以要尽快完成是因为受到了来自市场或内部压力。

快速/竞争速度项目必须以战略思维方式来进行管理。项目管理者应该将注意力放在遵守日程上,而且应该努力地完成利润目标并处理客户及市场需求。对进入市场的时间进行管理应该是重心之一。伊莱·戈德赖特(Eli Goldratt)在其著作《关键环节》(*Critical Chain*)指出,时间是一种关键资源,而关键路径则是项目的限制所在。[7]限制理论认为,应该通过设置核心项目时间缓冲物来让系统服从于时间限制(而不是为每一项活动设置独立的缓冲物),从而为每一项构成关键路径的活动添加缓冲物。高层管理者必须在每一个里程碑时刻对项目进行支持和密切的监控,但同时又要警惕各个关键时刻之间可能出现的问题。

表 7-1　项目速率的四个层级

	常规	快速/竞争速度	高速	闪电战
定义	时间对项目成功并非关键因素	项目按时完成对公司的竞争优势和公司的领先地位非常重要	完成时间目标对项目成功非常关键；任何延迟都意味着项目的失败	危机项目；紧急程度最高；项目应该尽快完成
案例	公用事业、部分政府项目、部分内部项目	与商业相关的项目；新产品的引入，因为市场扩大而引起的新工厂建设	有着具体时限或机遇期限的项目；受发射时间限制的太空项目；千禧年项目	战争；对自然灾害的快速反应；对与商业相关的突变做出的快速反应

高速项目

这些项目关注的是在一个特定日期前完成项目，而这个日期无法更改。火星气候探测器的案例（本章前面篇幅中曾描述过）就是这样一个项目。对于高速项目来说，不能完成时间目标就意味着项目失败。这类项目的启动目标是为了抓住某个无法更改的机遇期限。

正如在上面看到的，有一些太空项目之所以是高速项目，是因为要求与某些星球的旋转同步。其他有名的案例还有必须在千禧年到来之前完成"千禧年项目"和必须在运动会开始之前完成的奥运村建设。商业背景中也有类似范例：某一个产品如果无法在特定日期（如新年）之前上市则可能会被淘汰。

在这类项目中，时间是最关键的限制要素；其他所有的要素，如预算、设施等，都要为项目的按时完成让路；还必须准备应急方案以应对可能出现的延迟情况。为了克服项目的不确定性和无法预期的问题，你必须制定平行的各种解决方案，而最快的解决方案往往能最终胜出。项目审核的重点在项目按期完成以及未按期完成方面的风险应对情况；时间

第七章

计划会随时更新并密切监控,以确保不浪费任何时间。

闪电战项目

闪电战项目是紧急程度最高的项目,通常为应对危机或突发事件而进行。范例有战争、自然灾害(如地震灾害救助)或行业危机,比如一个企业为规避竞争对手突发行动而必须采取的应对措施。典型案例有阿波罗13号油箱爆炸后拯救宇航员的项目,在氧气和电力耗尽之前只有几个小时的时间。罗恩·霍华德(Ron Howard)的奥斯卡奖获奖影片《阿波罗13号》由汤姆·汉克斯主演,很好地展示了一个闪电战项目中的危机环境、结构和各种关系。

这类项目要想成功,管理方式就必须与其他类型的项目管理有所区别。首先,因为大多数闪电战项目都是对危机的反应,所以通常没有细致规划的时间。尽管应急预案可能派上用场,但是很多时候,情况是无法预期的,因此管理者必须在项目规划出来之前就开始行动,然后在项目推进过程中对规划进行修改。工作几乎是不间歇地展开,不断进行互动,不断做出决策。通常没有时间进行详细的文档记录和报告撰写,因此所有的普通行政部门都不存在。

闪电战项目的管理者必须拥有绝对的自主权。项目组织必须是一个纯粹的项目架构,所有的团队成员都直接向领导报告。最后,闪电战项目中,高层管理必须随时在场,以提供支持、监控,并做出必要的决策。如果没有各方的完全投入,闪电战项目就无法成功。

高速项目和闪电战项目之间的区别在于:高速项目中,目标日期或机遇期限提前就能了解;管理者有充足的时间来规划、准备以确保目标的完成。但是,闪电战项目却从危机中诞生,是因为有突发事件才要求迅速采取行动。不过,有时候高速项目可能会在时间耗尽之后转变为闪电战项目。我们研究的一个千禧年项目中就出现了这种情况。

图 7-2　千禧年项目

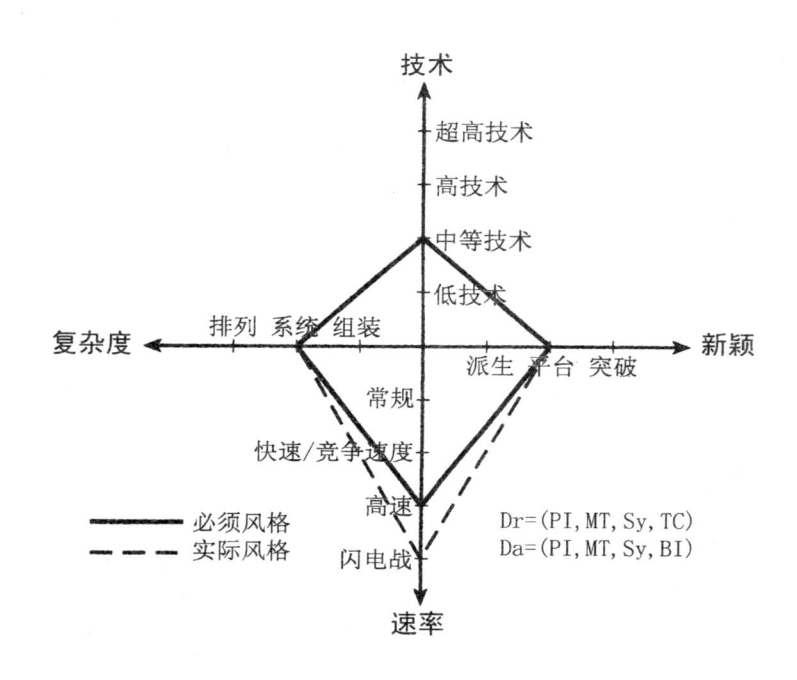

```
                       技术
                        ↑
                    ·超高技术
                    ·高技术
                    ·中等技术
                    ·低技术
复杂度 ←  排列  系统  组装  派生  平台  突破  → 新颖
                    ·常规
                    ·快速/竞争速度
              ——— 必须风格      ·高速        Dr=(PI, MT, Sy, TC)
              ----- 实际风格    ·闪电战       Da=(PI, MT, Sy, BI)
                        ↓
                       速率
```

高速项目如何转变为闪电战项目：千禧年案例

1998年春，一家小型制造公司考虑收购其主要竞争对手之一。在可能的合并之前，两家的千禧年项目管理者一起讨论了各自的计划。它们对公司合并之后面临的所有可能性都进行了审核。两家公司都有着各自的企业资源计划（ERP）系统，而且双方都在对各自的系统进行升级以适应千禧年的到来。

1998年12月，合并完成，两家公司合二为一。新公司只有一

第七章

年的时间准备千禧年的到来。必须做出决策：是继续升级两个ERP系统，还是转向单一ERP系统？在项目管理者的建议下，公司总裁决定使用一家主要供货商的ERP系统，条件是该系统能够支持公司的制造环境。

然而，几周之后，新的问题开始不断浮现。在对所有的备用方案审核之后，管理者认为公司应该放弃现有的ERP项目，在收购的部门中实施生产资源管理系统（PRMS），并对该系统进行升级以使之适应千禧年的到来。

新决策代表的是公司方向的剧变。为了应对可能的风险，公司成立小型的核心小组，以发现那些可能阻碍公司前行的问题。然而，大多数曾经与ERP提供商工作的项目参与者都已经离开了公司，几个月后，两位项目管理者之一也离开了。

这一情况使千禧年项目转变为一个闪电战项目（见表7-2）。公司为项目团队专门辟出一间作战室，每周七天每天24小时轮班成为常态。该项目成为了公司最优先的重心所在。项目从其他项目抽调人员，这使得其他工作人员也承受了额外的压力，因为那些被千禧年项目抽走人员的责任落到了他们肩上。

公司计划在1999年10月1日进行关键日期前的第一次测试和培训。但是10月很快就过去了，而系统仍然没有准备好。只有不到两个月时间了。团队规模每周都不断扩大。似乎整个公司都开始为这个项目工作。走进作战室就可以感觉到空气中的紧张气氛。

在高层管理者的支持下，管理团队建议在新年前的最后一个周末开始实地测试。然而，星期六过去了，系统仍然没有激活。星期天，团队一直工作，时间也一直流逝。每个人都精疲力竭。最终，在晚上八点，测试开始，并持续到周一，而整个公司则被关在系统之外。团队发现了几个程序缺陷，在接下来几天对之进行了修正。

2000年1月1日，核心团队成员进行最后检测以确保系统运行正常。看起来，过去一年的艰苦工作没有白费。系统运行得非常完美。公司总裁为了表达他的赞赏之情，邀请整个团队共进午餐，席间宣布将给他们发放双倍奖金。

速率对项目管理的影响

表7-2列举了项目管理在不同速率层级的特征。快速/竞争速度项目的重心是要尽快进入市场，而高速项目的重心则是在具体的机遇期限上。相应地，闪电战项目必须关注如何迅速解决危机。低估项目速率的风险各种各样，从常规层级的无风险上升到快速/竞争速度项目中市场份额的丧失。在闪电战项目中，无法迅速做出反应可能会导致损伤的极大增加，甚至会让人丧命。

如下所述，主要的差异在于所使用的组织结构、参与的人员和项目运用的步骤和流程。附录七探讨了速率对主要PMBoK知识领域中描述的传统项目管理所产生的影响。

对组织的影响

因为快速/竞争速度是行业项目中最常见的速率，所以这类项目通常会采用一种典型的矩阵式组织形式，对项目的子团队和子承包商进行较为紧密的监控。真正的变化出现在高速项目中，常规的矩阵管理往往无法确保项目能够在预期的日期前完成。在这些项目中，使用一种纯粹的项目组织形式可能会更好一些，所有的团队成员都直接向项目管理者报告。你往往可以将团队成员集中在一个地点（地点集中），并使用一种"臭鼬工厂"的工作架构，团队的成员都特别挑选，并从组织中的其他任

第七章

务里分离出来。相似地,在闪电战项目中,除了纯粹项目组织形式外别无选择。

表7-2 项目速率的层级特征

特征	项目速率的层级			
	常规	快速/竞争速度	高速	闪电战
重心	没有特别的重心	战略上重心放在进入市场的时间	集中在具体的机遇期限	危机的迅速解决
可能风险	没有因为完成时间而产生的风险	如果进入市场晚,则有被竞争对手抢夺部分生意的风险	如果日期目标没有完成,则有项目失败的风险	有对危机反应较慢的风险,可能会极大地增加危害
组织	没有独特的结构	大多为矩阵团队;对子承包商强有力的协调	需要纯粹的项目;往往需要地点集中或"臭鼬工厂"	迅速组成特别行动组;团队自主性很高
人员	未分派更紧急任务的人员	人员有资质参与该项目	人员特别挑选	随时待命;从其他任务抽调
步骤与流程	没有特别的关注	有条理的步骤;新概念和方法以缩短开发周期[a]	简短、简单;日程监控较紧;设有平行和冗余流程以确保在最后期限前完成	没有行政机构;没有文档记录;24小时进行工作;能够从准备好的应急方案中获益,但是必须准备好做出修改
高层管理的参与	除非出现特殊情况	在项目主要阶段和关卡[b],提前获得核准	参与程度较高;主要参与对时间的紧密监控	随时参与;不断提供支持、资源和必要的决策

a. 史密斯和赖纳特森为压缩开发流程关键的模糊前端提供了概念和方法,从而缩短了开发周期,并让新产品能够更快地进入市场。P.G.史密斯(P. G. Smith)和D.G.赖纳特森(D. G. Reinertsen):《开发新产品的时间减半——新规则、新工具》(*Developing Products in Half the Time: New Rules, New Tools*),第二版(纽约:Willey出版社,1997)。

b. 阶段-关卡是R.G.库珀(R. G. Cooper)使用的术语,《赢在新产品》(*Winning at New Products*),第三版(剑桥,马萨诸塞:Perseus出版社,2001)。

团队自主性

闪电战项目团队比其他项目类型要关注时间。因为要处理危机情况,所以团队成员都是从其他任务中挑选而来,不再承担其他责任。他们组成了一个即时特别小组,有绝对的自主权,能够即时做出决策并付诸实施。这类项目没有任何既定步骤和行政结构;他们通常不会写很多的文档或报告,而且通常会满负荷地工作以解决危机。

尽管闪电战项目无法遵循典型的组织项目步骤,但是他们却能从准备好的应急方案中获益,这些方案是提前为可能出现的风险而准备的。这些计划告诉团队应该采取怎样的行为,如何调度资源,而不是在危机到来时手足无措。尽管这种方法在军事行动规划中常见,但是企业也能从这种思维方式中获益。如果你已经为危机做了准备,那么解决起来就会简单许多。

然而,很多情况是无法预期的,应急方案可能不会适用于每一种场景。因此解决方案就需要现场制定。在没有计划的情况下,你也必须随时准备采取行动。你必须迅速开始工作,在工作过程中逐渐制订计划。可能会牺牲效能,但是在危机情况下,迅速地解决危机可能比节省企业资源更加重要。

高层管理的参与

高层管理的参与程度随着项目不同而有所区别,快速/竞争速度项目中通常须由高层管理在主要项目阶段结束时做出预先决策,在高速项目中必须确保项目及时完成,而在闪电战项目中则需要持续参与,为团队提供支持。

本章是第二部分的结尾,对钻石模型进行了详细的描述。但是要想

第七章

让我们论述的东西在实际的企业中运作起来，你还必须在实际的背景中审视自己的项目，并根据不同的情况选择正确的方法。第三部分处理的是我们的模型在各种背景中的实践意义。第八章开始将讨论商业与创新背景。

要点与行动项

- 项目速率由完成项目的可用时间决定。共有四个层级的速率：常规、快速/竞争速度、高速和闪电战。
- 在常规项目中，时间对项目的迅速成功来说并不是关键因素。
- 快速/竞争速度项目是行业与营利组织所执行的最常见的类型。这类项目通常有时间限制，需要将产品在某一时间推向市场或处理一项关键的企业需求。它们的管理方式是战略式的，重心放在项目完成时间的竞争本质上。
- 高速项目的重心放在一个预先确定、无法更改的具体完成日期上。无法完成时间目标就意味着项目的失败。在高速项目中，时间是唯一最关键的限制因素；其他所有的限制因素都要为项目的按时完成让路。
- 闪电战项目的紧急程度最高，是对危机或突发事件的反应。闪电战项目的管理者必须有绝对的自主权，项目组织则应该是一种纯粹的项目结构，所有的团队成员都直接向领导报告。高层管理者必须随时在场，提供支持、监控和必要的决策。
- 不同速率层级项目之间的区别主要在组织结构、参与人员以及步骤和流程等方面。
- 高层管理的支持对除了常规项目以外的各种速率的项目都很关键。管理者必须根据时间额度调整组织步骤。在快速/竞争速度项目中,他们应该在主要项目阶段结束时做出预先决策;在高速项目中则必须确保项目的准确、按时完成;而在闪电战项目中则应该广泛参与,并随时出现在项目地点。

第七章

Reinventing Project Management

第三部分 将钻石模型运用于实践

第三部分

第八章　管理项目以达成商业创新

21世纪第一个10年伊始，在电脑商业界运营25年之后，苹果公司决定利用新时代的新潮流：年轻人从因特网上下载音乐。[1]利用其在设计新颖产品并将之与易用软件整合方面的经验，公司做出了一个战略性决策：启动几个创新项目，比如 iPod 个人音乐播放器、iTunes 软件和 iTunes 音乐商店。这些产品将共同为公司创建一个成功的新商业领域。

借助创新来构建商业机遇，正如苹果的 iPod 那样，是很多公司启动项目的原因之一。但并非每一个项目的目的都是为了创建新的商业机遇或创新产品。公司启动项目的原因还有：拓展现有商业领域、延长某一成熟产品的寿命、建设新的基础设施、解决某个阻碍企业发展的问题等。换句话说，项目可能要处理各种各样的商业目标，而这些目标对项目又会产生各种不同的影响。

本章将考察企业的商业和创新背景如何影响其项目管理。在这个领域，我们首先处理项目选择和资源分配，然后转向另一个往往很难解决的问题：项目管理和成功的创新之间的关系。具体来说，我们将探讨如何为适当的创新类型选择适当的项目、如何应对创新者的两难境地以

第八章

及如何处理产品客户的接受周期。

公司如何选择项目、分配资源

因为大多数企业管理的项目不止一个,所以它们不可避免地要面临项目组管理的问题。不幸的是,在几乎每一个企业中,项目组管理都是最有争议、问题最多的活动之一。我们将项目组管理定义为公司为了在现有项目集合中增加或拒绝某一项目而采取的行动、做出的决策,目的是以最有效的方式给各个项目分配资源。[2]

因此,项目选择是管理者需要处理的第一个问题。[3]对很多行政人员和项目管理者来说,下面这个案例所展示的情况(与我们合作的一个公司)可能听起来会非常熟悉。

传媒公司范例

一家大型传媒公司IT小组的行政人员每年都会面临一个相似的问题:如何选择开始着手的项目,如何将有限的资源分配给已经获得批准的项目。小组处理外部客户的需求,同时也为公司的内部需求服务。IT小组由各种专业的出色专家构成,有一些为具体的部门服务,而另一些则属于为整个企业服务的通用专家库。

并非所有项目的本质都是一样的。有一些是大型的基础设施项目,有一些是现有产品的改良,有一些为创造新产品,而另一些则是普通的维护项目。项目提案来自不同的部门和商业领域,每一种都会极力为自己项目的重要性提出各种理由。

每年这个小组都要面对数十项项目提案,管理者需要聚集在一起开很长时间的评估、辩论会。他们使用一些通用标准来筛选,比如对商业的影响、预期收益和风险等。项目很快就被分为四类:"必须投资"、"可能投资"、"不大可能投资"和"不投资"。然后开始真正的辩论:是否给属于两类"可能"范畴的项目提供投资。

然而,管理者每年都会感觉,也许并不是所有有价值的项目都获得了核准。

当项目最终选定,下一个问题就来了:如何分配来自通用库的关键资源(多数情况下是专家的时间)。这个问题每年都会冒出来,无法找到明确的解决方案。

什么样的指导方针能够让这些管理者在决策时觉得更加放心?传媒公司的行政人员需要一个框架来帮助他们评估项目的利益和风险,然后设定优先层级,从而在公司的商业目标指引下做出最佳决策。

第一步:根据商业目标和客户组区分项目

在为项目分配优先权时,首先要考虑的是商业目标。最简单而且也许是最有效的方式是沿着两个维度对项目进行分类:战略或运营项目以及内部或外部项目。[4]

战略项目是公司为创建或维持公司在市场或某一商业领域的战略地位而倾注巨大努力的重要项目。这些项目启动的目的是维护或提高公司的竞争地位、改变竞争格局、开创新市场或创造新的产品线。总的来说,这些项目的目的是为企业创造新的力量,通常是在长远构想指引下开始的。创新产品或现有产品线中的主打新型号都属于此类。战略项目还包括那些为了建造新基础设施的内部工作。

运营项目与现有商业相关。不要让这个名字欺骗了你;它们是企业

第八章

项目的一部分,而非我们在第一章中提到的运营活动。运营项目启动的目的是帮助企业继续正在进行的活动,是为了改良现有产品或延长其寿命、更大限度地发挥之前项目的潜力、改良现有产品线以及维护项目的正常运作。

外部项目是那些为外部客户而进行的项目,这些客户通常与公司签订合同,也可以是在自由市场里购买公司产品的客户。

内部项目是那些为内部客户而进行的项目:那些处于企业内部、将成为项目结果的用户和受益者的人员或单位,可以是内部的部门、其他单位、员工职能部门等。

将这两个维度融合起来就出现了一个2×2的矩阵,如表8-1所示。

表8-1 目标客户矩阵

客户类型	运营项目	战略项目
外部	延长现有产品的寿命;产品改良	引入新产品
内部	改良现有内部流程;维护内部流程;解决具体问题;获得某一种能力或技术	内部基础设施新项目,如ERP;主要内部功能或资金项目;研究项目

第二步:在不同单元间分配资源

下一步是将公司(或商业单位)的资源根据公司的战略目标和政策分配给每一组项目。政策可能基于每一项目组的预期收益和价值、决策时机、环境、行业趋势、公司的竞争地位和生命周期阶段而制定,还可能基于公司的战略计划制订。比如,如果公司正在成长,那么就会将更多的资源分配给战略—外部单元中的项目;如果公司正在对成本进行强化和削减,那么内部—运营单元中的项目就可能将获得更多的资源。如果管理者首先将资源分配给项目组,那么每一个项目就只会与同一个组当中的其他项目进行竞争。这时的项目选择就比较简单了,因为苹果和橘子之间不会产生竞争。

第三步:确定自己的运营和战略钻石模型

使用NTCP各维度能体现运营项目和战略项目之间的差异。运营项目几乎总是衍生式的,而战略项目不是平台式的就是突破式的。运营项目的技术不确定性通常不会高于中等技术这个层级,而战略项目则可能跨越整个技术不确定性的各个层级。然而,运营项目可能是非常紧急的,要求采取一种闪电战的态度;相反,因为战略项目往往新颖度较高,很少在危机情况下出现,所以通常不会达到闪电战这个层级。

图8-1 运营项目和战略项目之间的典型差异

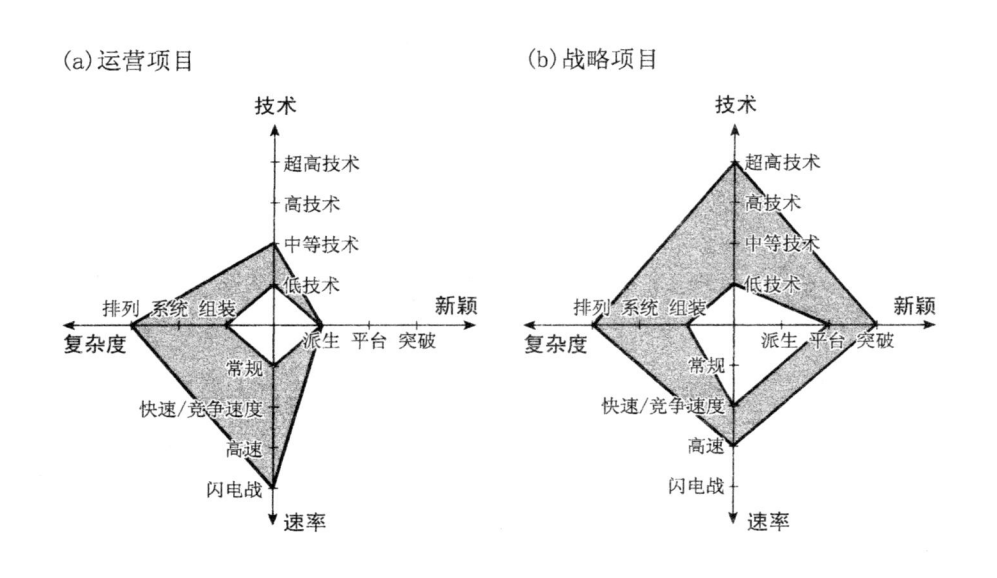

(a)运营项目　　　　　　　(b)战略项目

第八章

图8-1显示的是运营项目和战略项目之间的典型差异。不管项目是外部的还是内部的,都不会对这些差异造成影响。战略项目的钻石模型体积越大,代表的机遇和风险就越大,我们将在下面展开讨论。

第四步:使用钻石模型来选择个体项目

正如我们在第三章中讨论的那样,钻石的体积大小代表风险和机遇,而我们从第四章到第七章的内容中也看到了,每一个维度都代表一种不同类型的风险和不同类型的机遇。在最终选定个体项目时,你可以使用NTCP各维度来评估具体的风险和利益。

表8-2 潜在风险和机遇

钻石维度	潜在利益和机遇	潜在风险或困难
新颖度	创新理念;新市场;新客户	错误评估客户需求;错过市场机遇
复杂度	基于规模的商业范围	重大损失;协调与整合困难
技术	业绩改善;技术的新用途	技术失败;技术技能的缺失
速率	时机优势	延迟风险;因为速度而出错的风险

但是,这类评估所使用的主要维度是新颖度。新颖度越高,意味着市场风险越大,而潜在利益也越高。复杂度与投资水平有关,因此潜在利益或损失也与之相关。但是复杂度的升高同样也意味着协调与恰当整合的难度增加,我们之前几章中的某些案例能说明这一点。技术提供的是相比于过去获得更好业绩的机遇,让你有能力做新的事情;但同样也承载技术上失败的风险。速率提供的是基于时间的优势机遇,同样也内涵了延迟的风险。表8-2总结了NTCP模型中每一维度的具体风险

和利益。

项目选择的最后一步是对每一组中的每个项目进行性价比分析。每一项目中确认的风险和利益转换为资金价值,帮助你在每个单元中做出合理的决定。图8-3显示的是一个典型的评估矩阵,高利润/低风险项目中的项目很快得到批准,而低利润/高风险的项目则即刻被拒绝。这样,你就可以根据关键的资源、政策或具体的内部需求来对数量较少的项目进行细致的评估。

一旦正确项目选定,你需要做的就是选择正确的方法来对每个项目进行管理。在这个背景下,我们接下来讨论创新管理。

图8-2 风险和利益评估矩阵

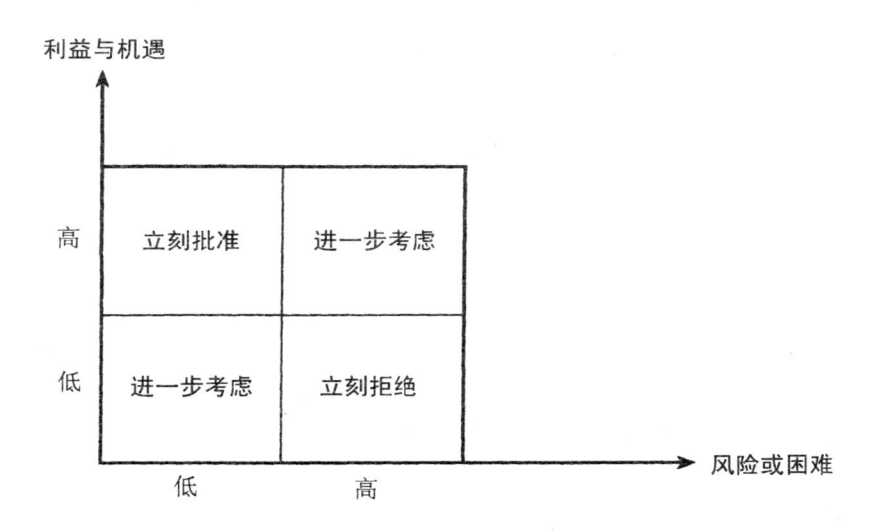

	低	高
高	立刻批准	进一步考虑
低	进一步考虑	立刻拒绝

纵轴:利益与机遇　横轴:风险或困难

第八章

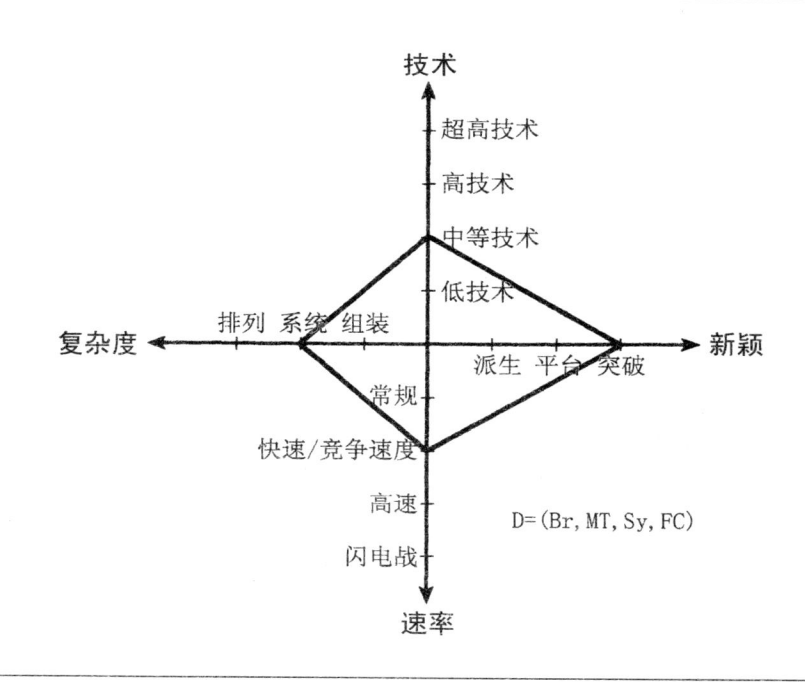

图 8-3　市场观察项目

```
                        技术
                         ↑
                    ┤超高技术
                    ┤高技术
                    ┤中等技术
                    ┤低技术
  复杂度 ←──排列─系统─组装──────────────────→ 新颖
                    ┤    派生 平台 突破
                    ┤常规
                    ┤快速/竞争速度
                    ┤高速         D=(Br, MT, Sy, FC)
                    ┤闪电战
                         ↓
                        速率
```

寻找一种更有章法的方法来管理创新项目

竞争市场迫使公司不断寻求以创新为动力的商业增长机会。[5]但是仅仅拥有最好的、最有创意的想法并不够。现代企业必须学会如何以项目来将这些创新理念变成能产生利润的商业现实。在本节中,我们将处理创新管理中最困难,而且也许是了解最少的问题之一。尽管创新方面的文献非常丰富,信息量很大,关于创新与项目管理之间关系的文字却非常少,而成功的创新又极大地倚重完善的项目。我们的目标就是展示如何以一种更有章法的方法对创新进行管理。

管理项目以达成商业创新

创新类型很多,要求不同的项目管理风格。方法得当可能会极大地提高创新成功的几率。下面这个来自我们调研的故事展示某一公司如何选用了正确的方法来管理一个有着巨大风险和高昂潜在利润的创新项目。

市场观察项目

保险业务事务所公司(ISO)在思考如何扩大其生意时发现,一些过去的服务建立在过时的技术之上,在范围和业绩上都比较有限。它们设计了一个新的软件包,称做"市场观察",该软件能生成一种新的索引表,能够预见到未来保险金水平的变化,从而为整个保险业提供服务。这个索引表将帮助客户预见保险市场中的趋势,并准确确定产品价格,还能帮助公司参与者规划自己的商业战略,帮助它们预见到稳定的保险业定价周期。

市场观察项目的管理方式有效且有效率;项目按时完成,并为公司及其客户创造了巨大的价值。通过对项目活动进行分析后发现,管理层对其商业模式有着清晰的认识,并很清楚地确定了产品的竞争优势,而且完全意识到产品引入的最佳时机以及相关的风险和利益。

尽管之前有过简单很多的产品,但是公司却得出结论:新系统将被当做是一个突破式产品,因为客户和供应商从来没有使用过类似的大规模监控软件。新系统牵扯到数个组件的整合:现存的数据库、累积的行业数据流、将过去和现在数据融合的分析模块以及与成员公司共享的输出报告体系。但是,就技术而言,项目设计的风险却比较小;大多数的开发工具都能随时获得,只有很少的软件模块需要一些开发工作(见图8-3)。

第八章

因此，主要的风险就在产品的新颖度。为了应对这一风险，团队使用了一种产品开发的新方法，命名为"开发高速路"。这一方法被定位一种新的商业流程，能够通过负责项目的IT、营销、产品开发和相关商业功能部门强制性地创建伙伴关系和责任。项目的多专业核心团队需要经过一系列的关卡，也就是接受一系列的状态审核。这些审核由一个高级管理指导委员会以及技术专家和潜在客户小组来负责。

因为该产品是首创，公司没有立即提前设定最终要求。相反，它将其客户当做是市场调研顾问。管理者认为，最好是先将产品的初始、不成熟样品交到客户手中，然后利用其反馈意见来推动之后的开发工作。这样，产品逐渐呈现出其全部的潜势，在逐渐进步的过程中也逐步产生收益。

现在回头来看，公司使用的方法是非常正确的。开发初始模型，并尽快放到客户那里进行测试——这是成功的关键所在。同样，"保持简单"的方法和管理层及技术专家持续的监控也非常关键。如果公司没有采用其"开发高速路"的方法，项目就不可能按时完成。正如公司首席执行官在总结经验时所说的："如果没有坚持这样一种架构，我们就不可能取得这样的成就。"

不同类型的创新

创新方面的研究文献可能比项目管理文献还要多。伯恩斯和斯托克在1961年进行的首个里程碑式研究中提出了一组经典的概念：渐进式（演进式）创新和激进式（革命式）创新、有机创新和机械创新。[6]之后的研究则提出了系统创新的概念以及其他的概念组，如结构式对模块式与持续式对断裂式。[7]

几乎所有的作者都同意,不同类型的创新需要不同的组织实践和流程。[8]但是不可思议的是,如何真正根据不同类型的创新来调整企业的工作这个问题至今尚未解决。现在我们有了一种严格的模型来区分不同类型的项目,也许这个问题回答起来要简单一些了。我们在考察不同类型的创新时,第四章到第七章确定的规则也许能够为我们提供帮助。基本的想法是:大多数的创新类型都能够简单地对应到NTCP模型的各个维度上面,从而就能说明如何以最有效和最有效率的方式对之进行管理。

从创新到项目类型

渐进式与激进式创新这对概念人们提得最频繁,但是变化究竟出现在何处却很少提及。项目的激进变化或渐进变化可以是在市场上(或产品使用上),在技术上(目标是相似的使用),或者在同时在这两处。[9]同样,产品上的一个模块变化意味着产品的基本构架(或结构)保持不变,只是某些模块被新模块替代,而结构变化则要求对整个系统构架进行新的设计。[10]每一个这样的变化都要求不同类型的项目,有着不同的新颖度、技术、复杂度和速率层级。

市场变化的程度可以由不同新颖度层级的项目来处理。渐进式市场创新不是衍生式就是平台式项目,而激进式项目是突破式项目。同样,技术的渐进式变化由低技术或中等技术项目处理,而激进式变化则由高技术或超高技术项目处理(见图8-4)。

亨德森和克拉克所提出的模块式创新和结构式创新之间的区别就不那么直观了。[11]他们通过研究照相平版印刷行业发现,如果公司使用模块式变化,也就是用前一代产品的模块来创造一种与老产品结构相似的新产品,则成功几率较高。然而,如果新结构中需要一组新模块,则进

第八章

行结构式创新会比较困难。运用钻石模型,我们可以发现,结构式创新的困难在于那些复杂度处于系统和排列层级上的项目(见图8-4)。模块变化是组装式的变化,而结构式变化则要求一种系统式的方法(见第六章)。

图8-4 创新范畴与项目类型

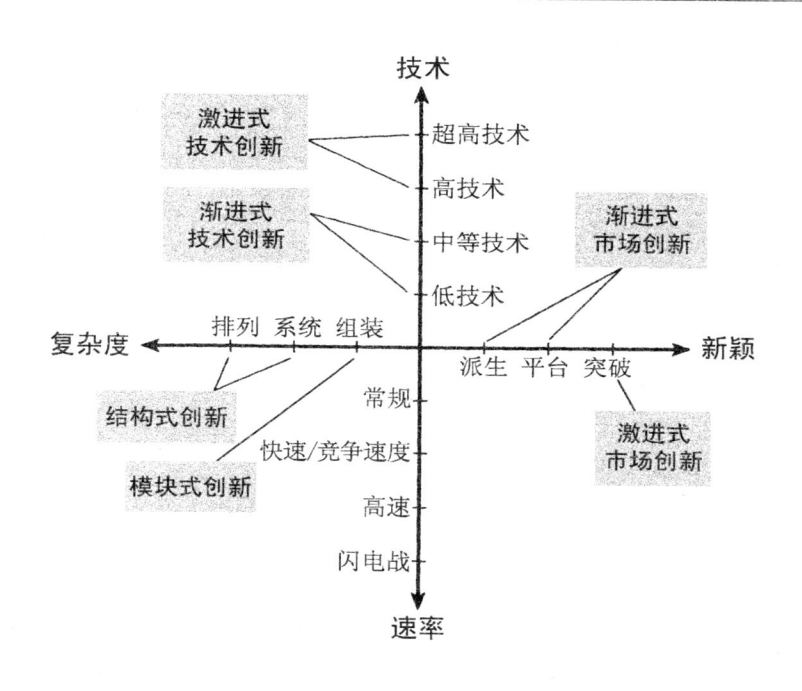

考察创新者两难境地的项目管理视角

克莱顿·克里斯滕森提供了一种强有力的理论,他提出了断裂式和持续式创新的概念,说明优秀的公司在面临创新者两难境地时仍然可能失败。[12]根据这一理论,持续式技术(可以是渐进的,也可以是激进的)沿着特定维度改善产品的表现,客户已经学会期待并要求这些维度的出现。与之相比,断裂式技术最初可能比现有持续式技术的表现差,但是其表现提高的速度要快过客户的期望。因为这些技术表现出来的水平并不高,所以常常被主流公司所忽视,认为其与自己现有的高额市场占有率不相匹配。然而,随着时间推移,这些技术在业绩表现和价格上会超越持续式技术,使得小型的刚入行者能够从大公司手里抢夺生意。

克里斯滕森的案例中有美国数字设备公司(Digital Equipment Corporation),后者没有认识到桌面电脑对其小型计算机生意的替代作用;有西尔斯公司,没有加入到折扣零售和家居中心的潮流当中;还有西联(Western Union)公司,拒绝了亚历山大·格雷厄姆·贝尔(Alexander Graham Bell)获得电话制造专利权的提议。克里斯滕森认为,大多数有着聆听客户意见传统的公司在断裂式技术的投资方面往往是事后诸葛亮。这就是创新者的两难境地。

在处理创新者两难境地方面有一个经典的失败案例,也就是摩托罗拉从模拟技术转向电子技术时的缓慢行动。Gartner 公司在一份报告中指出,在 20 世纪 90 年代末新技术仍然表现不佳的时候,摩托罗拉这家手提电话技术方面的领军公司就已经丧失了其领军地位。它选择将大部分投资放在更好的模拟电话上,从而使欧洲和亚洲的对手能够在这场摩托罗拉主宰的游戏里击败摩托罗拉。[13]

我们的模型为解决创新者的两难境地提供了一种项目管理的视角。图 8-5 展示的是项目管理的断裂式模型。克里斯滕森曾写道,断裂式技术应该被看做是一个营销挑战,而非技术挑战。因此,解释这一两难境地的相关维度应该是新颖度而非技术。持续性地聆听客户意见的公司所创造的新产品通常都是基于一种平台式的项目模型。从本质上来说,这类项目的启动必须在广泛的市场调研之后,因为这样才能确定客

第八章

户对下一代产品的期望。

然而,断裂式进步应该由一种不同的项目类型来处理。正如该理论所揭示的,现有客户永远不会告诉公司为他们提供一种基于断裂式技术的产品。他们要么是根本不知道有这样的技术存在;要么就认为这种技术比较低级。正如我们在第四章所描述的那样,突破式项目从不依赖市场调研:它们由管理直觉定义,然后由客户对早期模型的快速反馈来进一步细化。而且,在客户真正欣赏断裂式新产品的价值之前,需要告诉他们这些产品的价值和用途。

图 8-5　创新者的两难境地与项目管理

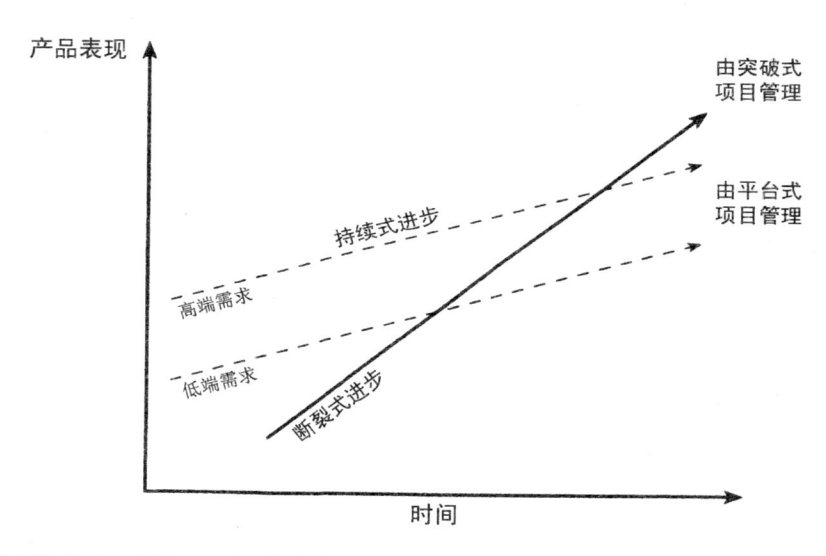

资料来源:根据克莱顿·M.克里斯滕森《创新者的两难境地》(波士顿:哈佛商学院出版社,1997)修改。

大公司必须花力气了解平台式项目与突破式项目之间的差异。他们应该意识到,除了在持续式技术上的大量投资外,他们还需要数个突破式项目,应该将之与主要的持续式工作区分开来。这些项目的管理方式有所不同:目标定义上确定性较小,无法获得市场数据,而且项目审批无须详细的商业计划作为先决条件。从趋势来说,这些项目当中的一部分将开花结果,也许能帮助公司在断裂潮流中应付自如,而不是将未开垦的田地都留给敏捷的新来者。

下面的案例再次表明一家领军公司可能会在利用某种断裂式技术上失败,这种技术被管理层忽视,却很可能在公司的后院长势良好。

闪存的发明

闪存是21世纪前十年成长最快的电子存储技术。[14] 它让人们能在电源关闭之后将大量信息保留在一个很小的存储设备上。通常认为闪存由因特尔在1988年发明,然后由三星和东芝在1989年跟进,但是这种看法是错误的。实际情况是,闪存最初是20世纪80年代早期由东芝的一位名叫藤尾增冈(Fujio Masuoka)的年轻工程师发明。但是,东芝的行政人员没有认识到这项技术的断裂本质,并未继续开发该项技术。

给藤尾增冈以灵感的是20世纪70年代整个行业所面临的最大挑战之一:寻找一种保留内存的方式,这样数据就不会在每次关机时消失。藤尾增冈的认识是信息需要批量存储很短一段时间,而不是单独存储很长一段时间。这种想法在这个行业中是很有突破性的。尽管这种解决方案比之前的存储技术更简单,设计上也更紧凑,但仍然需要进一步的广泛开发工作来将该技术商业化。

1984年在美国加利福尼亚州圣何塞的国际电子开发者年会上,藤尾增冈介绍第一款闪存产品。当很多美国公司——包括因特

第八章

尔要求获得样品时,他的经理非常吃惊。

因特尔公司认识到了这一产品的潜势,立刻拨调三百多位工程师开始研究闪存。与此同时,东芝只给了藤尾增冈五个人,这五个人还不能将全部时间用在他的这个理念上面,因为他们这个团队的主要任务必须放在公司的主要财源上面:动态随机存取存储器(DRAM)产品。尽管藤尾增冈的小组在市场中第一个推出闪存产品(用于汽车内),但是因特尔很快就占据了市场。闪存成为因特尔继微处理器之后的第二号产品线。

再说一遍,理解突破式项目的独特性并将之与主要的持续性投资项目区分开来——正是这一点成就了因特尔的成功,并导致了东芝的失败。

产品创新与客户的接受周期

杰弗里·摩尔在其著作《跨越裂缝》(*Crossing the Chasm*)中提出了一种将创新引入市场的实用方法。[15] 他的框架基于艾弗里特·罗杰斯(Everett Rogers)的理论,后者根据客户接受产品的模式将客户分为好几类。[16] 罗杰斯的接受周期由五个阶段构成;每一个阶段里,客户都会呈现不同的特征,行为方式也不同:

- **创新者**。第一阶段的客户通常被称做创新者,或"技术至上者"。他们主动寻找新颖的产品,有时候甚至在正式的营销项目开始之前就会要求获得某一产品。这群人数量少,但是却非常重要,因为公司能从任何细分市场中的这一小群创新者那里获得很多重要信息。

- **早期接受者**。第二阶段的客户是早期接受者,或预言家。和创新者一样,他们会购买出来不久的新产品。但和创新者不同的是,早期接受者并非技术至上者,他们欣赏新产品的优点及其对自己日常生活的潜在影响。早期接受者并不会依赖根基已稳的推荐列表,因此对于打开新的细分市场来说至关重要。
- **早期主体**。第三阶段的客户是早期主体,代表着最巨大的跳跃。这些客户会考虑技术,但最终还是会带着一种很强烈的实用意识来购买产品。在决定购买之前,他们通常会等待,看别人对某一产品的反应。早期主体的市场份额大约占整个细分市场的三分之一。
- **晚期主体**。晚期主体紧接在早期主体之后,和他们有一样的顾虑。和早期主体相比,他们在利用技术上不那么拿手。因此,他们也会等待,直到新产品成为标准,然后由能够提供必须服务和支持的知名公司生产。晚期主体的市场份额与早期主体大约相等。这两组客户共同构成了整个细分市场的三分之二。
- **落后者**。最后一类客户被称做落后者;他们不希望了解复杂的新产品。除非是必须,或者该产品是另一产品的一部分,否则他们绝不会出手。在产品追求某一特定人群时,落后者通常被看做是无关紧要的一部分客户。

摩尔讨论了公司从一组客户过渡到另一组客户时必须越过的鸿沟和障碍。鸿沟主要存在于早期接受者与早期主体之间,摩尔将之称为"裂缝"。如果公司能够成功越过裂缝,则他们的产品已经由边缘走向主流,公司也将开始大幅度的成长,获得巨大的产品利润(见图8-6)。

第八章

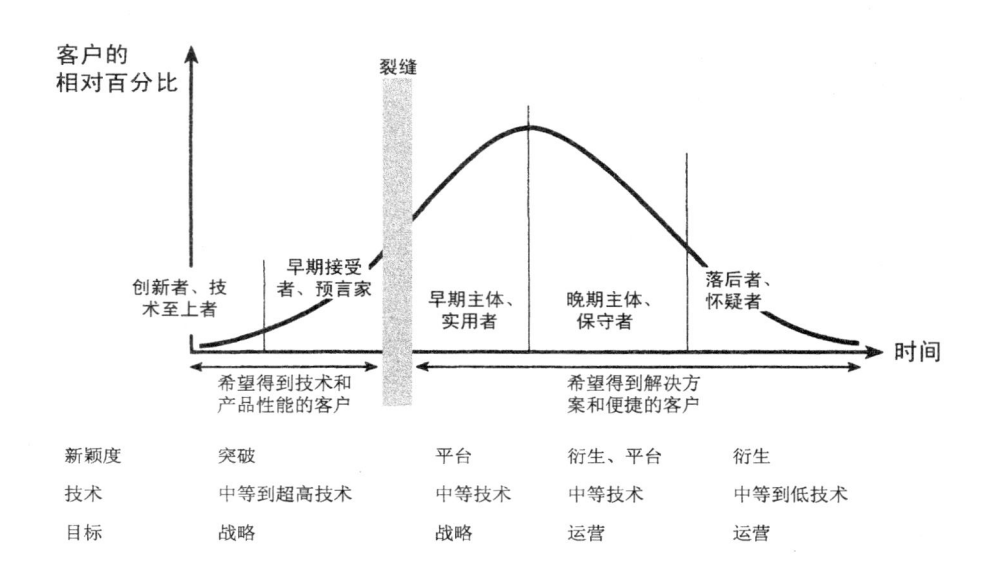

图 8-6　项目类型沿着产品生命周期的演进

	创新者、技术至上者	早期接受者、预言家	早期主体、实用者	晚期主体、保守者	落后者、怀疑者
新颖度	突破		平台	衍生、平台	衍生
技术	中等到超高技术		中等技术	中等技术	中等到低技术
目标	战略		战略	运营	运营

左侧：希望得到技术和产品性能的客户　　右侧：希望得到解决方案和便捷的客户　　中间：裂缝

资料来源：据杰弗里·A.摩尔《跨越裂缝》（纽约：哈珀－柯林斯出版公司，1991）修改。

跨越裂缝与项目管理

摩尔的著作使用"高技术"产品这个术语。但是，在我们的背景当中，它们应该被看成是全新的或突破性的产品。尽管全新产品可能基于新兴技术，但是同样可能是全新的理念应用在已有的技术上。因此，罗杰斯和摩尔的接受周期建立在产品的新颖程度之上，可以沿着新颖度这个维度而非技术维度进行考察。当然，其他维度也可能是相关的（见图 8-6）。

全新产品由突破式项目创造。它们可能只有创新者和早期接受者购买。在这些创新性的工作中，公司需要说服那些非用户客户，这些产品真的可以极大地改善他们做生意或管理其日常生活的方式。

但是，最大的挑战还是跨越裂缝，并占据早期主体市场。从项目管理角度来看，这就要求新颖度层级从突破式转化为平台式。目标在早期主体的产品必须克服与第一代产品相关的种种问题，必须向世人证明自己有实际的用途，并且在经济上是大部分客户可以承受的。为了减少生产成本，让产品完成特定的功能，项目团队应该设计基本的平台以允许为晚期主体市场做出进一步的改良和修订，让产品在未来的渐进式项目中更容易升级。

但是跨越裂缝，从一个客户组过渡到另一组不仅会影响到项目的新颖度层级，更会影响到项目管理的其他三个维度。因此，管理层不仅必须理解其对客户和市场的影响，还必须知道如何在接受周期的每一个阶段采用最适当的项目管理方式。这一点在下面这个案例中展示得很清楚，这个案例描述了微波炉的演进过程。

微波炉极大地改变了我们的家庭习惯，但它却并非规划好的创新，而是一个幸运的巧合。[17]布莱恩·索塞在下面这个故事里为我们讲述了微波炉的历史。

微波炉的历史

二战期间，美国雷神公司（Raytheon）成为磁控真空管的主要供应商，英国将之用于短波和微波雷达中以探测敌机。雷神公司的高级真空管专家是珀西·斯宾塞（Percy Spencer）博士。[18] 1946年，他无意中成为了微波炉的发明者。一天，他站在一根真空管旁边，发现自己口袋里一块巧克力因为微波那神秘的食物加热特点而融化了。他立刻提出专利申请，这宣告了微波炉的诞生（图8-7）。

这一创新的演进过程可以看做是不同项目管理风格不断变化的模式的集合，由不同的钻石模型来表示（见图8-8）。在每一个

第八章

步骤当中,实线描述的都是现有的钻石模型,而虚线则代表(以示差别)前一个步骤。

最大的变化出现在 1965 年到 1975 年间,这一产品跨越了裂缝,成为普通家庭也能负担得起的用具。建造产品的项目由突破式变为平台式,然后又变为衍生式。价格下降,性能提升,曾经无法想象的一种设备成为了商品。理解这一模式可能对任何创新产品的成功都非常关键。

图 8-7 微波炉原始专利图

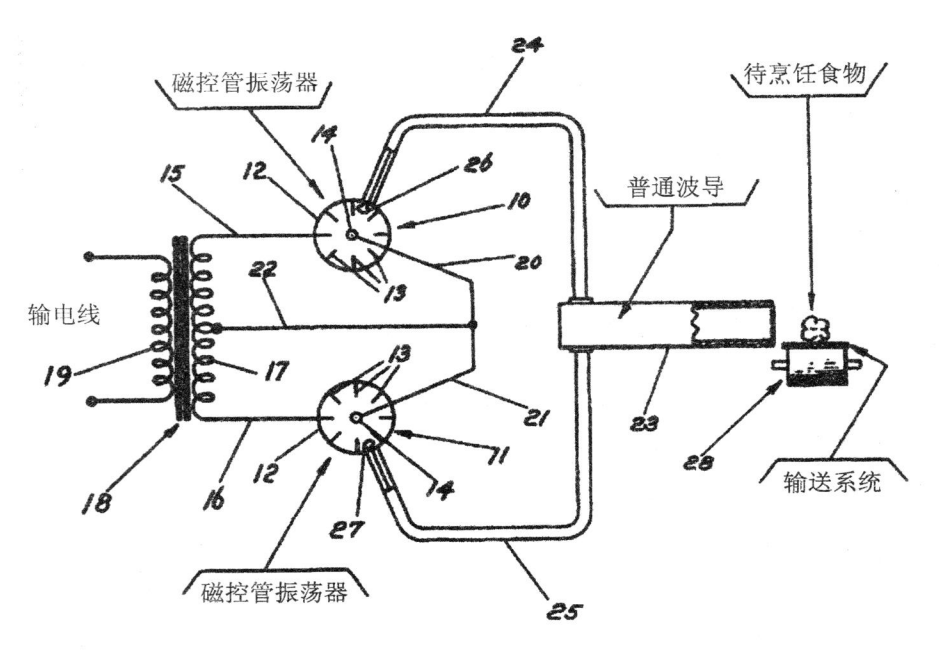

资料来源:珀西·斯宾塞博士的微波炉原始专利图,美国专利号第 02495429 号,1950 年 1 月 24 日申请。

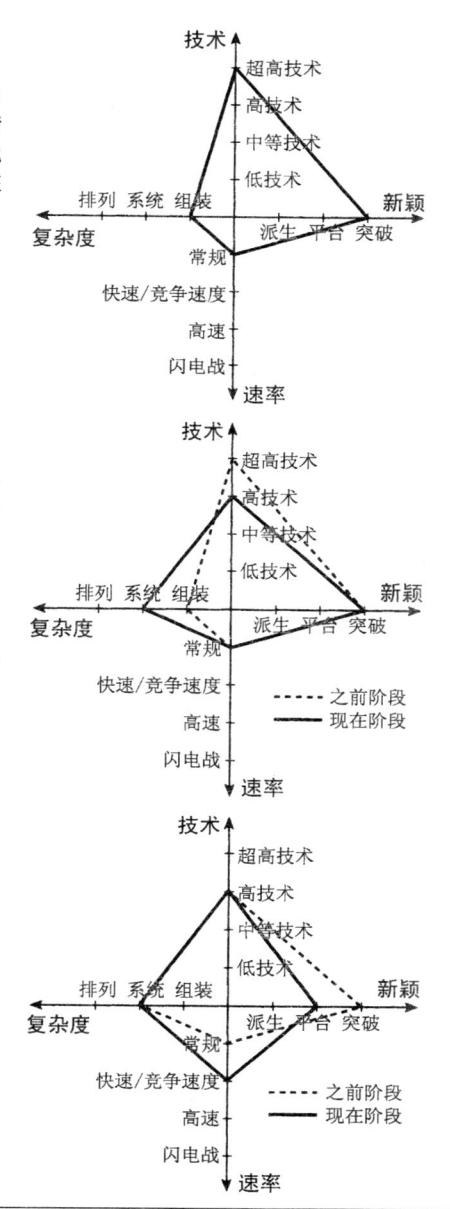

图 8-8 微波炉的演进

步骤一：发现——1946 年
D=(Br,SHT,As,Re)
在测试磁控管过程中，珀西·斯宾塞博士发现口袋一块巧克力糖融化，然后将玉米粒放在磁控管附近，发现玉米粒爆开，进一步证实了其发现。他迅速设计了一个能放置微波能源的金属盒，以证明微波烹饪食物的时间比普通炉子要快。

步骤二：第一台微波炉——1946 年至 1947 年
D=(Br,HT,Sy,Re)
斯宾塞意识到，使用微波能源在商业炊具市场有着巨大潜力。他在雷神公司组织了一个工程师团队，对其产品进行开发和修订以适合实用。团队很快就做出了第一台微波炉的原型，雷神公司提出了微波应用于烹饪的专利申请。1947 年，雷神公司生产出第一台商用微波炉，高 5.5 英尺（约 1.65 米），重 750 多磅（约 34 公斤），价格为 5 000 美元。雷神公司相信其发明最大的潜力在商业饭店行业，并将其第一微波炉提供给波士顿一家饭店进行测试。

步骤三：第二代——1947 年
D=(PI,HT,Sy,FC)
客户对第一代微波炉非常抵制，因此最初的销量让人失望。对之进行改良和修订之后，公司生产出更可靠、轻巧、廉价的微波炉。

第八章

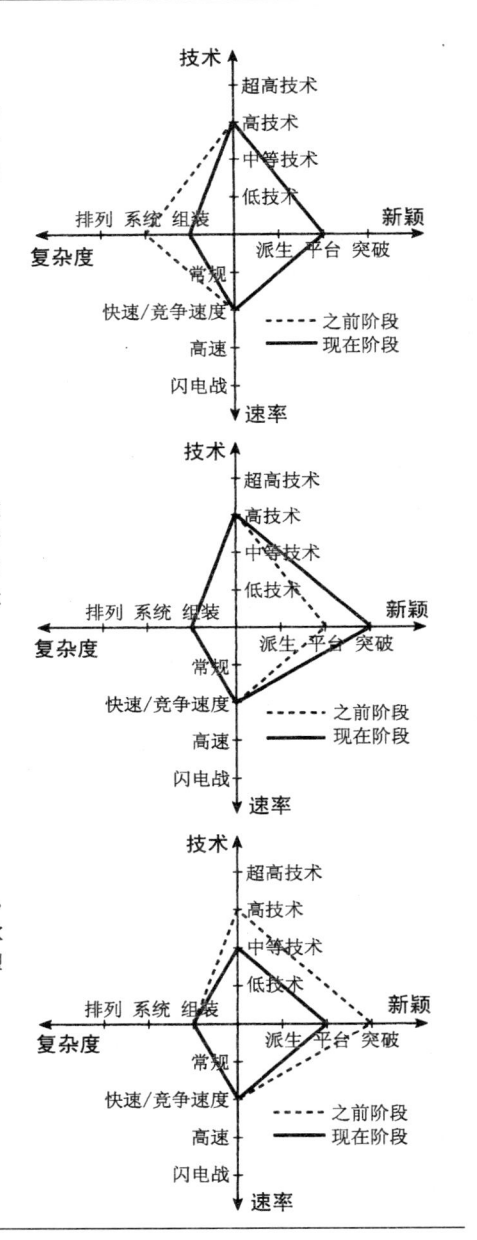

图 8-8　微波炉的演进(续图)

步骤四：商业成功——1948 年至 1952 年
D=(PI,HT,As,FC)
饭店饮食行业发现微波炉之后，需求激增，微波炉成为这一商业市场中的必需品，同时还在商业市场中激发了新的用户和应用领域，如木塞烘干、制陶业、制纸业、干花，等等。

步骤五：消费者突破——1952 年
D=(Br,HT,As,FC)
在 1952 至 1955 年间，Tappan 公司推出了第一款家用型号的微波炉，售价 1 295 美元。在饭店行业取得商业成功后，微波炉开始进入了另一个市场，这里的客户之前还未见过这个新设备。这就使得项目又重新回到了突破层级。

步骤六：消费者接受——1965 年
D=(PI,MT,As,FC)
1965 年，雷神公司收购了 Amana Refrigerator，两年之后推出了第一款台式微波炉。这是一款 100 伏特的微波炉，价格不到 500 美元，比以往型号也更加小巧，更加安全可靠。

图 8-8　微波炉的演进（续图）

步骤七：消费者成功——1975 年
D＝(De,MT,As,FC)

到 1975 年，微波炉的销售额第一次超过了燃气灶，而在 1976 年，微波炉成为了厨房的必备炊具，美国 60% 的家庭都拥有微波炉。这一步要求项目工作发生重大转变，产品已经为人熟知，因此大规模生产和低成本就变得非常重要，而要想获得持续的产品成功，高效的生产是关键所在。

步骤八：今天——其他都是历史
D＝(De,LT,As,FC)

曾经是奢侈品，现在已经是必需品。市场逐渐扩大，要求微波炉满足消费者和厨房在品味、尺寸、形状等方面的需求。在这个阶段，产品开发只不过是一个衍生式、低技术、组装型、快速/竞争速度的项目。

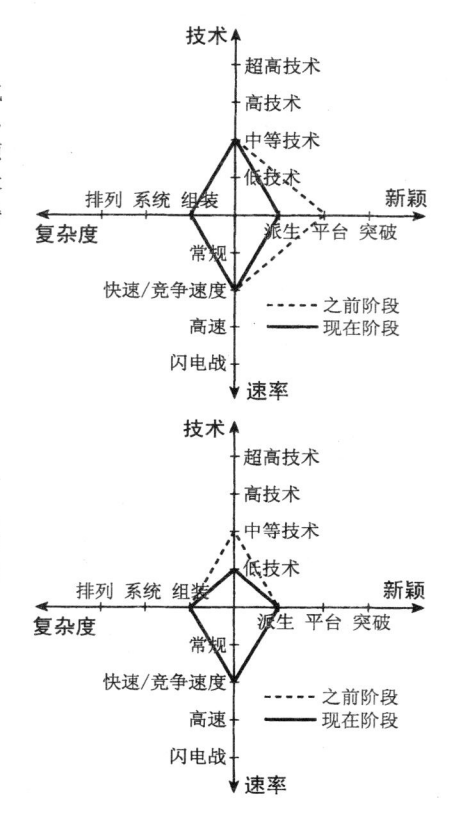

资料来源：微波炉演进历史中的事实取自 C.J.加拉瓦（C. J. Gallawa）的《微波炉服务完全手册》（纽约：Prentice Hall 出版社，1989）。

我们现在已经探讨了项目管理的商业和创新环境，第九章中我们将回到项目的内部视角，考察适应性方法如何应用于企业的各种项目中。

第八章

要点与行动项

- 公司启动项目的原因多种多样。有些项目带来新的生意和市场；有些处理现有生意或企业基础设施。为了选择项目，你可以将未来的项目分为战略项目和运营项目以及内部项目和外部项目。公司资源则根据公司的战略和现有政策分配给每个项目组。

- 然后，所有的项目提案都对应到一个 2×2 简单矩阵中的每一个单元格，而项目选择与竞争都局限在同一项目组中的不同项目。你根据利益和机遇对风险和困难的标准来选择每一组的项目。

- 创新文献区分出各种不同类型的创新，但是并没有提供如何管理这些创新项目的理念。NTCP 模型为这些创新项目类型的不同管理方式提供了指导方针。

- 创新可以是激进的或渐进的，可以是市场创新，也可以是技术创新。这些创新项目的管理可以根据 NTCP 模型中的新颖度和技术这两个维度来进行区分。根据复杂度维度则可以区分出模块项目与结构项目。

- 创新者的两难境地是公司可能面临的一种风险：根据持续的进步方式来遵循客户的需求可能会让你错过那些由快速的断裂式变化所带来的机遇。项目管理层解决这一两难境地的方案是了解突破式项目与平台式项目之间的差异。在投资持续式大型商业活动的同时——这些项目由平台式或衍生式项目来进行管理，公司还必须启动数个突破式项目，根据不同的规则来进行独立的管理，这样就能处理断裂式变化可能带来的机遇。

- 罗杰斯和摩尔根据其新产品接受模式区分了五种客户组：创新者、早期接受者、早期主体、晚期主体和落后者。占领市场最大的机会在于学会如何跨越早期接受者与早期主体之间的裂缝。跨越裂缝需要项目风格从突破式向平台式的剧变。创新成熟之后,又要求改变项目管理风格。产品由引入到成熟的变化过程中,项目钻石模型的体积会越来越小,而风险也会越来越小。

第八章

第九章 在现有企业中进行项目管理

企业如何将这个适应性强的灵活方法融入到其传统的、根基已厚的项目管理实践中去？要做到这一点并不难。正如我们这里将展示的，一旦管理者理解并接受了适应性的概念，他们就会相对比较轻松地将一些新的步骤和活动添加到传统的实践当中去，并将本书的教益整合到公司项目的规划与执行过程当中。对于很多实践者来说，这一点并不陌生。项目管理者努力让项目维持良好走势的时候，其实就是在不自觉地使用类似的理念，只不过使用的方式不如本书展现的那么正式罢了。借助本章的内容，我们希望能够帮助企业和管理者自觉地以一种严谨的方式将适应性方法定型。

我们首先将概述管理者需要添加进其现有实践中的步骤和活动，然后我们探讨运用适应性方法如何进行项目规划，如何管理项目不确定性，如何进行风险管理以及如何通过常见的结构组件和有选择性的外包来提高项目效率。

第九章

在经典的项目阶段和活动之上进行构建

项目进度的经典线性模型包括四个阶段：定义、规划、执行和终结。[1] 因为一种标准不可能放之四海而皆准，所以也就不可能描述项目阶段可能呈现的所有变化。因此我们将最基础的阶段描述作为模板，来展示项目团队需要在传统方法中增添和修改的东西，从而以更有适应性、更灵活的方法来引领其项目。

大多数的文献都将这些阶段描述为顺序排列的，但实际上，没有哪一个项目的阶段是以纯粹线性的进度展开的。在实际中，项目活动会反复出现在多个阶段当中，你往往需要回到前一个阶段来重复或修正某一项活动或决策。图9-1以最简单的形式展示了这一现实情况。

适应性方法要求在每一周期中通常执行的主要活动之外增添数项新的活动，同时对其他活动进行调整。表9-1列举了一些典型活动，有传统的，也有新颖的。新活动以黑体标出。我们将在下一节中更加详细地描述这些活动。但是要注意，除了这些新活动之外，适应性方法会影响到几乎所有的项目活动和决策，这一点你在后面的文字中将会看到。

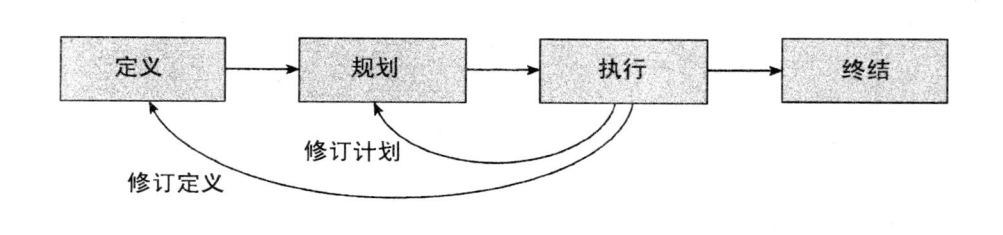

图9-1 经典项目阶段修改后以符合适应性方法理念

定义 → 规划 → 执行 → 终结

修订计划

修订定义

表 9-1　项目不同阶段的典型项目活动

阶段	活动	细节
定义	市场定义	市场/客户确认
		客户需求
	商业目标	对项目完成时将要达到的预期商业目标进行定义
	产品定义	产品描述
		产品要求
	项目定义	工作说明书（范围）
		预计持续时间
		预算
		项目经理与团队
	确认项目类型	根据战略或运营战略目标、内部或外部用户、新颖度、技术、复杂度、速率和其他相关维度将项目定位
	成功及失败标准	定义管理层在五个或更多相关成功维度上的预期，并定义可能出现的错误
规划	项目类型对项目管理的影响	确定项目范畴将如何影响项目组织、流程、计划、活动和团队
		估计初始要求中的不确定性
	产品要求管理计划	市场数据收集市场原型的数量
		要求定稿的时间表
	产品创造计划	初始技术规格
		初始产品设计
		设计周期的数量
		设计定稿的时间表
		产品测试计划
	工作分解结构（WBS）	将工作范围分解为详细的工作包和活动
	交流	报告结构与会议日程
		交流的手段与技术——局部，全部
	组织	项目团队结构
		组织责任矩阵（什么人做什么事情）

第九章

表 9-1　项目不同阶段的典型项目活动(续表)

阶段	活动	细节
	项目流程计划	主要阶段、关卡和里程碑
	日程	详细网络与活动时间表
	预算	基于 WBS 要素的项目详细成本
	风险管理	基于项目类型的风险识别与风险消除计划
	整合计划	整合活动的时间安排与持续时间
	采购	子承包商与卖方管理计划
	质量	质量管理计划
	人力资源	团队开发与培训
		团队激励活动
	项目监控计划	关键点处所需的项目审核、计划和决策
执行	产品要求	细化产品要求
		产品要求完成
	产品建造	产品设计
		模型建造与测试
		额外设计周期(再设计、再建造、再测试)
		产品规格与设计完成
		产品建造
		产品测试
	产品监控	进度与预算、时间和已完成活动的状态
	产品再规划	更新计划,做出变化
终结	客户准备度	文档记录
		培训材料与手段
		产品使用模拟
	商业化	产品引入计划
		产品融入
		产品分销
	结项	项目总结报告
		经验体会报告
		下一代产品规划

识别项目的类型

看到此处，你应该能够很轻易地识别自己的项目类型。项目新颖度可分为衍生、平台和突破，依据标准是产品对其用户和客户的新颖程度，以及产品要求能够被确定的程度。技术则可分为低技术、中等技术、高技术和超高技术，根据则是建造或生产某一产品所需新技术的数量。复杂度则可分为组装、系统和排列，根据是项目产品诸系统和子系统的层级结构以及建造产品所需结构的复杂程度。而速率则分为常规、快速/竞争速度、高速和闪电战，根据则是完成项目的可用时间。

除了 NTCP 诸维度之外，你可能还需要其他相关维度对项目进行分类。比如，如果项目处理的是新商业领域，则项目是战略性的，而如果处理的是现有商业领域，则是运营性的；你还可以根据预期的用户、客户或买家来确定项目为内部的还是外部的。正如我们前面提到过的，公司往往会根据具体环境或行业来选用特定的分类方式。[2]

确定项目成功和失败的标准

同样地，管理者和项目团队确定如何根据数个维度来评估项目是否成功：效率（时间和成本目标）、对客户产生的效力、对客户产生的效力、商业成果和对未来的准备。除了这五种总揽维度之外，你还可以确定与具体项目相关的维度，比如立法机构的核准。

每一种维度的特定期待视野取决于特定的项目类型。比如，预期的商业结果将受到产品新颖度极大的影响。这些结果能够由一些通用的标准来进行确认，比如市场份额或利润，或者以一份详尽的未来销售额计划来体现。新颖度越高，则计划的详细程度和具体程度就越低。

为成功而规划还牵涉到为可能的失败做好准备。因此你需要评估项目的什么地方可能出错，并将之与成功标准一起放到计划当中。失败

第九章

的可能性（或者出错的地方）将成为详尽风险管理计划的基础，这一点我们将在下一章展开讨论。

确定项目类型对项目管理风格的影响

对项目进行分离并确定如何评估项目是否成功之后，最重要的一步是确定每一种特定的项目类型对项目管理的影响。表9-2显示的是一种评估这些因素的简单方法。图9-2显示的是NTCP模型不同维度上项目管理的主要变化。在接下来的篇幅中，我们将详细描述适应性方法超越传统项目管理各步骤的各种活动与流程。

图9-2 NTCP模型对项目管理的影响

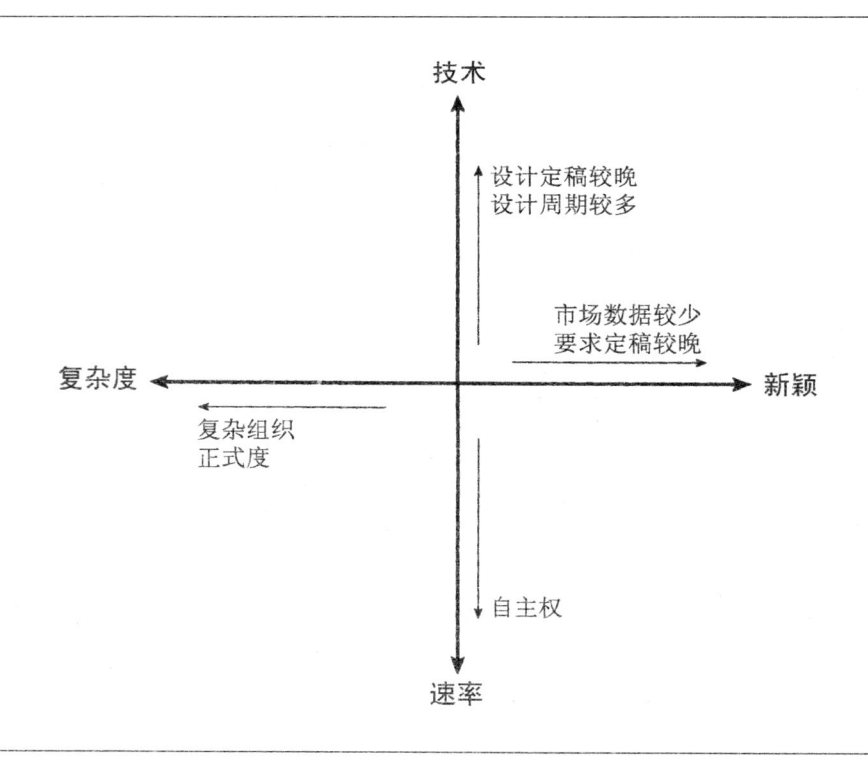

```
                        技术
                         ↑
                    ┊设计定稿较晚
                    ┊设计周期较多
                         ┊
                              市场数据较少
                              要求定稿较晚
复杂度 ←──────────────┼──────────────→ 新颖
           ←─────────────┊
         复杂组织         ┊
         正式度           ┊
                         ┊
                         ┊自主权
                         ↓
                        速率
```

表 9-2　项目类型对项目管理的影响

项目维度	项目类型	管理决策和主要考虑	具体范例
商业目标	战略、运营	高层管理参与的程度；资源分配；组织结构	战略项目通常要求独立组织构架（即独立小组概念）
客户	内部、外部	客户参与；正式程度；合约类型	内部项目不签订正式合约
市场	客户、行业、公共/政府	客户参与；收集客户要求和需求方法；合约类型	往往很难收集并了解客户需求
新颖度	衍生、平台、突破	定义期的持续时间；产品要求叠加的数量；要求定稿的时间；需要产品模型和市场测试；营销方法；风险管理	突破项目需要在要求定稿前迅速建造模型，需要以创新性的方法将产品引入市场；可能还需要与公司主流活动分立的组织构架
技术	低技术、中等技术、高技术、超高技术	设计周期的数量；风险管理的程度；模型的数量与类型；合约类型；项目管理者与团队成员的技术才能	在高技术和超高技术项目中，要在设计定稿后考虑从成本加合约转向固定价格合约；超高技术项目必须有小规模的模型
复杂度	组装、系统、排列	正式程度；报告与交流的类型；系统工程设计与整合的程度；子承包商的使用；地点集中与权力下放的对比；风险管理	系统项目需要系统工程设计和长时间的整合
速率	常规、快速/竞争速度、高速、闪电战	项目团队的自主性；监控的频率；应急预案；即时修改	在高速项目中，尽量使用已经证实的技术，关注具体的完成日期；闪电战项目要求团队拥有完全自主性，能够迅速做出决策或对计划进行比较重大的即时修改

第九章

管理项目的不确定性

我们在本书中一直强调,项目管理的适应性方法在基本的理念上就与传统模型有差异。适应性方法没有将项目看做是一个线性的、可预见的流程,由连续的步骤构成,这些步骤在项目启动之时就能比较肯定地进行确认,相反,适应性方法将项目看做是一个无法预见的、非线性的循环流程。项目启动时很多事情都是未知的;最初的各种想法都很不确定,而很多初期的决策在项目展开时也很可能发生改变。

适应性项目管理的重心是在项目展开过程中解决项目的不确定性,并实施必要的变化。接受这一现实情况,是所有希望对项目进行更好管理的行政人员和管理人员需要学习的重要课程。在本节里,我们处理项目不确定性的管理:如何区分各种不确定性,如何提前识别,以及(也许是最重要的)如何在项目执行过程中控制并逐渐减少不确定性。我们的基本理念是:在项目整个过程中对项目不确定性进行监控直至完全消除不确定性是项目管理者的责任所在。

市场与技术不确定性

亚历克斯·劳弗将项目看做是一个旨在减少不确定性的流程。[3]他讨论了两种类型的不确定性:"什么"不确定性和"如何"不确定性。在我们的背景里,这些不确定分别对应于市场不确定性(或新颖度)的产品要求之不确定性,取决于技术不确定性的技术规格和最终设计之不确定性。尽管项目可能会面临其他类型的不确定性,这两种是项目中较普遍的类型。

在正确的时刻确定产品要求与设计

在一个理想的世界里,你可以设想首先解决"什么"不确定性。即首先确定产品和市场的全部情况,然后再解决"如何"不确定性,即如何创造你的产品。但实际上,没有哪个项目能在最终要求确定之后再开始进行产品设计。

从某种程度上来说,所有的项目在工作开始之后都会改变产品要求。但是那些启动之初就有着最高新颖层级的项目往往改变的数量也最多。因此在实践中,你需要同时解决这许多的不确定性,直到最终的产品要求定稿、设计完成(见图9-3)。要注意的是,图9-3中的两轴与NTCP模型中的新颖轴和技术轴一样是向外朝相同的方向延伸。而且因为不确定性在项目执行过程中会逐渐减少,箭头代表了项目进度在两个维度上都是向下朝零不确定性延伸。

图9-3 减少要求和设计的不确定性

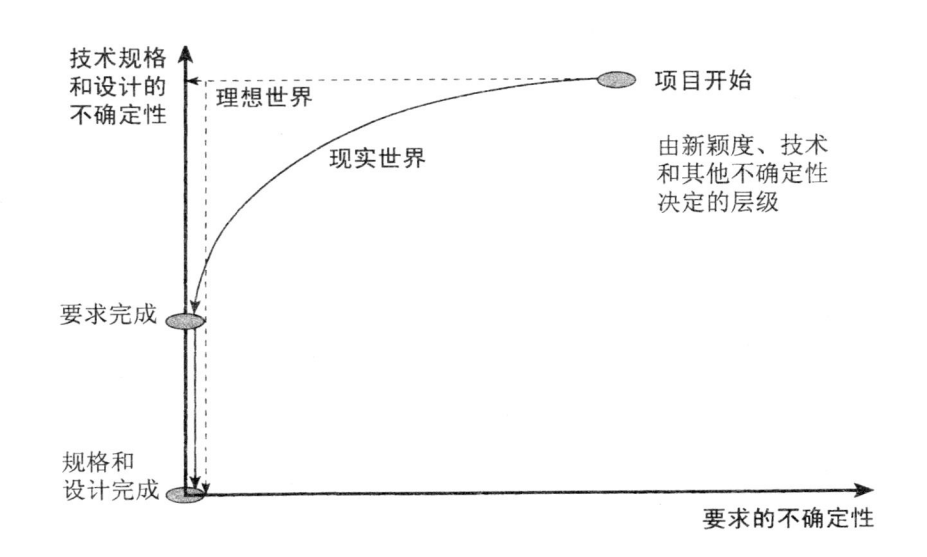

第九章

确定要求和设计周期

一旦你知道了项目管理者需要对其项目中的不确定性进行管理,下面需要做的就是来看看实践中的具体情况。如前所述,新颖度和市场的不确定性决定你在提前确定产品要求方面能做到什么程度。新颖度越大,最初的产品要求就越模糊。通过从市场和客户那里获得数据以及在真实客户那里对产品模型进行测试,你可以减少这一不确定性。你可能还往往需要将这一流程反复几次(周期)才能最终将要求确定。正如我们在第四章所描述的,周期的数量和产品定型的时间随着初始市场不确定性(或新颖度)的增加而增加。

同样地,最初的技术不确定性决定你在确定产品的技术规格和设计方面能做到什么程度。通过执行多个设计、建造和测试周期(设计周期),你可以减少这一不确定性。每一周期之后都可以更新规格,修正设计,直到设计最终确定。正如在第五章所描述的那样,设计周期的数量和设计定稿的时间随着技术不确定性层级的上升而增加。

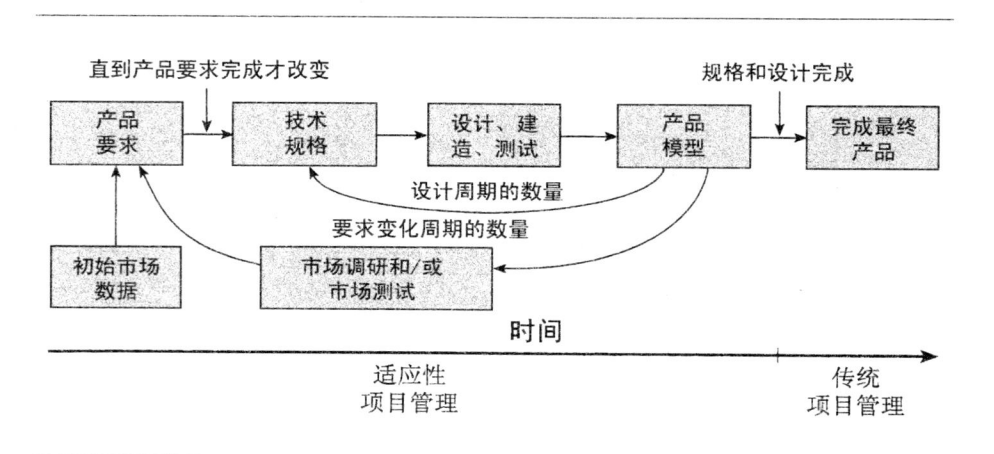

图9-4 要求和设计完成的反复过程

如图9-4所示,这种双重不确定性的反复流程将一直持续下去,直到做出关于产品及其设计的最终决策。因为正确地确定这一流程是适应性方法中最重要的要素之一,所以必须将之涵盖在项目规划中,这一点我们稍后再谈。还需要注意的是,一旦产品要求和技术规格确定下来,除非发生重大的突发事件,否则项目就将从那一刻开始根据传统方法继续下去(见图9-4)。这之后,你应该努力地以最有效率的方法来考虑产品,方法则是将项目的重心放在更新之后的三重限制之上。

通常,一旦产品要求和设计确定,你就不希望出现任何变化。但是,有些罕见情况中的条件可能会要求你在确定之后对这些参数做出调整。不过,这是特殊情况,而不是常态。通常,你应该抵制住在确定后做出变化的各种诱惑,即便这些变化可能会改善最终结果。原则应该是,除非不做出变化就意味着项目失败,否则就不应该允许出现变化。这种情况下可能会牵涉到发现安全问题、严重错误或可能危及项目成功的外部事件。修订或改良应该采取一种严谨的态度,遵循行政审批流程,因此不能轻易进行调整;否则项目将无限期地拖下去。

在每一个重要的里程碑事件或每一周期之后,产品要求和时间不确定性都应该进行重新评估,而且如果必要的话,应该更新项目计划以反映两个维度上剩余的不确定性。了解客户需求以及获得必要技术能力的流程会逐渐将高不确定性的项目转变为低不确定性的项目。

虽然你在项目初始时就对项目进行分类,但是随着时间推移,其不确定性层级会不断下降,类似初始不确定性层级较低的项目。此时我们可以再次使用钻石模型中的 N(新颖)和 T(技术)两个维度作为参考。比如,一旦之前不存在的技术开发完毕并选定,则超高技术项目的技术不确定性就降为高技术的不确定性层级。

第九章

使用模型、小型试验计划和应急预案

处理项目不确定性的常见方法是迅速建造小规模的模型。模型是项目产品的初始版本,所含特征和性能通常较少。建造模型的目标是测试你最初的设想,获得必要的信息,这些在之后你定义并建造最终的完整产品时能派上用场。模型让你能加快你的进度,随时进行测试,而不是花上好几个月的时间撰写产品要求与规格(写的东西反正要调整的)。你可以使用模型尽早发现并修复问题,而不是将问题带到完整产品中去,到时候再去修补就比较困难,而且花费不菲。

你可能还需要在开始主要活动之前进行一个试验计划。小型试验计划可以看做是一种"完整项目的模型",完成的目标是相同的。试验计划能让你从很多方面来定义完整的项目,比如目标、要求、更准确预估资源的能力以及完成整个项目所需的时间。ADP公司的前任首席执行官乔希·韦斯顿使用"开始前试验"这个短语来描述试验项目的重要性。韦斯顿说,最好提前"超支",用快速、小型设备进行试验,以节省之后的资源使用,避免错误和误解。[4]

项目面临高层级的不确定性时,模型和试验比较有用,在比较确定的情况下则派不上用处。这都取决于项目的类型。比如,低技术的建筑项目就可以根据蓝图和工程设计来设计和建造;相反,超高技术可能就需要你在选择最终的技术和最终确定终端产品之前建造多个模型。项目技术和新颖度的具体层级决定试验和模型需要程度的高低。电脑和软件的使用能够帮助公司减少实际模型的数量,方法则是在建造实体模型前建造虚拟模型并对不同选项进行评估。但是,最终要求确定之前,实体模型还是需要的。

最后,因为项目是不确定的、有风险的工作,所以往往很难提前预测完成项目所需资源和时间的具体水平。因此,你应该在日程和预算中分配出一块应急资源储备,以免因为项目完成前所有规划资源耗尽或突遇巨大困难而手足无措。[5]应急资源的具体水平同样取决于项目的初始不确定性层级。在下一节中,我们将简要说明不同不确定性层级通常所需的应急资源。

将不确定性整合进管理活动之中

项目成功结束一个最重要、最关键的因素是对不确定性的管理。一开始就细心评估项目不确定性并详尽地选择必须完成的活动,这样项目不确定性就能得到良好的监控,直到取得最终的成果。将NTCP模型中的新颖度和技术两个维度整合在一起,我们就能得出不确定性的四个层级:低(层级1)、中(层级2)、高(层级3)和超高(层级4)。表9-3展示的是不同新颖度和技术层级下的各种项目不确定性层级。项目不确定性的层级(U)是新颖度(N)和技术(T)之间的最大值,由下面这个等式来表示:

$$U = Max(N, T)$$

如前所述,不确定性影响项目执行过程中重复流程的数量以及产品要求和设计最终定稿之前所需的模型数量。表9-3同时还显示了初始

表9-3 整合之后的项目不确定性及其产生的影响

不确定性层级	数量层级	新颖度	技术	重复流程的数量	模型数量	时间与预算储备层级
低	1	衍生	低技术	少(1-2)	无	5%
中	2	平台	中等技术	数个(2-3)	少(1-2)	5%-10%
高	3	突破	高技术	许多(3-4)	数个(2-3)	10%-25%
超高	4	—	超高技术	多个(n+3)	多个(n+3)	25%-50%

n=最终选定技术前所需的周期和模型数量

第九章

项目不确定性对项目规划及其相关变量的影响,这些变量包括重复流程的数量、模型数量和典型的应急储备等,在每一不确定性层级中都需要这些变量。你很快就会看到,适应性项目管理方法的这些活动及其他活动对项目规划将产生重大的影响。

管理项目风险

因为每个项目都是独特的,而且都是第一次进行,所以肯定要牵涉一定的风险。要注意的是,尽管风险与不确定性相关,它们并不是一回事。不确定性是未知的,而风险则是可能出错的事情。很明显,大部分的项目风险都取决于不确定性,但是项目产生风险还有许多其他原因,包括复杂度、时间压力、资源短缺和技能不足等。

项目管理文献中有很多是关于项目风险和风险管理的。[6]钻石模型这个框架能帮助人们在各种维度上评估和确定风险。在下面的文字中,我们将简要了解一下项目风险管理,并解释它是如何受项目类型影响的。我们首先回顾通常的定义与实践范例,然后将钻石模型应用于风险管理。

何谓项目风险?

项目风险通常被定义为如果出现就会对项目目标产生负面影响的消极事件或状况。风险总会有原因,而且在最坏的情况下,会产生后果。[7]风险管理被定义为准备、识别、分析、回应以及监控项目风险的系统流程,包含各种流程、工具和技巧来帮助项目管理者将积极事件的可能性和效果最大化,同时将消极事件的可能性和后果最小化。

在项目管理文献中,风险管理由五个步骤构成:

1. **风险识别**。准备一份项目风险列表。
2. **定性风险分析**。创建一份风险重要程度排列表。通常,你可以将风险分为高、中和低三档,你也可以在风险出现时分析其对成本的影响。
3. **定量风险分析**。分析项目达到目标的可能性或列表中风险出现的可能性。然后计算每一种风险的预期成本,方法则是将预期成本乘以其出现可能性系数。
4. **风险回应规划**。详细记录你将如何消解项目风险及其成本所带来的负面效应。将这些成本与每一风险的预期成本进行比较,然后决定你是否在项目计划中将每一种回应措施都包含进去。
5. **风险监控**。根据计划展开工作。在项目进展时,随时采取纠正行动,并及时更新风险回应计划。

定性风险分析对识别风险的重要性进行评估,为进一步分析制定风险重要程度排列表,以确定如何减少其可能造成的影响;有时还会召集职能部门的专家来帮助评估风险及其潜在的影响。风险回应规划的重心放在风险分析中已评估的高风险要素上,并为每一种风险回应活动分派人员。

传统的风险管理方式会对项目整体进行特定的风险等级确认(低、中或高),这种等级取决于风险可能对项目目标造成的影响(时间、预算和范围),但是不识别造成潜在影响的原因。项目团队通常会运用其对其他风险的了解与咨询他人来识别项目风险。但是,很多人也都曾提到,风险管理的技巧大多数是探试性的,无法为风险层级的识别提供清晰的框架。[8]

第九章

使用钻石模型来进行风险管理

钻石模型让我们现在能够为项目风险的评估提供一种严谨的量化方法,允许我们将风险分解为独立的量化单位,而不是依靠简单的探试性主观评估。因此,钻石模型能够帮助你以更大的决断力来将风险源独立出来,并将注意力放在更有风险的维度以提高项目成功的概率。

新颖度维度对应的风险与误解客户需求和要求有关。技术维度则与实施风险相关,尤其是与生产最终产品所需技术的可获得性有关。复杂度维度指的是与多个组件协调及这些组件之间相互效应有关的风险。速率维度对应的风险则是因为时间限制而无法完成时间目标或解决所有潜在问题的风险。

让我们来看看项目风险的整合钻石模型。与不确定性一样,每一维度的递增层级对应更高层级的风险;因此,钻石体积越大,风险越大。在钻石内,你可以根据每一维度上的项目类型识别更低或更高层级的风险领域。比如,因为其技术不确定性和复杂程度,高技术或排列项目牵扯的风险较高;同样地,突破式项目牵扯的风险也比较高,也就是因为其市场方面的不确定性。图9-5指出了低、中、高和超高层级的风险领域。[9]

我们还可以通过1-4的数字级别来为每一维度上每一项目类型的风险层级进行量化。

有了这种表达方法,项目规划人员就可以将注意力首先放在最高层级的风险上,然后再集中考察降低风险的方式。比如,图9-5展示了第四章赛格威案例的项目情况。该项目的钻石表达式是 D=(Br,HT,Sy,FC),其风险层级则是 R=(3,3,2,2)。可见,该项目在两个维度上要涉足高风险领域:新颖度与技术。因此,项目管理重心应该向这些风险源倾斜,而不是将向复杂度和速率两个维度倾斜。

图 9-5　风险评估

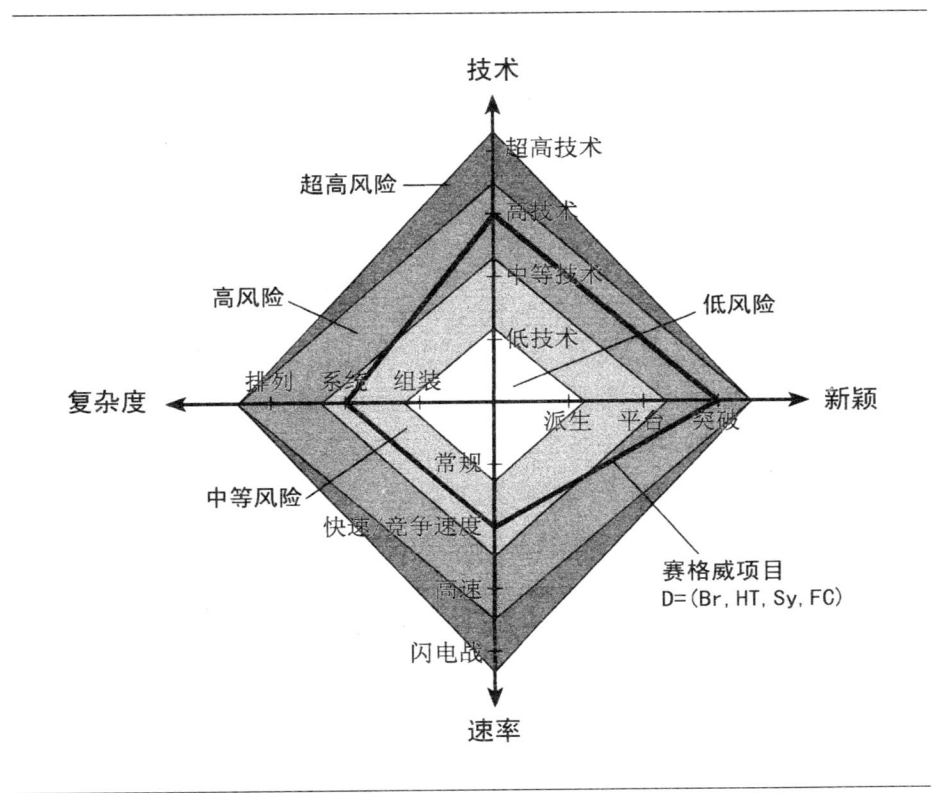

一旦确认了每一维度上的风险层级后，你就可以更加详细地确定可能出错的地方、可能性的大小及其产生的成本或后果。这一分析能够指引你为每一项消极事件准备好缓解的措施决策，这是这个领域里比较常见的做法。

但是对每一维度上的风险层级进行评估可能还不够。将项目分析当做是所有维度的应变量进行整合衡量可能会更有帮助。在比较企业中各个项目的风险和利益时，在为具体项目分派领导者时，你可以使用这一工具来对整体的项目风险进行评估。

第九章

因此，我们提供给大家一个简单的公式，作为确定这种风险衡量方式的范例。这个公式的基础是根据钻石模型而确定的每一风险层级，但是维度与维度的比重不尽相同。推荐的公式如下：

$$R = a \times N + b \times T + c \times C + d \times P$$

具体比重（a,b,c,d）取决于具体的背景、行业和企业。这些比重的典型值可能是（0.2,0.15,0.5,0.15），因为新颖度的风险可能会高过技术或速率的风险，而复杂度通常与花费有关，在失败时意义就比其他风险都要大。借助此例，赛格威的整合风险就是

$$R = (0.2 \times 3 + 0.15 \times 3 + 0.5 \times 2 + 0.15 \times 2) = 2.35$$

根据这个公式可以计算出阿波罗任务（曾在第五章讨论）的风险值为3.15，而随身听产品项目（曾在第三章中讨论）为1.7。

要注意的是，在使用这个公式的时候，你可以根据自己独特的情况和行业来使用不同的比重项。最后，为了评估项目风险的成本，你需要将风险层级乘以公司在该项目中的投资。如果I代表投资水平，则某一风险产生的成本则为

$$C_R = R \times I$$

在项目规划中使用适应性方法

项目规划的内容中往往需要准备好几个计划，如工作分解结构（WBS）、日程、预算、风险管理计划，等等。古典的方法基于这样一种理念，也就是项目团队应该在项目初始时准备详细的计划，然后尽可能地遵照计划行事。我们在第一章中曾提到过，这种"按计划来管理"概念的重心在著名的三重限制。这种思维方式有一句古老的谚语来形容："计

划你的工作,再把计划贯彻到工作当中。"

但是实际的项目不可能总是遵循这种理念。在现实世界中,你很难找到将初始计划贯彻到底的项目。即便是在最稳定的环境中,比如建筑或石油,项目也会经历变化,而最终的结果也绝不可能呈现最初构想的模样。在不那么稳定的环境中就更不用说了,比如在高技术或生物技术领域,项目及其产品通常都会与管理者提前构想的模样相去甚远。

项目团队在项目初始时勤奋地准备一份跨越整个项目执行期的详尽日程计划——这种情形你应该看见过很多次。这种计划会尽可能详尽地包含每一个细节,并为每一项活动设定准确的完成日期。它们通常出现在纸上,然后各个房间里的墙上都贴满,外人看来就仿佛是一张无边际的细节网。最不幸的是,这种情况在我们身边太过常见,甚至是大公司的客户也会强求这种做法,因为他们认为详尽的计划就能确保一切顺利进行。

但项目开始之后不久,这些计划就过时了。事情并没有朝规划者设想的方向发展;而为了确保规划的精确,计划每个月都必须更新。现实世界的团队不会每个月更新计划。这种"元"计划往往成为团队初始勤奋的纪念碑,而事情却完全可以抛开它们而进行。(你可能常常会发现这种初始计划张贴在墙上,给那些对事态真实进展状态毫不知情的参观者以深刻的印象。)

本书中展现给大家的适应性灵活方法将项目看做是一个动态、不稳定、难以预期的过程。这种方法假定,项目执行过程肯定会经历变化——环境、企业、市场、技术和人员方面的变化。根据这种方法,项目计划必须适应变化,而这些变化并不可能在一开始就都能预见到。因此,项目计划并非一成不变的文件,并不是一旦准备好就要贯穿整个项目。相反,项目计划是动态的、活的实体,随着项目展开而演化,随着新

第九章

信息的揭示而变化。

解决方案很简单。不要有"计划你的工作,再把计划贯彻到工作当中"的想法,而应该遵循另一套流程,"计划部分工作,执行计划,然后重新计划下一项工作,以此类推。"不要一开始就准备好非常详尽的计划,而应该为那些确定不会变化的事情做好计划。基本理念就是用"按照计划与再计划来管理"替代"按照计划来管理"的概念。你应该将项目看做是一个由行动加思考、再紧跟行动构成的连续过程。

借助此方法,你可能不需要在项目开始时制订一个完整的项目计划;相反,你所需要的往往只是一个短期的、不那么详尽的计划来启动项目。比如,假设你决定进行一个小型的测试计划来对某些未知理念进行测试。显然,没有必要提前把一切都计划好。一旦你将这个短期计划付诸实践,你就知道下一步该做什么了。因此,项目可以分为一系列的短期阶段,直到完成最终产品。每一阶段获得的结果都将帮助你更好地定义和规划下一个阶段。"滚动波规划法"是一种比较有条理的方法,我们在下一节中展开讨论。

实施滚动波规划法

在《同步管理》(*Simultaneous Management*)一书中,亚历克斯·劳弗建议使用三个而非一个层级式计划。[10]每一个计划都自有其时间范围和细节程度,每一个都为某一独特的管理层级服务。

根据劳弗的定义,计划应该"经得住时间的考验"。因为你不可能很准确地提前预见项目持续期间的每一个细节,所以你应该只为那些你确定不会变化的事情准备计划。而且你应该不断地收集信息,帮助你准备下一阶段的规划。图9-6展示了滚动波项目规划法的三个层级。三种几何体的宽度代表着每一层级计划中的细节数量以及各自时间范围的长度。

图 9-6 "滚动波"规划概念

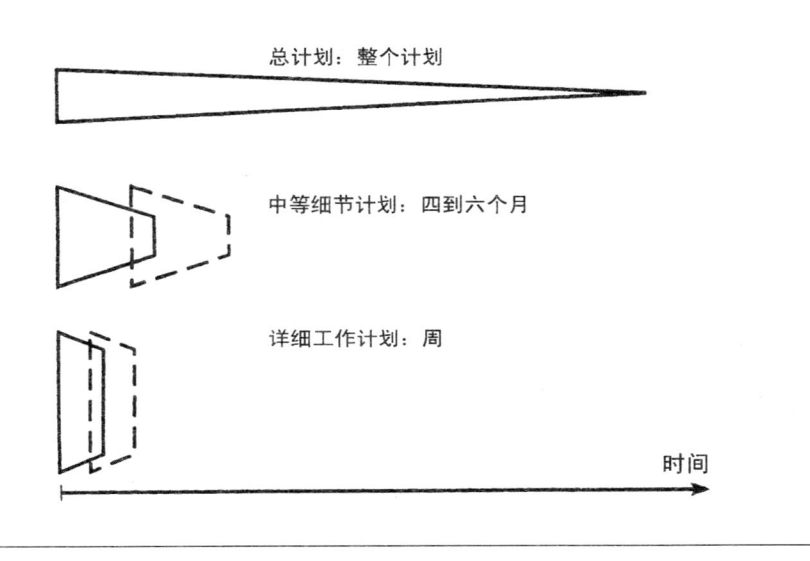

图 9-6 中顶端的图形是主计划——最高层级的计划：跨越整个项目生命周期，细节非常少。它只略述主要的里程碑事件（如主要阶段的完成）、重要的交付日期和客户付款日程。这个计划能让管理高层看清整个局势。如果一切顺利，则主计划不会发生变化，而项目也可望在预期时间内完成。但是如果出现差错，你就甚至可能需要更新主计划。

第二个计划是中层计划。其时间范围通常是四到六个月。它比主计划详细，而且包含主要里程碑事件之间的"中层"事件，如模型测试、主要购买订单的发送，等等。这个计划的对象是相同部门或企业里的中层管理者。每隔几个月都会制订这个计划的新版本，为项目的下一个中层阶段做好准备。

第三个计划是详细工作计划。其时间范围只有几周，使用者是项目团队和个体成员。这个计划中将包含接下来几周时间里每个人将进行

第九章

的每一项活动,每个月都会制订这样一个计划以决定下一个较短时期里的活动。

根据你的项目类型来调整规划

传统的项目管理假定所有的项目计划都是一个样。而实际上,项目计划是有区别的,不同的项目类型要求不同的项目规划和不同类型的计划。将滚动波方法与本书中的概念整合起来,就能帮助项目团队根据其项目类型和具体情况来调整其项目规划。

每一个 NTCP 维度都会以特有的方式影响到项目规划。我们曾在第四章到第七章中对具体的项目类型进行过讨论。我们现在来简要回顾一下项目类型如何影响项目计划。比如,复杂度这个维度可能决定规划层级的数量和所需细节的多少。一个组装型项目通常只需要两到三个层级的规划,而系统型和排列型则通常需要全部三个层级(甚至更多)。另外,复杂度越高的项目,你往往需要花更多的力气来细致地组织团队和子承包商;你必须做更多的文档记录,使用更多的软件来进行配置管理、整合、系统对接等活动,而且必须采用多种手段来监控项目以确保一切都在正轨上前进。

相反,速率对项目的影响主要在那些与项目按时完成相关的活动与决策上。快速/竞争速度项目需要管理层对进入市场的时间高度关注,因为项目启动延迟可能会导致你将销售额拱手让给那些速度更快的竞争对手。高速项目可能需要对时间有更密切的关注。有时,这些项目在最后期限之前可能还有充足的时间,但是错过最后期限的代价是巨大的。因此就这些项目而言,你应该在你的计划中包含管理高层频繁审核的内容,以确保在最后期限前完成项目。闪电战项目很少有时间来准备详尽而准确的项目计划,因此必须提前为每一种能够想到的情况准备好应急预案,但是众所周知,危机通常不会按照计划出现。因而这些项目中,传统的项目规划被即时决策所替代,在寻找危机解决方案的活动正在进行的同时做最小量的规划工作。

现在我们又回到新颖度和技术这两个对项目规划影响最大的维度。如前所述,不确定性影响项目执行过程中所需重复流程的数量、各种项目计划的可能规划范围、每一个计划的细节多少以及产品要求和设计定稿前所需模型的数量。

如果你的项目有着较高的新颖度,你的主计划就必须有重复模型建造的内容,必须将产品要求定稿时间设定较晚,但同时还必须为中级和低级工作计划的许多活动留下空间,因为随时都会收集、评估越来越多的市场信息。同样,如果技术层级较高,那么你对最终的规格和设计所知就越少,因此为高层只需要准备一份大略的主计划即可。在此主计划基础上,你再为低级制订一个更详尽的计划,而这份计划的重心则应放在缩小不确定性鸿沟所需的活动上,比如构建技术示范单元、建造实用模型等。随着项目展开,你收集的信息也越来越多。这就会降低不确定性的层级,并让你能够为下一步的工程设计、设计和实施工作制订更详细的最新计划。

现在我们来看看项目管理的另一个重要侧面——以最有效率的方式管理项目。

提高项目的效率

大多数现代企业都能以某种方式提高其效率。尽管每一个项目都是独特的,而且从某种意义上来说都是首次进行的,但并非所有的项目活动都是新鲜的。有些活动要简单些,在项目中反复出现,之前项目中也曾进行过,或者在企业各种项目中都有类似活动。你可能经常发现不同的项目需要相同的组件来完成工作。这就让你有机会来提高组织效

第九章

率,方法则是在项目内或项目间将这些活动标准化或将某些活动外包。

因此,通过将整个项目活动看做是企业运作的一部分,企业有时能达到提高效率、降低成本的目的。接下来几节将适应性方法应用于项目内或项目间的工作包。我们首先将为不同项目间的效率问题提供一个模型,然后讨论外包的两难境地。

将适应性方法应用于项目组件和工作包

到目前为止,我们所提供的模型都是为了区分作为整体的项目,为了根据具体项目的性质来调整你的管理风格。但大多数项目都是很复杂的实体,为了完成一个共同的目标而融合了许多活动。众所周知,项目活动通常分解为工作包,后者以层级方式排列在名为工作分解结构(WBS)的文件当中。在 WBS 的最底层,有一个工作包为完成某项任务所需的工作提供详细定义。这个工作包确定任务所需资源和可用预算、完成任务的详细计划和里程碑事件以及向管理层报告进度的方法。

但是项目活动也是多种多样的。它们可能在困难度、不确定性和风险方面有所差异,不应该用一种方法来应对。因此,不仅应该在项目层次,而且更应该在工作包层次应用适应性方法。

每一项活动的结果也不尽相同。有些活动生产有形的硬件,而另一些活动则创造无形的结果,如文件、软件或图画形式的信息和决策;另外,有些活动只需要技能,而另一些则可能需要创造力和想象力。下一节提供了一个简单模型来帮助你识别每一工作包的具体特征,为每一工作包选定适当的方法并识别其风险层级。

工作包管理的两个维度

我们使用两个维度来区分工作包:结果的类型和完成工作包所需工作的类型。[11]结果可以是有形的,也可以是无形的,而工作则可以分为发明类、工程类和技艺类。

工作包的有形结果是物理人工制品（硬件）。这些人工制品是产品的精华，并将之与其他产品区分开来（其价值）。任何设备（如电脑键盘和汽车传动装置）都是有形产品。有形产品必须能够在物理上进行组装和再生产。因此，产品和流程设计就必须整合起来，为该硬件的制造设定一个生产流程，必须接受质量监控、组装操作和生产成本监控。

相反，无形结果则不是人工制品（物品），尽管它们可能被嵌在某一物理产品之中。无形产品基本上是生产信息，然后再储存在物理媒介上，如光碟、闪存或纸张。软件代码、手册、书籍、报纸、蓝图甚至电影都是无形产品。这些产品的大量复制很简单、快捷、便宜，因此无须专门的生产线。

发明类工作要求想象力和艺术灵感。因为这类活动之前没有进行过，所以从本质上来说是探索性的，需要有新鲜的想法。任何艺术品从某方面来看都是发明类的，那些需要设计、建造或新思想的活动也属此类。实际上，很多公司都借设计部门或设计公司来塑造其产品的形状和外部特征。有些公司则雇用系统建筑师来提出前所未有的新系统配置。

工程类工作牵涉到的则是将科学和工程原则应用到技术问题的解决与产品规格和工程设计的最终定稿上。它与发明类工作的区别在于，它牵涉到的是已经验证的方法、计算结果、公式和模拟方案来生产最终产品。

技艺类工作牵涉到的是重复性的工作和那些之前曾做过的工作。尽管技艺类工作需要时间和其他资源，但是其结果是可预见的，持续时间也可以精确地预估；因此，它受制于经典的学习曲线——即通过重复来学习。技艺类工作的例子有加工车间工作、油漆工作、家具制造和印刷板组装等。

以下两个案例能说明三种工作之间的区别。一幢新的建筑物需要

第九章

一个建筑师来完成发明类的想象工作,需要一位工程师来完成工程部分(制定精确的结构规格和蓝图),还需要建筑者的技艺来将所有的东西组合到位。同样地,新车需要设计师的创意、工程师的工程设计以及生产和组装人员的技艺工作。

从我们刚才所列举的工作包分类中可以得出包含六个单元的框架。每一个单元都要求其独有的方法和管理风格,而且每一个单元也都代表着不同的风险层级,如表9-4所示。

表9-4 工作包分类

工作结果	工作包分类		
	发明	工程	技艺
有形	设计硬件形状和结构;要求创新和艺术能力;产品往往全新,之前未出现过;要求建造几个模型,并在客户那里进行测试;可能无法迎合客户品味。失败风险较高	硬件产品的工程设计;牵扯到已有科学、工程原则、规则、算法以及解决具体问题方法的实践应用;往往要求工程、设计和测试的数轮反复;可能出现工程错误或无法完成规定要求,风险中等	生产已经熟知的硬件类型;牵扯到重复的任务;需要有能力对工作持续时间和其他资源做出良好的评估;可能需要昂贵但可预测的流程创建资源;低风险;容易在多个项目中建成标准的构件
无形	创建之前不存在的新算法体系;根据新原则创制软件;风险较高,新的理念可能无法起效或者无法解决问题;需要在不同的场景中进行广泛的试验;很难预见所有可能的失败风险;典型的案例是电影制作这件艺术工作	根据现有原则和算法体系撰写软件码;风险程度适中,可能无法完成所有的要求,可能出现无法预期的缺陷;需要进行广泛的测试和软件除错过程	撰写常规的计划或流程;不需要有新的理念;撰写常规文本,因此风险最小

通过普通的低风险工作包来提高效率

那么企业如何通过工作包分类的使用来提高效率？在单一项目中，通过识别数个标准或重复的组件（尤其是技艺类和工程类组件）并复制其制造过程，你就可以节省时间和成本。但是当企业进行多个项目时可能才会得到最好的回报。企业应该通过发现许多项目中的共同主题来将部分项目工作标准化，应该寻找长时间内相似的、重复出现的工作包，这些工作包所使用的技能和资源应该没有区别。下面这个案例展示了一家建筑公司如何使用这些理念来简化其项目运营。

Quadarant 公司模型

Quadarant 公司是世界 500 强之一惠好公司的子公司。[12] Quadarant公司是一家以项目为主要活动的建筑公司，每年建筑的家用房屋超过一千套。这家公司借用精简、及时建造的理念，发展出一套独特的项目管理模式，从而使自己成为了当地首屈一指的家用房屋建造商，获得了该行业领先的利润空间。[13] 它是如何做到这一点呢？

尽管项目通常被看做是独特的运营活动，需要运用特别的技巧，这家公司却意识到，项目与项目之间有重合之处，而许多的活动也可以被看做是一种常规式的运营活动。公司还意识到，购买其家用房屋的客户希望获得尽可能多的空间，获得更多可供选择的特性，同时还要有这两者相结合而带来的优良价值。

基于客户的这些喜好，公司重新定位了自己的设计战略，开发出拥有最大空间的房屋，同时将其商业模型从"制造—储藏"转变为"制造—订货"，从而让客户拥有更多选择，并且努力寻找新的方法

第九章

来降低成本和损耗，减少流程时间。

为了达到这些目标，公司现在将其设计工作重组为几项标准要素：

- 根据设计覆盖区域将项目分组。将设计根据主要要素分为几组，减少多余的选项，从而为标准化创造更多机会。
- 设计方案适合多个建筑工地。
- 允许在房间安排上有多种选择。建造预制的房基，但是为不同的生活方式留下重新布置的可选空间。
- 在设计的标准部件中使用通用要素，如窗户、屋顶和基柱。

同样地，实施流程也使用了一种所谓"线性"的日程设定的简单方法，能够展示多套房屋和多个子承包商的最新进展情况，而不是标准的单项目甘特图。此处的活动同样根据类型和每个项目的日期进行分组。从第一天开始，每一天的项目活动都井井有条，而且根据具体某一天的标准流程执行。比如，建筑开始第一天，建筑方发送木材，并安装一楼的托梁；第二天，他们进行地板底层检查，搭建车库墙体，等等。最后，如果某一个工地出现延迟，员工就会根据其专长（如地板、墙体或屋顶）分组，并作为增援力量派去完成未完的工作。

这一流程极大地改善了项目的效率。1996年至2003年，平均的房屋建筑时间由135天减少为54天。而原本每平方英尺60美元的成本也下降为30美元，使得公司每套房屋的利润空间从2%上升到6%。

外包的两难境地

竞争不断激烈,市场不断全球化,公司也将越来越多的新产品制造和设计工作外包出去。商业企业面临的最为困难的问题之一就是确定哪些活动由自己完成,而哪些活动外包出去,以获得成本优势。现在的情况与20世纪80年代和90年代已经有所区别,当时的公司大都坚持认为,所有重要的研发活动必须由自己完成。而现在,几乎所有的大公司都从亚洲开发商那里购买完整的设计,根据自己的具体情况进行调整,然后再贴上自己的商标。[14]

降低研发成本充满着诱惑力,但是也有风险。主要的风险就是可能会培育出新的竞争对手。如果你教会国外的合作伙伴如何设计自己的下一产品,它们下次可能就会自己来设计这个产品。另一个危险就是必须分享知识产权和新开发的技术秘密。最后,因为必须认可他人也能生产你所拥有的商标的产品,所以也会有丧失公司独有品牌的风险。那么,在这种情况下,你的产品还有什么独特之处呢?因此,关键的问题就是哪些东西必须由自己完成,而哪些东西能够交给他人?

不能外包的东西

很多公司都建立了全球伙伴网络,以帮助它们通过原创设计制造商(ODM)让自己的产品能获得更大的市场份额。ODM可以负责包装设计、材料采购,当然也可以进行低成本生产。有些惯例性工作能够比较容易地在伙伴之间分享,比如将模型转换为可操作的设计,对现有产品进行更新、测试,执行质保工作,撰写使用手册,确认销售商资格等。然而,应该保留在公司内部的是能够提供竞争优势、能让公司获得独特力量的核心知识:资产结构、关键规格、私密合约细节以及对国际研发团队

第九章

的管理。

现在我们可以使用我们的工作包分类和钻石模型来对项目（或项目某一部分）进行分类，分为直接外包、公司保留和选择性外包三类。图9－7(a)展示的是不同工作包的三种不同外包类型，而图9－7(b)展示的则是NTCP模型中的整个项目。

- **外包。** 你可以将下面这些活动直接外包：惯例的活动、不那么关键的活动、基于之前理念的活动、复杂度较低的活动以及主要建立在现有技术之上的活动。在工作包层级上，这些活动包括所有的技艺类活动以及大部分的工程类活动。在整个项目层级上，正如钻石内部形状所展示的，这些活动主要包括衍生式和组装式项目，低技术和中等技术项目以及常规和快速/竞争速度项目。

- **不能外包。** 以下活动不应外包：牵涉最新战略活动和新市场理念的活动，牵涉较高复杂度、需要细心整合各种子系统的活动，以及那些牵涉最新技术的活动。发明类工作包最好应该保留在整个项目内部；这一点由钻石模型的外部表示——突破式、超高技术和排列项目。

- **选择性外包。** 这一类型包括可能牵涉独有技术的工作。对整个项目来说，许多高技术项目包括的活动中所牵涉到的通常是不那么先进的熟知技术。因此，你应该仔细检查，以确定外包出去的部件不会损害你的竞争优势。你还应该在这一类中涵盖那些平台型、系统式和高速项目。

在本章中，我们已经总结了适应性模型对内部组织的意义所在，并且为人们提供了在项目规划和执行过程中将之付诸实践的使用指南。第十章将把我们带往外部环境，对各种工业环境中的不同市场和客户背景进行探讨。

图9-7 （a）工作包的外包；（b）整个项目外包

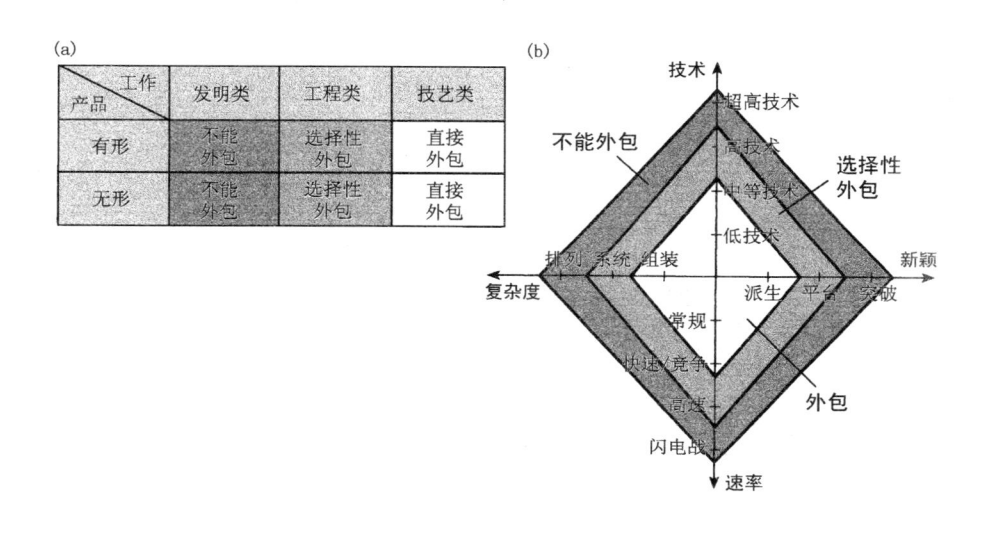

产品＼工作	发明类	工程类	技艺类
有形	不能外包	选择性外包	直接外包
无形	不能外包	选择性外包	直接外包

(b) 技术轴：超高技术／高技术／中等技术／低技术
复杂度轴：排列／系统／组装
新颖轴：派生／平台／突破
速率轴：常规／快速竞争／高速／闪电战

不能外包　选择性外包　外包

要点与行动项

- 一旦理解并接受了适应性的相关概念，你就能够比较容易地在自己根基已稳的实践活动中添加一些新的活动，并将本书中的那些理论融入项目规划和执行当中。
- 大多数相关文献都将项目执行描述为一种顺序的线性流程，但是没有哪一个项目会以一种纯粹线性的方式来完成其各个阶段的工作。项目活动在各个阶段反复出现，而且往往需要回顾之前的阶段，以重复或纠正之前的某一活动或决策。
- 你必须学习如何控制并管理项目的不确定性。不确定性主要有

第九章

两种类型:"什么"不确定性和"如何"不确定性。这两者分别对应产品要求的不确定性和技术规格及设计的不确定性,又分别由项目新颖度和技术来衡量。没有哪一个项目能够先确定最终产品要求,然后再开始产品的设计工作。这些不确定性要等到最终要求确定下来、设计最终完成的时候才能同时解决。

- 直到你确定自己完全理解客户需求时才对产品要求进行更新,直到你达到了能够满足这些需求的最优化设计时才修订产品设计——通过这一系列的反复流程你就能够减少项目的不确定性。反复的次数取决于初始时不确定性的层级。另外,在不确定性较高的项目中,你需要构建小型的模型,并启动试验计划来解决未知问题,之后才能开始完整的项目。

- 你应该通过一种系统化的流程来管理项目风险,这一流程包括对项目风险的规划、识别、分析、反应和监控。运用钻石模型来将风险源隔离出来,并将注意力集中在风险度较高的维度上。

- 不要有"计划你的工作,再把计划贯彻到工作当中"的想法,而应该遵循另一套流程,"计划部分工作,执行计划,然后重新计划下一项工作",以此类推。只为那些你非常确定不会变化的事情做好计划。项目不应该只有一个计划,而应该使用有着不同时间视野和不同细节程度的多级计划,应该根据前一阶段的结果和经验定期撰写短期计划。

- 为了提高组织效率,你应该寻找多个项目中标准的和反复出现的组件。这些组件或工作包可以根据任务结果和达成结果必需的工作类型来进行分类。任务结果可以是有形的,也可以是无形的,工作也可以分为发明类、工程类和技艺类。

- 运用钻石模型来对项目活动进行分类,区分为能够外包的活动和为了竞争原因而必须留在公司内部完成的活动。

第十章　市场与行业如何影响项目管理

本书贯穿了我们的这样一种想法：项目成功取决于如何调整项目管理风格以使之适合项目的目标、任务和环境。在本章中，我们将考察项目的外部环境，并展示钻石模型如何帮助我们确定不同背景中不同项目之间的区别。背景可能牵涉到具体的市场、行业、地理区域甚至不同国家，各自都有独特的文化。

本章将集中考察两种主要的项目背景：市场（即项目产品的客户）和行业（即项目运作其中的技术专业领域）。具体来说，我们将考察三种市场（或客户群）：顾客、行业或商业、公共或政府。之后我们将简要讨论项目管理在主要行业中的差异，比如建筑业、设备与系统业、制药业、软件业和流程业。

市场与客户如何影响项目管理

不同的客户与市场会有不同的行为和思维方式。因此，了解客户就是项目经理必须面临的重要问题之一。项目团队必须知道自己的客户在想什么；他们的主要问题是什么；他们如何决策，如何为项目注入资

第十章

金,如何沟通。项目团队还应该理解其客户组织工作的方式,并了解代表客户的工作人员。

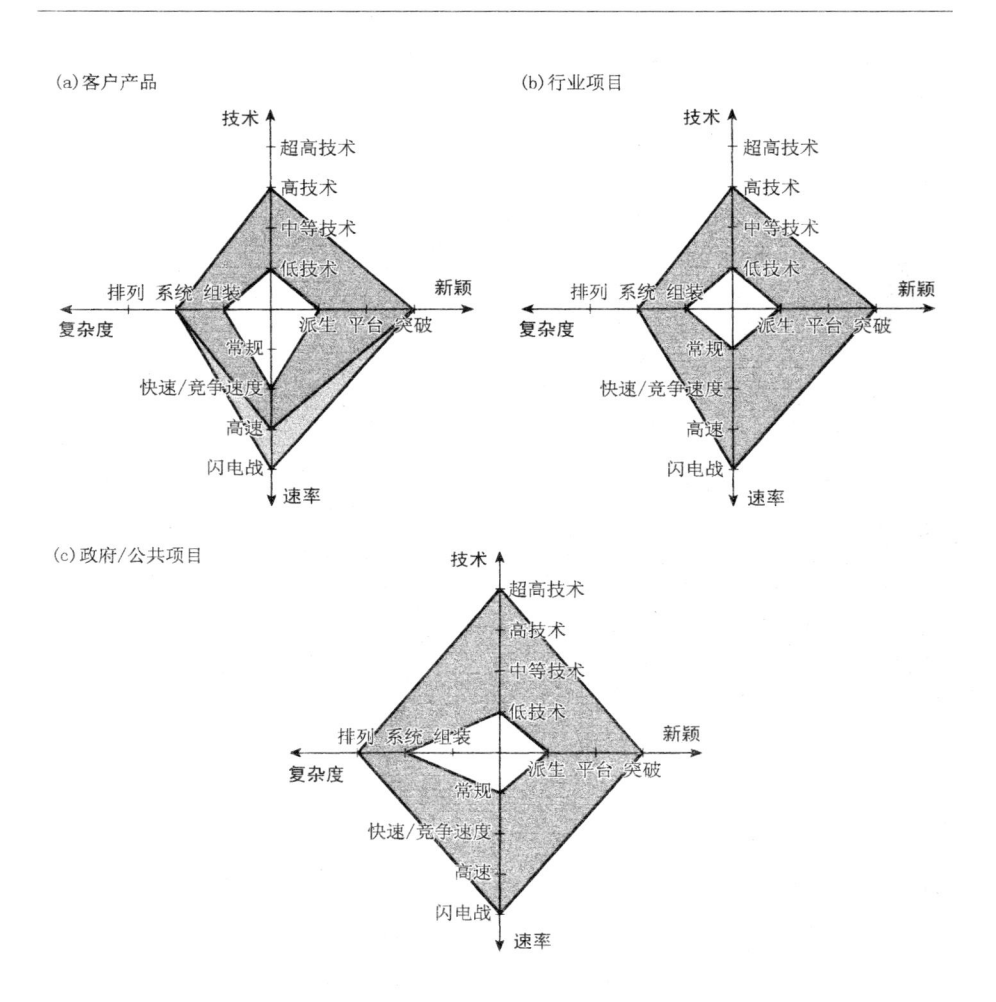

图10-1 针对不同市场的可能的项目类型

表 10-1　针对不同客户的项目之特征

特征	客户类型		
	顾客（B2C）	行业/商业（B2B）	政府/公共（B2G）
产品范例	MP3音乐播放器，个人电脑，汽车	AS/400，B777，ERP系统	哈勃望远镜，FCS，军队通信
给客户带来的价值	对生活质量产生影响	对商业的影响	对公共目标和需求的影响
生产商的目标	高销售额、市场份额	行业领袖位置，他人优先选择的服务提供者	长期关系
项目重心	高度重视时间、成本和质量	高度重视时间和成本	高度重视业绩
时间的重要性	推向市场的时间是一项竞争优势	交付时间对客户非常重要	有时会因为其他因素牺牲时间
产品定义	由营销定义；基于公司理解的客户需求、市场调研和预估	客户持续参与	由客户定义或与客户一起定义
项目范围：工作、目标、交付标准	由生产商定义	由生产商与客户一起定义	由客户定义或与客户一起定义
合同义务	无合同，内部承诺	外部合同，或者是内部承诺	合同项目，对客户有义务
审核	内部审核	内部或外部审核	客户审核
客户参与	无直接参与；通过市场调研小组或市场测试获得客户意见	有时会有客户的直接参与	密切的客户参与；往往在团队中会有一名全职客户代表
资助	内部资助	内部资助，或由与客户签订合同来提供资金	由客户根据合同提供
营销	大众营销，广告；品牌管理；分销渠道	行业形象的创建	投标竞争；注意力放在主要的决策者身上

第十章

表 10-1　针对不同客户的项目之特征（续表）

特征	客户类型		
	顾客（B2C）	行业/商业（B2B）	政府/公共（B2G）
生产准备	大规模生产准备，外包	大规模生产，或根据客户要求进行生产	有限生产；主要合同商的整合
可靠性	需要很高的可靠性	为了按时交付可能会牺牲可靠性	可靠性主要集中在安全问题上
风险问题	安全、健康、环境	按时交付	公共或政治考虑；安全
产品支持	服务的可获得性	培训、文档记录、及时支持	培训、文档记录、及时支持

表 10-1 展示的是基于以下三类客户群而对项目进行的分类：顾客（商业到客户，即 B2C）、行业或商业组织（商业到商业，即 B2B）和政府（商业到政府，即 B2G）。图 10-1 使用钻石模型对每一客户群特有的典型项目进行了描述，之后的讨论则对每一客户群的具体项目管理方法进行了比较。

针对顾客市场（B2C）的项目

顾客购买产品是为个人使用。针对顾客需求的企业目标通常是达到高昂的销售额、巨大的生产流，并占据市场份额。就顾客而言，他们将决定产品是否能在诸如健康、娱乐、交通、家务和食物等方面为他们提供服务或改善其生活质量，从而决定这些产品的价值。

生产商需要将注意力放在产品质量和成本上，必须尽早将产品推向市场。生产商拥有来自市场调研小组或市场调查的顾客反馈信息，借此决定产品的定义、要求和范围。通常，生产商与顾客没有直接关系，而且项目开始前不会签署任何合约。因此，项目的启动、资助和审核都必须在内部完成。营销的重心则必须放在大众市场、广告、品牌管理和高效的分销渠道之上。顾客产品的生产商必须尤其注意服务的可靠性、安全性和可获得性。[1]

图 10-1(a)展示的是顾客项目分类的四维体系。因为排列这个复杂度层级本身内含的高昂成本和物理性质,顾客项目不可能会达到这个层级。同样地,在必要的基础技术开发出来之前,顾客项目往往不会启动,因此很少会是超高技术项目。

但是这些项目很容易涵盖新颖度的所有层级,包括突破,以及速率的所有层级,包括闪电战[竞争对手侵入公司的独有领域或彻底改变竞争格局时就会出现这种情况,如图 10-1(a)中淡灰色区域所示]。比如,20 世纪 90 年代末,当戴尔发现自己已经错过了整整一个时代的笔记本电脑产品时,它迅速启动了一个应急计划来填补这个空白。这就是一个闪电战项目,启动的目的就是要尽量多地为公司争取失去的空间。

针对商业客户的项目(B2B)

为商业或行业客户制造的产品与那些为顾客制造的产品有着很大的区别。典型案例如电脑服务器、诸如中央空调系统的子系统或诸如ERP 的公司信息系统。这些项目为商业客户提供运营及改善其企业的手段和工具。因此,生产商必须考察其客户的企业。但是,产品的目标往往集中在创造行业领袖地位,维护其作为他人优先选择的服务提供商的地位,维护长期关系,反复进行销售。项目重心通常放在成本、时间和可维护性上面,目标是支持客户产品持续无障碍的高效运行。

生产商自己或者与客户一起定义产品、审核项目。通常的做法是自己资助项目,或者与客户建立合约关系,在后面这种情况下,客户为开发工作付钱,因此也就在很大程度上介入项目过程。但是,客户大多对交付时间和成本比较敏感。任何延迟都会影响到他们的企业。因此,只要

第十章

产品及时交付,他们可能会容忍可靠性方面的问题。最后,商业相关的项目在交付时通常还会附有大量的培训、维护和支持文档。[2]

图 10-1(b)展示的是商业相关项目的分类空间。这类项目基本涵盖了四个维度上大多数可能出现的项目。但是,就复杂度而言,往往不会有排列项目;这些项目的结果通常是子系统,或者是作为更大系统组成部分的 OEM 产品,或者是其他企业因为其运作而要求制作的独立系统。

和消费者项目一样,行业项目不会在必要的基础技术出现之前启动。因此,这些项目很少会达到超高技术这个层级。通常只有为政府客户或诸如大学的公共组织做项目时才会开发全新技术。而就新颖度或速率而言,你会发现商业项目涵盖了整个层级空间,从衍生到突破,从常规速度到闪电战,一应俱全。

下例展示的是为行业客户做的项目范例。生产商非常清楚自己与客户之间的关系,但却没有应对好项目的复杂度这个维度(我们将公司名称隐去以保护其隐私)。

行业闪电战项目:电线涂层项目

21 世纪初,美国一家主要的塑料供货商发现自己陷入了麻烦。在与最大的竞争对手竞争时,它丢掉了自己十大客户之一。这个客户担心用于生产塑料绝缘电线涂层的树脂质量不好,因为在把电线缠绕到巨大的储藏卷轴上时,这种涂层经常会裂开,天气冷的时候尤其如此。对这家公司来说,这是它们的核心产品,而且是主要的资金来源。这种树脂的产品让客户失望了三次,于是它们转向了该公司竞争对手的产品。这种情形糟糕至极:公司丢失了巨大的市场份额和数百万美元,必须在事情变得更加糟糕之前迅速采取行动。

公司组成了一个精英小组来寻找对策。和行业项目一样,这个小组与客户公司的工作人员紧密联系。最初,管理人员以为产品失败的原因是客户操作程序不当。但是当小组进入客户工作区来确定问题所在时才发现问题比他们想象的更加严重。这个小组意识到,公司必须对产品进行改动,否则就只能放弃这个客户。不过,高层管理安慰客户说,他们一定会解决好这个问题。

项目正式开始,小组获得六个月的时间来重塑产品。和市面上最好的树脂相比,新的树脂必须拥有同等甚至更好的性能,价格还必须有足够的竞争优势。项目获得了高层管理的绝对支持和参与。

六个星期之后,管理层重新审核项目计划,决定向整个体系中添加更多的应急方案。他们批准项目可以使用额外的人员,前提条件就是他们能够在不经培训的情况下就投入工作。当前计划的关键是以最快的时间进入市场。人们的想法是,首先夺回失去的市场份额,之后,如果树脂与现有的配方差别非常大,再重新设计产品以满足额外的控制要求。因此就有了一重新的限制:为了避开冗长的控制测试和批准过程,新产品需要拥有能与老产品等量齐观的属性和相似的构成组件。

尽管产品推出及时,但是制造又成了一个大问题。实验室使用小型设备获得了目标属性,甚至确定了关键的制造参数。但是,产品制造过程不仅需要采用新的健康、工程和安全实践方法,而且还需要新的原材料。这促使管理层在整个公司内提高产品的透明度和紧急程度。人们开始努力调动外部制造资源,并最终找到了一个解决方法。

结果却只是成功了一半。尽管人们开发出了一种让人满意的

第十章

新树脂,但是时间太紧,无法制造全新的产品以及相应的生产设施。而且不幸的是,在假期结束之前进行客户测试的机会已经溜走,客户只能在下一年年初的时候对新产品进行测试和检验,也就使得公司无法完成当年的预期商业目标。

现在我们回头来分析可以发现,公司对待商业客户的方式是恰当的持续介入、频繁汇报。然而,还是缺少了一些其他的因素。这个项目被当做是一个平台式、高技术、子系统(组装型)、闪电战项目。该项目所需的技术在公司外是为人所熟知的,但是对项目小组来说,在开始工作之前,这个技术却是未知的。不过,除了闪电战的速率之外,这一商业情境所面临的主要因素却是复杂度。考虑到生产过程中必须做出的变动,项目很难将这一解决方案融入到制造过程中去。因此,这个项目应该被看做是一个系统型项目,而不是组装型项目。图10-2中显示的是实际分类情况和必须分类情况之间的区别。

政府与公共项目(B2G)

与商业客户相比,政府客户的驱动力不是利润。相反,政府客户购买或定制某些系统产品,目的是为了满足公众需求:安全、健康、交通和教育。[3] 负责政府项目的人必须认清这一差异;他们应该知道,什么对客户来说是最关键的,而什么是可以妥协的。政府供应商应该努力寻求一种长期的合作关系,这样就能获得后续的制造、维护和支援合同,同时也能不断获得未来的订单。

政府往往通过投标竞争和提案评估来选择供应商。而且,向政府推销与向企业或普通客户推销有所不同。供应商要随时关注决策制定者

图 10-2　电线涂层项目

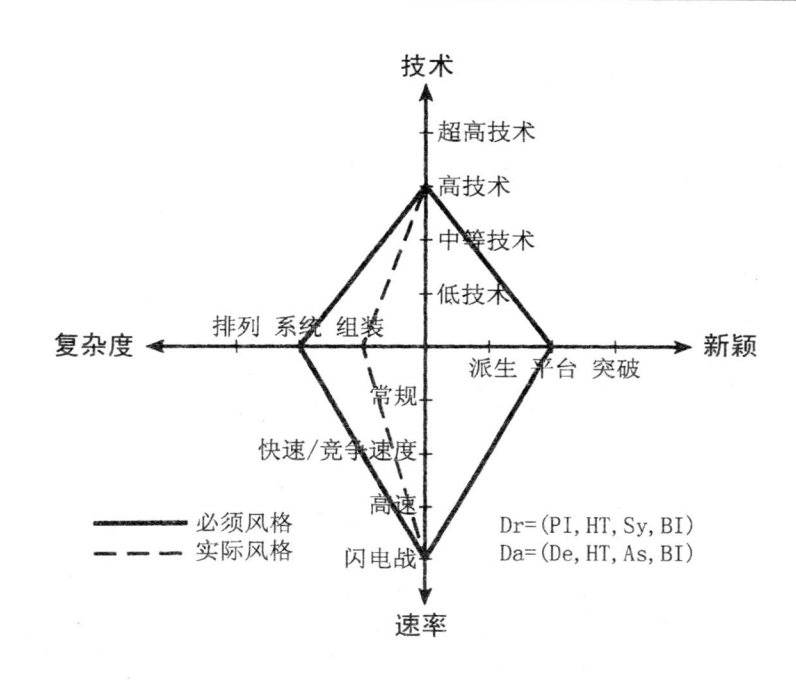

Dr=(PI, HT, Sy, BI)
Da=(De, HT, As, BI)

——— 必须风格
- - - 实际风格

技术轴：超高技术、高技术、中等技术、低技术
复杂度轴：排列、系统、组装
新颖轴：派生、平台、突破
速率轴：常规、快速/竞争速度、高速、闪电战

的动向,还要了解参与竞争的对手。尽管所有的政府合同商都有自己的营销部门,但是大多数此类营销活动都由高层管理者来完成,因为后者能与决策制定者建立起有效的关系。

政府客户最关注的是性能。政府代表往往会宣称,时间和成本非常重要(往往因为预算有限)。但是,与商业客户或消费顾客相比,政府客户的财政压力小,而且希望为用户提供最好的产品(尤其是国防产品)。因此,有时候为了性能可以牺牲时间。这也许是为什么很多政府项目都会出现延迟。

政府项目的客户与生产商关系密切:首先是定义客户需求和产品要

第十章

求,然后进入详细的合同关系,之后便是客户对正在进行的项目实行密切的监控。

在大型项目中,客户往往会派驻一位代表,与项目团队一起工作。最初,对项目团队来说,这可能是一个负担,但是从长远来说,这可能算是件好事。首先,代表的工作是确保团队循着正轨前进,实时、准确地处理客户的具体需求。最终,生产商将获益,能够随时确保自己的目标准确地定位为客户的预期。其次,客户代表能及时解决问题,提供答案。当出现干扰情况时,代表能够清楚地确定什么比较重要,什么可以牺牲。

第三,当客户代表回到公司面对主管时,往往成为项目的有力推动者。他们可能会告诉自己的上级,项目团队工作很棒,从而增强客户对合同商的信心。最后,有客户代表就意味着团队免费拥有了一位有智慧的工作人员,能够帮助大家解决问题、提供思路,甚至在必要时承担某些项目任务。一位优秀的客户代表,如果态度正确,关系处理得好,会成为项目的重要资源。

政府项目并不一定是为大规模生产而设(除了诸如飞机和装甲车辆之类的武器系统)。另一方面,这类项目通常会特别关注安全性,因为很多情况下,出现风险就可能意味着人员的伤亡。政府项目中的其他风险还包括诸如形象、公民支持和生活质量等政治和公共问题。和行业项目一样,政府项目交付时需要大量的文档、技术支持和培训。[4]

公共项目的启动方并不一定局限在国家机构,还可以包括地方机构如市政府,甚至是一些非营利性的机构。这类项目虽然有时候规模很大(建筑、交通系统、供水系统等),但是通常不会达到超高技术和突破型项目这样的层级。它们的管理方式与类似项目没有差异,主要关注焦点在民众的生活水平和安全保障上。不过,很多情况下,公共项目往往会因为地方政局以及当地权势集团利益而受到侵扰。[5]

因为公共客户的项目通常很大,所以它们的项目会涵盖分类各维度的所有层级,复杂度上的组合层级可能除外(见图 10-1(c))。另一方面,政府往往处于推动科技发展的最佳地位,有时候也承担推动产品出现新颖用途的角色。因此,政府项目更有可能延伸到超高技术和突破型项目的领域。很明显,空间项目就属此类。这些项目要探寻宇宙的边界,要努力完成影响最深远的科学任务,因此风险也就最大,最难管理。[6]

但是,公共项目有时也会成为闪电战项目。它们的启动可能是为了应对某一危机情况,比如造成成百上千条生命丧失的恐怖袭击或自然灾害。正如第三章中卡特里娜飓风的案例所显示的,此类应急项目获得成功的最大因素在于要提前制订应急计划,灾害来袭时要迅速采取行动,而手头没有信息,也没有详细计划时应该随机应变。危机出现时应不计成本和效益。

行业背景

影响项目管理的主要背景因素之一是项目所处的具体行业。每个人都知道,不同的行业有不同的项目管理方式。尽管你也能找到针对具体行业中项目管理的专门书籍和研究成果,但是行业间项目管理的差异却鲜有人意识到,并花时间去研究、调查、汇总。[7] 然而,对从业者、学生、教育者和研究者来说,了解其中的差异却事关重大。这些差异体现在很多方面,包括流程、工具、技巧、标准、应用,当然还包括专业原则和具体技术。

在一章的篇幅中不可能涵盖所有行业,也不可能深入探讨某一具体行业。因此,我们在这里只概述最常见的行业中项目之间的主要差别。正如我们将要看见的那样,没有哪一个行业会包含钻石模型中所描述的所有项目层级。这就让我们有了一些希望,因为没有人能够了解并

第十章

管理好所有类型的项目。但是对于教育者和学生来说,对总体情况有一个了解,能够为他们之后集中关注某一特定行业环境内的项目开一个好头。

主要行业

从众多行业中,我们选出了五个具有代表性的行业:

- **建筑行业**:大楼、公路、桥梁、公共设施等
- **设备与仪器行业**:为个人或行业客户而生产的实实在在的硬件产品,可能包含内嵌软件——医疗器械、汽车、机器等
- **保健行业**:药品、药物和医药产品
- **软件行业**:应用软件、公司规划系统、服务管理系统
- **流程行业**:诸如化学品、石油提炼物和塑料等产品的生产线

上面这个列表代表了一系列有着不同项目管理属性的行业。但是,我们也承认,其他行业在另一层次的分析中也是值得探讨的。这些行业包括汽车、金融、电影、保险、教育、咨询,等等。

每一种行业中项目管理之间的差异

表10-2显示的是根据五类行业区分出来的代表性项目类型。图10-3显示的是根据钻石模型而在每一行业中确定的可能项目类型。

正如10-3(a)所示,建筑行业项目在技术和新颖度上局限于最低的两个层级。突破型的建筑项目只有在非常罕见的情况下才出现,比如世界第一条地铁的建设(一百多年以前),再如设计绝无仅有的西班牙毕尔巴鄂现代艺术博物馆。但是,建筑项目也可以是非常复杂、非常紧迫的。20世纪50年代末,巴西在五年之内建成自己的新首都巴西利亚;

而就如我们在第六章中所描述的英吉利海峡一样,建造一座新城市是排列式的项目。在紧急情况下,比如战时,可能还会出现闪电战式的建筑项目。建筑项目通常由建筑师和结构设计专家共同设计。他们都处于严格的规定和政治限制之下,通常在工程蓝图获得批准、合同签署之后,在建筑正式开始之前,其设计就会定稿。

制造设备与仪器的项目最常见——其目的往往是开发诸如新手机、洗衣机、立体声系统和个人电脑之类的产品。此类项目往往同时兼顾硬件和软件开发。每一件家电、通信产品,甚至每辆车上都会装有嵌入式电脑,对该装置实施控制。装置可以很简单,体积很小,没有什么创新之处(只是衍生式的组装产品),也可以是体积很大,很复杂,技术很先进的产品。如图10-3(b)所示,它们可以涵盖我们钻石模型中所有类型的项目。大多数情况下,这类项目所牵涉的不仅是产品的开发,还需要制造批量生产所需的生产流线和设施。

如表10-2所示,医药保健行业中最重要的要素是需要获得法规部门的许可(如美国食品与药品监督局)。如图10-3(c)所示,该行业中,钻石模型的两个主要维度是新颖度和技术。药品开发项目往往具有创新性,因此也就有一定的风险。即便开发出的是一种通用药物(药物的通用版本,但是有效期已过),也会有安全风险,也需要官方的批准。就复杂度而言,药物通常可与一个子系统相比,但是当生产设施也成为项目一部分时,复杂度就可能上升到系统层级。

因为药品开发项目的生命周期往往较长(整个过程平均要花费12至15年),所以它们的速率往往维持在常规这个层级。但是在某些很罕见的情况下,通用药物的开发也可以是快速/竞争速度的,尤其是当几个公司在有限的时间框架内(根据现行规定是六个月)内相互竞争之时。医疗器械的开发过程相对于药物来说更简单、快速,但即便是这类产品,也需要政府的批准,其开发和测试也可能花费数年时间。

第十章

表 10-2 不同行业中项目的特征

特征	建筑	设备与仪器	行业 医药保健	软件	流程
典型产品	建筑物、道路等	软硬件整合；有形产品	药物、医疗器械	应用软件与服务	生产诸如石油、化学物质等材料的流程
关注点	功能与建筑美学	成本、产品性能和产品特性	对公众健康、寿命和生活质量的影响	功能、成本、升级兼容性	数量、成本、延续性、效率
产品定义	由客户或合同定义	由生产方和客户定义	由公司定义	由生产方和客户定义	由客户或生产方定义
规定、标准、审核	建筑行业不同而异；国防、汽车业等	因行业不同而异；国防、汽车业等	受相关规定要求以及耗时较长的审核流程影响非常大	基本没有规定；只有一些标准和成熟的模型	需遵守环保相关规定，需审核
流程	有条不紊的流程；根据蓝图建造；由设计公司设计；由合同商执行	由同一合同商设计并开发；由上至下的系统设计；首先建造子系统，然后进行系统整合	根据调研或筛选出来的方案来执行；试验流程较长，审批阶段较多	系统分析与开发；需要长时间的除错、测试和验证；不断发布新版本和升级	实验性流程设计、建造和测试；完整流程设计与建造
生产准备	产品与流程开发同时进行	大规模制造流程	无须制造	独一项目
风险问题	安全	生命和副作用风险	长时间延迟	危险物质、毒物、垃圾、环境
产品支持	因为劳务纠纷或政治限制而出现延迟；无法预见突发情况	保修、维护和服务	药物无须支持；某些医疗服务需要	服务与帮助台	维护

市场与行业如何影响项目管理

图 10-3　不同行业可能出现的项目类型

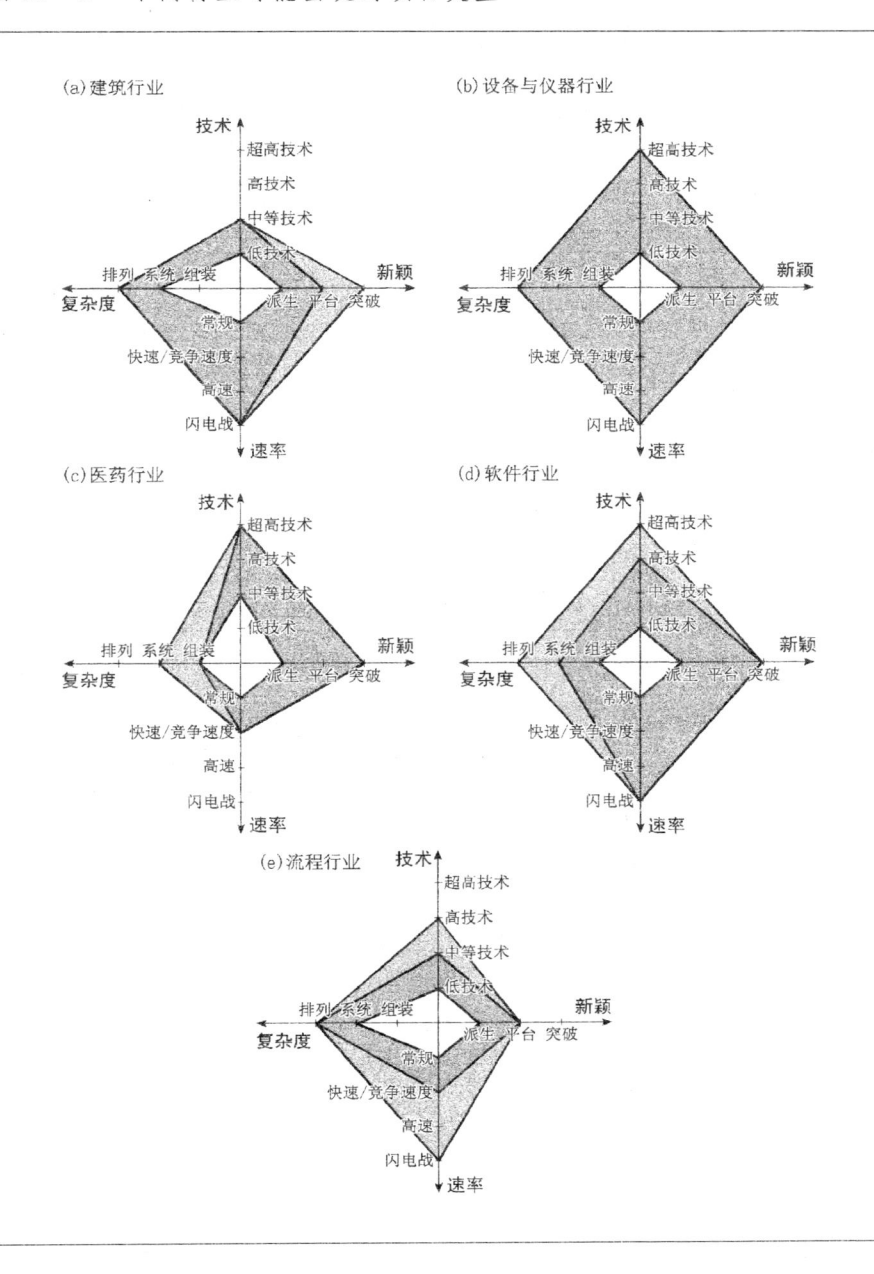

(a) 建筑行业

(b) 设备与仪器行业

(c) 医药行业

(d) 软件行业

(e) 流程行业

第十章

大多数的软件项目都是独特的,原因就在于没有哪一种硬件天生就是该项目的一部分。尽管服务或商业软件系统(比如 ERP 或办公自动化)都需要硬件基础设施来运作,但是这种基础设施都建立在购自其他公司的标准硬件之上,并与软件包整合在一起。软件开发的主要麻烦之一就在于,它需要广泛的编码测试和验证。这一过程所花费的时间往往与撰写编码的时间相当,而且在某些公司里,它还牵扯到来自多个软件开发商的不同开发团队。这就要求在公司内做很多的协调工作,撰写一种共同的交流语言。

很多软件项目对市场来说都是新颖的、富有创新性的,但是它们基本上都依赖现有的技术。在很罕见的情况下,当全新一代的软件开发出来的时候(比如使用一种尚未经验证算法的软件),项目就可能会上升到超高技术的层级。软件项目往往是系统式项目;但是当它们部署在不同地点,整合成为一个复合网络时,它们就达到了排列型的复杂层级。AT&T 公司是此类项目的典型范例,它曾更换了全美国际电话网络主要转接站的所有工作软件包。图 10-3(b)展示的是软件项目的划分空间,淡灰色区域代表的就是这些较为罕见的超高技术或排列型项目范例。

流程项目往往局限在较为狭窄的划分空间之内。流程项目很少是组装或高技术项目。因为其规模较大,这些项目在完整设施组装完成之前,通常会有实验性的生产过程。大多数情况下,流程项目或者是常规速率,或者是快速/竞争速率。但是,也会出现例外情况,让这些项目变成闪电战项目。当一条主要生产线因火灾、事故或其他类似原因而被毁时,就可能对环境造成巨大的损害,正如乌克兰境内当年切尔诺贝利核电站事故一样。在这种情况下,就需要立刻采取紧急措施来减少损失。

现在我们已经对商业、市场和行业等项目的外部背景进行了探讨,最后一章中我们将对模型背后的理念进行总结，并为企业如何将适应性方法运用于实践拉出一个严密设计的行动项目单。同时，我们也将提供我们对项目管理未来发展的一些想法。

要点与行动项

- 不同的客户和市场，其行为和思想也不相同。因此了解客户就成为任何项目经理都必须面对的最重要的问题之一。本章根据三种不同的客户群对项目进行了区分：顾客（B2C）、行业或商业组织（B2B）和政府（B2G）。
- 顾客购买产品是为个人使用。产品价值对顾客来说就是改善生活质量。生产商需要将注意力放在产品质量和成本上，而且必须尽早将产品推向市场，从而在竞争中占有一席之地。
- B2B项目为商业客户提供运营及改善其企业的手段和工具。生产商必须考察其客户的企业，项目重心通常放在成本、时间和可维护性上面，目标是支持客户商业活动的高效运行。因此，产品在交付时通常还会附有大量的支持要素，比如文档和培训，而生产商的目标往往集中在创造行业领袖地位，以及与客户维持长期关系之上。
- 政府购买的是对公众需求和安全产生影响的系统产品。政府项目可能牵扯诸如公共形象、公民支持和生活质量等政治和公共问题。政府客户的时间压力小，而且希望为用户提供最好的产品（尤其是国防产品）。政府项目交付时需要大量的文档、技术支持和培训，而生产商则需要与客户保持长期的合作关系。
- 对项目管理造成影响的另外一个主要环境要素是项目运行所在的行业。不同的行业有不同的项目管理方式。本章对几种常见

第十章

行业中的项目、项目管理实践之间的主要差异进行了总结,这些行业包括:建筑、设备与仪器、医药保健、软件和流程。

第十一章　为你的企业重塑项目管理

企业环境越来越项目密集化,因此也就是时候释放项目中所内含的能量了。项目成功率较低,这一点要求企业更加关注其项目活动,关注项目的潜力及其带来的竞争优势。不幸的是,正如我们在本书中所指出的那样,人们对项目关注得太少,往往被高层管理者忽视,导致项目管理者只能独立苦撑。项目管理这门学科又无法提供很多实践性的指导,它关注时间、成本和业绩这三个目标,严格地将之当做成功的标准,但是却忽略了非常关键的一点:项目的启动往往是因为商业需求。

正如我们所论证的,改进项目管理就意味着巨大的机遇。毕竟,企业单靠提高效率的运营活动能走多远呢？企业很快就会达到效率的最大极限,而任何进一步的改进措施都无关大局。在我们这个时代,每个企业都必须做出改变,而唯有通过项目才能做出改变。没有项目,就没有哪种新战略、投资计划、理念、革新或企业能够取得进展及获得成功。

现在是时候来学习新规则了,通过学习,决策者和管理团队就能知道,陈旧的管理方法之外还有另一条更好的路可走。我们的适应性方法以钻石模型为标志,为项目管理者和团队提供了一幅指导图、一种新的语言,让他们能够就项目和项目运行的最好方式预制规划、相互沟通、做

第十一章

出决策。

在最后一章中,我们将回顾本书中曾提到过的主要经验和教益,然后概述决策者能够采取的行动项;这些行动项能帮助他们将本书的思想付诸实践,将企业的项目管理转变为有形的竞争资源。最后,我们会提出自己对项目管理未来发展的一些想法。

主要经验和教益

- 项目管理并不是在时间、预算和目标要求的限制范围内交付产品,而是在公司短期和长期目标指引下,满足客户需求,创造商业成果。
- 项目管理的过程是非线性的,不可预期的。项目启动时,大多数现代项目都会遇到不确定的和未知的因素,而且往往也很难预测项目会如何收尾。因此,项目规划就不可能是一次性的活动,不可能在项目之初就一劳永逸地解决所有问题;相反,你必须以一种适应性的、灵活的和不断反复的方式来规划和管理项目,随时根据自身变化、项目进度和环境的动态发展做出调整。
- 项目规划时应该根据公司和客户的需求及早确定人们对项目的预期。不要将时间、成本和目标要求当做成功的判别标准,你需要做的是确定在项目完成时人们会如何判断项目。这一判断通常会基于以下五个维度的因素:效率、对客户的效力、对团队的效力、商业效益和对未来发展的影响。每一维度都由若干次维度组成。有必要的话,你还应该根据你所在的行业、企业和项目确定其他具体的衡量维度和标准。另外,你也应该确定失败的衡量标准——也就是,哪些地方可能出错——然后在确实出错时采取能保护自己的措施。

- 项目管理并不是一项有通用实践方案的活动，并不存在一套对所有项目都适用的规则和流程；相反，项目管理受具体形势和情境限制，一个尺寸不能适用所有项目。为了获得成功，你就必须使用适应性的项目管理方法，根据环境、目标和项目任务来调整项目管理风格。

- 为了帮助管理者识别潜在的风险和优势，然后借此为每一个项目选择适当的管理风格，本书使用了钻石模型和钻石分析工具，根据新颖度、技术、复杂度和速率这四个维度将项目进行分类。每一维度都包含三到四种项目类型，并以独特的方式对项目管理产生影响。

- 新颖度代表的是项目目标的不确定性和市场中的不确定性因素。它衡量的是项目产品对客户、用户和市场是否新颖，借此来提前衡量产品要求是否清晰。新颖包括三种类型：派生、平台和突破。它会影响到市场数据的准确性，还会影响最终确定产品要求所需的工作量、时间和反复的次数（包括模型的数量）。

- 技术代表的是基于项目所使用技术的任务不确定性——即完成项目所需的技术有多新颖。技术包括四种类型：低技术、中等技术、高技术和超高技术。技术影响最终确定设计方案所需的时间和反复的次数、技术活动的密集度——如设计、测试和模型制作——以及对项目管理者和团队技术能力的要求。

- 复杂度基于产品和任务的复杂程度。此维度包括三种类型的项目：组装、系统和排列。复杂度影响项目的组织方式以及管理项目所需机构设置的复杂程度和正式程度。

- 速率代表的是项目的紧急性——也就是说，完成任务有多少时间可供支配。速率包括四种类型：常规、快速/竞争速度、高速和闪电战。该维度影响你的规划和审核、项目团队的自主性以及最紧

第十一章

急项目中高层管理者的介入情况。

- 在挑选项目组时,你可以根据其商业目标来对其分类,不管它们处理的是现有的还是新开发的商业领域,也不管它们面对的是内部还是外部客户。这一分类过程产生四个项目组。你应该根据公司的政策和战略为每一组分配项目资源。只有到这个时候,你才能够根据每一组的具体标准在其内部选择单个项目。

- 应该根据创新类型来对之进行管理。钻石模型让你能够为每一类型的创新选择正确的管理方法。

- 适应性方法的应用并不难。首先,你要将项目执行当做是一个反复的过程,而不是线性的流程。这就意味着,在执行过程中,你需要根据项目最初的不确定性和之后的新情况不断修改项目定义和项目规划。其次,在项目执行过程中,你需要为传统的项目管理程序添加一些新的步骤和行动项,根据具体的项目类型对管理程序进行调整。在规划阶段,你应该确定预期的成功和失败标准:决策者和管理团队对如何判断成功和哪些地方可能出错的预期以及双方达成的共识。在这个阶段,你还应该评估项目类型对项目管理方法所产生的影响,根据适应性方法和具体的项目类型来确定你需要采取的行动。

- 对不确定性因素较多的项目,你需要进行小型的试验,在工作全面铺开之前减少不确定性。同样,项目需要以一种模块化的方式来识别进程当中的标志性事件,借助模型来让团队在设计最终定稿之前,对产品要求、技术规格和设计进行调整。

- 项目计划可以包含三个层次。首先,制订总计划,列举整个项目过程中的主要里程碑事件,借助总计划这个平台向高层管理者汇报并与之交流。其次,制订一系列中层计划,时间框架都设定为几个月。定期更新这些计划,然后在其基础上向中层管理者汇报并与之交流。最后，制订非常详细的工作计划，每月更新，同时涵盖项目团队中每个成员的每一项活动。

- 项目可以帮助我们改善组织和行动的效率，减少成本。你应该根据结果（有形的和无形的）以及达成这一结果所需要做的工作（发明类、工程类和技艺类）对项目构件和工作包进行分析。这样就能确定每一构件中所牵涉的困难和风险。然后，你应该找出企业中不同项目之间共有的构件，创建操作系统来有效率地构建这些构件。整个项目或项目某部分的外包工作也应该根据钻石模型或工作包分析进行类似的评析。

现在，让我们来详细看看首席执行官和高层管理在将本书理念付诸实践时可以采取的具体行动。

将新做法付诸实施

- 将项目管理当做是你下一步工作中竞争资源的核心。要让所有层次的管理者都进一步认识到项目的潜力。要让大家都清楚地认识到，项目管理不仅仅是项目经理的事。它应该成为每一管理层上每一个人的职责：市场、销售、广告、制造、工程、质量，等等。每一个人对项目成功都要负责。为项目经理创造一条事业途径（本章稍后会对这一点进行更详细的阐述），指定一位决策者做项目主管官。

- 将项目看做投资，而非成本。你在项目中的投资可能是为企业所做的最好投资，有时甚至比资金投资更为重要。

- 召集最好的人来领导项目。千万要抵制住这样的诱惑（和常规做法），也就是将最好的人放在运营管理之上。要牢记，管理运营要

第十一章

比管理复杂的、不确定的项目容易许多。只有项目选择得正确，完成得出色，它们未来带来的运营活动才有利可图。

- 将流程创建看做项目。本书中的模型不仅适用于新产品开发或建造，而且还适用于流程创建或基于流程的服务的创建。
- 要创建及早发现失误的机制。不要只使用日期来进行记录，而要同时使用短期规划、执行间歇期和里程碑事件等工具。
- 要执行一种能鼓励项目经理在提前规划和制作模型上超支投入的政策，这样就能迅速地、小规模地尽早发现大型项目中的未知因素。

为项目管理创建组织框架和操作手册

就环境、商业、人员和技术等方面而言，每一个企业都是独特的，因此本书中推荐的模型可能涵盖大多数企业，但不可能涵盖所有企业的方方面面。一个企业应该首先确定在管理其项目组和单个项目中的具体需求。你的需求可能包括项目组管理、资源分配、技能开发、项目组织、项目场所以及其他具体需求。

确定了具体需求之后，你必须画出最有价值的模型，以对你的项目进行定位。比如，技术不确定性对建筑公司来说可能并不是一个有用的维度，因为它的所有项目都使用同一层级的技术。但是，其他相关的维度却很有用，比如复杂度和速率。同样，医药行业的公司可能需要根据风险层级来对项目进行分类，并确定每一类型的项目所需的临床测试。

下一步骤是为项目管理创建操作手册，概述相关的模型和维度，以对项目进行分类。操作手册还应该为每一种类型的项目提供相关的管理方法。

本书很多篇幅都用来定义不同项目类型的管理流程。小型项目的管理流程有别于大型项目,低技术项目也与高技术项目不同。比如,你的操作手册中可能包含公司不同类型项目的周期和典型阶段,主要的里程碑事件和审核节点,那么它就还应该描述每一节点上需要做出的决策以及必要的文档记录。操作手册还应该包含项目规划、汇报、监控和协调所需的具体工具、模板、文档和特定的应用软件。

为项目组管理和项目挑选制定政策

建立起项目区分的独特方法之后,你接下来应该为项目组管理制定一套政策——也就是选择项目并为之分配资源。为此,你首先需要对众多的项目提案进行初步分类。比如,延伸现有贸易范围的项目和创建新贸易领域的项目,或为内部客户服务的模型和为外部客户服务的模型。对项目进行初步分类之后,决策者就可以根据公司的战略、市场地位和战略目标来分配资源。一旦资源分配完毕,某一项目提案组的所有项目都可以根据设定的独特标准来进行比对。

安排项目管理培训活动

根据具体的项目管理需求,你需要为不同层次的项目经理和不同的项目类型制定特定的培训课程。很明显,小型项目的管理者往往比较年轻,经验较少,需要比较基础的培训,而对复杂度高、不确定性大的项目来说,其管理者也就需要由更有经验的人员来提供更高层次的培训。你可能还需要建立一种内部认证体系,不同的注册层级反映出不同阶段的项目管理熟练程度。

内部培训应该教授项目管理理论的一般性内容,同时还应该包含真实世界中的实例和经验。另外,培训内容应该包含你自己的模型和流

第十一章

程,应该包含内部经验教训的学习以及对之前培训活动中的项目案例研究(包括失败的案例),这样就能将经验教训代代相传。

为项目经理开辟事业发展路径,为人员遴选制定标准

仅有培训是不够的。如果公司希望将项目管理转化为公司的核心竞争优势,它就应该长期在项目管理上、在项目经理的事业发展上进行投资。首先,你应该为项目经理的遴选制定清晰的指导原则和标准。项目经理的遴选不应基于他们的技术能力(实际情况却往往相反),而应该确定一整套清晰的标准,包括领导能力、沟通能力、组织能力、自信与主观能动性以及大局把握能力。

你还应该为项目管理确立一条清晰的事业发展路径。项目管理不应该是一种一次性的任命,而应该成为一种职业岗位,其专业知识应该被看做是公司的宝贵资源。能够沿着项目管理阶梯攀登至决策层(项目主官和首席执行官)的人员应该予以足够重视。公司应该对项目经理的成长过程进行监管。年轻的项目管理者在事业初期应该有导师引导,成熟的项目经理应该作为指导者和顾问参与到培训活动当中。

在项目中创建一种学习的氛围

每一个项目都是一次独特的学习机会。情况不断变化,不断需要做出决策,也会不断犯错。每周、每个里程碑事件都能学到东西,项目结束时更是如此。但是鲜有企业有记录、存档、经验交流的习惯。比如,不管项目何时终止,总有必须总结的宝贵经验。但是项目经理(也许这是人的本性所致)往往不愿意讨论不足之处,而更愿意埋头前行。

公司的决策者和首席执行官应该在项目中注入一种学习的文化。

一有机会或一旦有主要事件完成,就应该总结经验教训,项目完成后(不管是失败还是成功),应该以总结报告的方式进行记录,描述获得的经验教训——这应该成为一种习惯。总结报告出来之前,所有的团队成员都应该详细讨论成功与失败之处及原因所在,然后可以通过内部网络将总结报告分发到公司各个部门。这样,公司就能保留住整个组织的过往,从而避免错误和失败重复出现。

另外,你还应该挑选几个作为样板的关键项目,对之进行范例研究,并展示给整个企业。这些使用同一格式进行分析的范例,将成为内部培训和教育活动的学习工具。每一个范例都应该包含完整流程、具体学习案例以及包含主要经验教训的决策层总结报告。

附注:教育者和学者的角色

项目管理教育往往关注传统的做事方式。现有的大多数教育活动教授给学生的都是规划工具、日程制定、风险管理、采购等基本内容。但具有讽刺意味的是,大多数主要商学院的课程表中并没有项目管理的课程,这一领域的学术、教育需求主要靠工程或技术管理学院来满足。

然而,正如本书所指出的那样,项目管理不仅仅适用于技术环境。我们预测,如果优秀项目管理的需求不断增长,优秀教育的需求也会水涨船高。这对主要的商学院来说是一大机遇。首先,应该在现有授课计划中添加项目管理课程。其次,应该扩大教育中的管理课程范围,适应性和战略性管理方法这个方向应该有更多的学术研究项目。最后,项目管理中的咨询和培训行业同样可以发挥相似的作用。

而且我们相信,项目管理的现有状态同样为研究界提供了巨大的机遇。如果项目管理能够争取到组织理论和管理科学这个学科中主要学者的关注,那么就能产生一种双赢的局面。研究者会发现一片内涵丰富

第十一章

的处女地，理论内容较少，因而能够将他们的经验和方法应用其中，从中研究出新的框架，开发出新的研究领域。这样，在这个长期缺少关注的领域就能不断涌出新鲜的理念和知识。

最终的思考：项目管理的明天会怎样？

本书伊始，我们就探讨了今日项目管理这个学科中所存在的缺陷——过于关注在时间预算和具体规格要求的范围之内完成项目，而现有的项目管理知识库也抱有一种先入为主的想法：一种方法就能打遍天下。这种方法的基础是一种死板的、线性的、可预见的项目规划和管理模型。在本书中，我们尝试着构建了一个基于研究的实用方法，灵活而有适应性，让公司能够以一种严谨、系统的方法来应对现代项目中充满变数和不确定性的态势。

接下来呢？在我们看来，项目管理似乎是大多数企业中的核心活动，而且这一情况将继续发展。我们希望，本书中展示的理念能够起到抛砖引玉的作用。未来肯定会出现更多的理论和框架，会让我们更深刻、更好地理解项目这个现象。这些理论和框架也会影响到未来的教育、研究和项目管理的实践。我们预测，在接下来几年里，项目管理将会发展成为一种更具有战略性的活动。[1] 项目经理和团队将学到如何把注意力更好地放在商业结果上，而不仅仅是放在"完成任务"上，而且他们还会以更强力、更严厉的方式来关注项目的预期效果，不仅关注对客户的预期效果，更关注对公司根本实力产生的影响。

附录一　我们的研究步骤

我们对项目管理的研究开始于20世纪90年代，本书的基础就是这15年的研究。在这段时间里，我们收集了美国和以色列超过六百个项目的数据。我们的研究分为好几个阶段，模型也经历了一个长期、反复的渐进过程，过程非常艰辛，不断在数据和理论之间来回逡巡。有些模型一开始就明确下来，但是其他的都是在数据不断收集和测试之后才逐步发展起来。

同样，我们遇到不断出现的具体项目类型之后，大局才最终确定下来，不受额外数据的影响。有些项目表现出额外的（模型之外的）特征；对这些项目，我们在书中作为特例提及。

我们的研究分为以下步骤和阶段：

- 首先是概念阶段，提出技术对项目管理风格可能产生的影响（申哈，1991，1993）。根据技术不确定性的不同层级，我们区分出四个项目组。1992年，我们使用这一概念对航天飞机开发项目管理进行分析，并探讨了该项目对"挑战者号"事故的意义（申哈，1992）。之后不久，我们根据一个包含各种系统和子系统的层级结构增加了复杂度这个概念（比如申哈，德维尔和舒尔曼，

附录一

1995)。在最初的数据收集阶段,我们记录了 26 个项目案例,在这些案例上应用了多案例研究方法,集中考察单一场景下的动态因素(殷,1984;艾森哈特,1989)。数据分析让我们得以证实自己的假设,即技术不确定性和系统复杂度的层级不同,项目和项目管理风格也确有不同(申哈,1998)。

- 下一步是收集以色列商业、国防和非营利机构领域中 76 家公司 127 个项目的量化数据。我们研究的项目中,预算最低是 4 万美元,最高达 25 亿美元,持续时间也从三个月到 12 年不等。我们使用这一数据来建立起项目管理的类型理论(申哈和德维尔,1996),并将经典的权变理论延伸到项目管理领域(申哈,2001)。在这一阶段,我们开始探讨项目成功维度这个问题。根据之前对战略性商业单位成功维度的研究(德维尔和申哈,1992),我们尝试着将平衡计分卡的概念应用于项目研究中。数据显示,我们可以根据至少四个不同的成功维度来评估项目成功与否(申哈、德维尔和列维,1997;申哈、德维尔、列维和马尔兹,2001)。

- 第三阶段的中心工作是拓展已为人熟知的项目成功要素概念,将之用于项目类型的区分,同时还继续对项目之间的差异和成功维度展开研究。在这一阶段的研究中,我们收集了 110 个国防项目的数据。这些数据既有定性的,也有定量的,对每一个项目,我们都会采访项目内外的两到三位股东。这一阶段有以下显著特征。首先,我们得以证明:不同类型的项目有不同的成功因素(蒂什勒、德维尔、申哈和利波维斯基,1998)。其次,我们测试了哪种维度对项目分类产生的影响最大,结论是复杂度这个维度影响最大。(德维尔、利波维斯基、申哈和蒂什勒,1998)。最后,我们对项目成功维度的相对重要性进行了测试,发现"给客户带来的利益"是其中最重要的因素(利波维斯基、蒂什勒、德维尔和申哈,

1997)。

- 之后,我们开始收集美国的项目,从中挑选额外的案例。最终我们对来自各行各业的280多个案例进行了详细的研究。我们与几家大公司和政府机构进行合作,获得了许多独特认识,也从而有机会评估这些框架在实践运用中的表现情况。在这一阶段,我们为我们的模型添加了速率这个维度(申哈、德维尔、莱齐勒和波利,2002)。

- 直到我们准备撰写此书,我们才意识到,三个维度还无法涵盖产品在市场中的新颖程度。因此,我们借鉴了史蒂文·惠尔赖特(Steven Wheelwright)和吉姆·克拉克(Kim Clark)的区分方式(1992),并将新维度命名为"新颖度"。数据证实,这的确是一个独立的维度,而且和其他三个维度一样对项目区分有着重要意义,钻石模型因而最终成形。

附录一

附录二　项目成功评估调查问卷

请根据项目的情况对下表中每一项做出回答,标示出你对其中的表述同意或反对的程度。

	强烈反对	反对	同意	非常同意	N/A
S_1　项目效率					
S_{11}　项目准时或提前完成	□	□	□	□	□
S_{12}　项目完成时花费在预算范围之内或小于预算	□	□	□	□	□
S_{13}　项目仅做出微小变化	□	□	□	□	□
S_{14}　其他效率衡量标准都达到	□	□	□	□	□
S_2　对客户/用户的影响					
S_{21}　产品提高了客户的业绩	□	□	□	□	□
S_{22}　客户很满意	□	□	□	□	□
S_{23}　产品满足了客户的要求	□	□	□	□	□

附录二

S_{24} 客户正在使用产品	☐	☐	☐	☐	☐
S_{25} 客户在未来的工作中还会再回头	☐	☐	☐	☐	☐

S_3 对项目团队的影响

S_{31} 项目团队非常满意,动力十足	☐	☐	☐	☐	☐
S_{32} 项目团队对项目非常忠心	☐	☐	☐	☐	☐
S_{33} 项目团队士气高昂,精力旺盛	☐	☐	☐	☐	☐
S_{34} 项目团队认为项目做起来很开心	☐	☐	☐	☐	☐
S_{35} 团队成员获得了个人成长	☐	☐	☐	☐	☐
S_{36} 团队成员希望留在企业中	☐	☐	☐	☐	☐

	强烈反对	反对	同意	非常同意	N/A
S_4 商业与企业直接成功					
S_{41} 项目从经济和商业角度上看获得了成功	☐	☐	☐	☐	☐
S_{42} 项目增加了企业的利润率	☐	☐	☐	☐	☐
S_{43} 项目投资获得了积极回报	☐	☐	☐	☐	☐
S_{44} 项目增加了企业的市场份额	☐	☐	☐	☐	☐
S_{45} 项目提高了股东的持股价值	☐	☐	☐	☐	☐
S_{46} 项目提高了企业的直接业绩	☐	☐	☐	☐	☐

S_5 **准备未来**

S_{51} 项目结果会对未来项目产生积极影响 ☐ ☐ ☐ ☐ ☐

S_{52} 项目将带来额外的新产品 ☐ ☐ ☐ ☐ ☐

S_{53} 项目将会帮助企业开发新的市场 ☐ ☐ ☐ ☐ ☐

S_{54} 项目创造了能在未来投入使用的新技术 ☐ ☐ ☐ ☐ ☐

S_{55} 项目带来了新的商业流程 ☐ ☐ ☐ ☐ ☐

S_{56} 项目创造了更好的管理能力 ☐ ☐ ☐ ☐ ☐

S_6 **与该项目相关的其他成功维度。请写下来并做出评估**

S_{61} ☐ ☐ ☐ ☐ ☐

S_{62} ☐ ☐ ☐ ☐ ☐

S_7 **总体成功**

S_{71} 总体来说,项目获得了成功 ☐ ☐ ☐ ☐ ☐

附录二

附录三A 构建项目管理的权变方法

要想了解企业区分项目的基本方法,我们可以看看经典的创新权变理论。该理论认为,不同条件需要不同的组织设置,组织的有效与否取决于结构变量和环境变量之间的匹配程度。[1]

但是在现代项目这种动态、短暂、瞬息万变的情况下,经典的权变理论如何才能发挥作用呢?和公司不同,项目是临时性的组织,时间上受限,往往位于某个更大组织的内部,而且执行的任务往往是以前没有遇到过的。

颇具嘲讽意味的是,这一经典的理论并没有对当代项目管理产生什么重要的影响。[2]尽管过去提到过很多不同的理念,但到目前为止还从未有一个标准的、基于实证研究的模型被人采用过。[3]然而,在探寻项目之间的主要差异时,我们还是能给出一些论断。[4]首先,项目是从未遇到过的任务,这一本质属性自然让我们得出结论:不确定性应该成为项目分类挑选的一个主要维度。[5]其次,有些项目可能比其他项目要复杂,因此任务和组织的复杂性又成为项目分类的另一个维度。[6]值得一提的是,早有人将不确定性和复杂度作为项目分类的基础。[7]最后,既然每一个项目都有时间限制,那么我们自然就能将时间限制看做是项目分类的基础之一。[8]

基础理论框架:UCP 模型

我们的研究最初确定了三个维度来对项目任务进行分类,即不确定性(Uncertainty)、复杂度(Complexity)和速率(Pace)。当这三个维度组合在一起,我们就称之成为 UCP 模型,在挑选适当的管理风格时,这三者构成了一个没有背景要求的理论框架(见图 1)。[9]让我们更详细地来看看这三个维度,看看它们会以怎样的方式影响项目管理。

图 1　UCP 模型

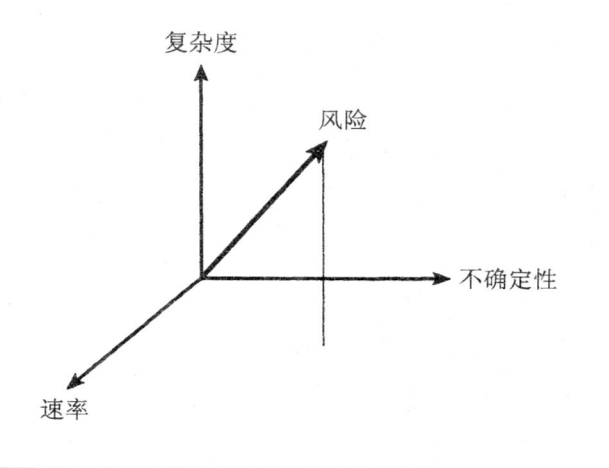

```
复杂度
  ↑
  │      风险
  │     ↗
  │   ╱
  │ ╱
  └──────────→ 不确定性
 ╱
↙
速率
```

不确定性:
项目启动之时

复杂度:
规模、要素的数量、变化、相互关联性

速率:
可用时间的多少

- **不确定性**。不确定性指的是在项目启动时我们不知道的东西有多少。不同的项目在启动时会呈现出不同的不确定性层级。项目不确定性可以是外部的,也可以是内部的,由环境、具体任务内容以及完成任务的能力确定。比如，首次将人类送上月球是一项不确定性非常大的任务。这是一项庞大的使命，技术不确定性很大；相反，不管是就任务内容还是手段来说，民宅建筑的不确定性就比较小，而对结果的预测也相对较容易。因此，一开始就准确地评估并确定项目的不确定性，对项目管理来说至关重要，会直接影响项目的计划、资源、产品要求的确定、所需的时间和项目的方方面面。

- **复杂度**。复杂度取决于产品和任务的复杂度——具体而言就是产品结构、功能、组成要素的数量和层次、子任务及其相互之间的关联性。复杂度与不确定性有所区别。有些项目不确定性少，但是却很复杂。建造一个包含数百栋楼房的小区可能是一个非常复杂的项目，但是就其手段和执行能力来说却能做到比较确定。产品和任务的复杂度可能会对项目组织的复杂度产生影响，对用来规划和监督项目的流程和工具产生影响。

- **速率**。第三个维度牵扯到时间目标的紧急性和重要性。速率取决于项目完成的可用时间和紧急程度。当"阿波罗13号"处于无法返航的危险中时，挽救宇航员的项目就变成了一个危机项目。与之相对，悉尼歌剧院建成时，对决策者来说，时间发挥的作用并不大了。同一个目标，如果速率不同，那么所需的项目结构、管理焦点和决策速度也就不同。

附录三 A

附录三 B 项目分类调查问卷

项目编号_____   项目名称_____

1XX 行业	☐ 01 医药	☐ 11 广告
	☐ 02 消费电子产品	☐ 12 娱乐
	☐ 03 电子通讯	☐ 13 保健
	☐ 04 信息技术	☐ 14 保险
	☐ 05 金融服务	☐ 15 建筑
	☐ 06 汽车	☐ 16 旅游
	☐ 07 国防	☐ 17 咨询
	☐ 08 能源	☐ 18 电子商务
	☐ 09 软件	☐ 19 其他 _____
	☐ 10 制造	

产品描述	简短描述此项目生产的产品:

项目描述	简短描述项目的工作范围:

项目类型

20X 产品新颖度	1 衍生(改进)	☐
	2 平台(现有产品线中的新一代产品)	☐
	3 突破(全新产品)	☐

257

(续表)

30X	技术 不确定性	1 A 类 低技术(没有新技术) 2 B 类 中等技术(有一些新技术) 3 C 类 高技术(所有或大部分技术是新的现有技术) 4 D 类 超高技术(项目伊始就使用不存在的技术)	☐ ☐ ☐ ☐
40X	复杂度 (系统范围)	1 组装(一个子系统——执行单一功能) 2 系统(多个子系统的集合——执行多重功能) 3 排列(多个系统组成的系统——分布较散的系统集合,目标是完成共同任务)	☐ ☐ ☐
50X	速率	1 常规(延迟不会影响大局) 2 快速/竞争速度(推向市场的时间是竞争优势) 3 高速(完成时间对成功很关键,能带来机遇) 4 闪电战(危机项目)	☐ ☐ ☐ ☐
60X	商业目标	1 运营(拓展现有商业) 2 战略(开发新商业领域)	☐ ☐
70X	客户	1 外部(外部合同商或消费者) 2 内部(内部用户或其他部门)	☐ ☐
80X	战略目标	1 拓展(改进、升级现有产品) 2 战略(首要——通过新产品或新市场创造商业上的战略地位) 3 解决问题(获得或开发新技术或新能力) 4 维护(日常维护,修复常见问题) 5 功用(与时俱进——获得并安装新设备或软件,启用新方法或新流程,进行重组或工程再造) 6 研发(研究——探寻未来理念,不考虑具体产品)	☐ ☐ ☐ ☐ ☐ ☐
项目启动 日期	(月/年)		

（续表）

项目持续时间	（月）
预算	（美元）

附录三 B

附录三C　分类系统的原则和设计

分类能让世界的知识更易管理。实际上,分类已经成为我们生活的一部分,只是我们通常没有意识到它的普遍存在,有些作家甚至还认为,对事物分类、标签和重组是人类本质的一种内在需求。[10]

随意、凭直觉完成的分类系统往往关注点放在类别之上,这就使得它们没有太大价值,只能作为短期的工具服务于短期的目标。完备的分类系统基于细致入微的遴选,基于对类别及其赖以与其他有所区别的属性的定义,确保能显示出所有重要的差异。类别之间关系的表述要能够提高你对该现象的理解;而从理想状况来说,分类要具有预测的功能。如果能做到这一点,而且在分类时考虑到了特定目标、考虑到了用户的需求,那么,所得的分类系统就能够有足够的潜能,能够分享、创造知识,能够为理论的创建做出贡献。

分类的功能和目的

分类可以用来让我们更容易地认识每一类中的要素,让你拥有一个背景或体系,从而更好地对某一领域进行阐释,更好地对这一领域的边

附录三 C

界进行定义和设定。分类的目的能够决定在寻找某一分类与其他实体之间差异的过程中,哪些属性比较重要。

分类能帮助我们更好地认识这个世界,给我们提供了描述、展示实体的方法,从而促使"某一个体或群体在精神层面上对世界的认识能达成一致"。[11]分类关注实体之间的相似点和相异处,帮助我们保存、运用过往的经验。分类系统提供的是一种标准语言,一个导航体系,一个进行比对的根基,在此基础上我们就能够将知识变成可以传授、可以获得、可以使用的东西。

克瓦斯尼克认为,分类系统"不仅反映知识,因为它基于理论,并以一种实用的方式加以显现……分类本身还能作为理论发挥作用,在知识探寻中扮演和理论一样的角色:解释的角色,用简捷、优雅的方式描述知识,产生新知识"。[12]雅各布举了一个绝佳的范例:"医师通过观察得到的相似点对病人进行分类,从而能够根据之前的经验来获取知识,来预测替代疗法是否可用,从而也就能在治疗中将知识用于实践。从这一点来说,对相似点的认识就能带来知识"。[13]

分类的原则

在实践中,我们经常提到将事物"分类"为各种"范畴","分类"和"范畴化"这两个名词也往往可以互换。[14]但是严格来说,这两者之间能够划分出明显的界限。"分类"是"首先对现实进行随意、预先的调整,然后在其产生的层级结构中……将物体、事件和属性分别归位,形成互相排斥的各个类别",而"范畴化"则是"将经验世界划分成组或范畴的过程,每个范畴中的成员相互之间都有着某种可以看见的相似性"。[15]范畴化的这一定义似乎更加实用,与分类这个概念相比更适用于项目。

分类系统有两个主要的功能:定义与安排。定义是确定拥有相同特征性属性的实体类别,而安排则牵扯到对分类进行系统排序,从而能够在整体结构中表达概念关系。[16]

本书中所提到的分类系统以范畴的形式体现出来。这里,分类完成后的现象(项目)根据两个或多个维度上的共享特征分为各种类别。每一个项目都共享每一维度所代表的特征,但是层级不同。比如,"技术不确定性层级"(T)这个维度分为四个层级:低技术、中等技术、高技术和超高技术。要素之间的关系由它们在某一表格或矩阵中的共享位置来决定。这一矩阵可以看做是一种剖面分析的形式,矩阵中的维度就是项目的各剖面,矩阵的每一维度或剖面有着进一步分割的特定规则。[17]

根据鲍克和斯塔的观点,在设计分类系统时,我们应该考虑到三个参数:可比性、显现度和控制。[18]可比性指的是分类系统具备这样一种能力,也就是能够提供"不同节点间的可比性,确保各个意义和物品之间存在规律性的对应关系,从而提高互通性"。显现度与下面这个问题相关,即:只要知识不显现,就不可分类。控制的意思是,要控制分类系统的复杂度,从而能够对分类系统中出现的意义交错状态有所把握。自由与结构之间有矛盾,但是要想解读信息,就需要一定形式的控制。[19]分类系统过于烦琐、复杂,则用处不大。

分类系统的特征

虽然经典的分类理论要求同一范畴内的物体有共享的关键属性,但是基于家族相似性的范畴概念可能更适合像项目这样的实体,因为范畴之间的界限并不清晰。为了避免过度的复杂性,"所有的分类系统都有所缺漏,或者是无法抓住某一特定现象的某些侧面。"[20]

分类系统应该根据其目的来定型。实际上,目的将引导人们选择那些能够代表差异的范畴和属性。因此,每一个分类系统都或多或少会局限于、适合于某一有限领域；当然，同一分类系统用于不同目的的情况也并非少见。[21] 比如，你可以用项目分类系统作为资源分配的基础，从而确保在多个项目管理中的资源分类与你的战略、项目监控和管理报告能保持一致。

要牢记的是，"类别"并不是一个等待发现的客观现象。相反，它只是一个人工构造物，为用户提供其知识范围内最连贯的意义，因此是构建在"人类经验之上的"。[22]

界限问题源自分类系统中在范畴之间划分界线这一活动。比如，人们需要确定细节的层次（范畴的数量），以及哪些应该定义清楚，哪些可以隐藏在系统当中。在标示类别间界线的网格结构中，还需要考虑差异辨别的程度。

一旦创建分类系统，人们就可能会开始熟悉其中范畴的属性，系统也就可能开始影响人们的行为。[23] 工作可能会发生变化，从而与分类系统保持一致。因此，分类系统并非客观或中立的框架，而是一个有潜力对具体环境中的互动产生效力和影响的框架。表现之一就是，结构性记忆"会经过分类体系的筛选"，这些系统会影响到所记录的信息以及信息提取的方式。[24]

项目分类系统的设计

我们对非项目管理文献中的范畴化研究材料进行考察后，发现了两个重要的观点。首先，范畴化系统的动力来自它们所服务的目的，而范畴化可以满足很多种需求；其次，范畴化系统在专业或组织背景中的设计和使用会让很多相互交织的东西发挥作用。项目管理文献中所关注的项目范畴化系统用途比较有限。

将项目归类时所使用的属性

企业用来对项目进行分类的系统是由属性、标签和定义组成的。属性是指用来将项目归类的潜在特征，比如规模。标签是企业用来标示项目组的名称，比如"大型"和"小型"。在某些情况下，标签是不言自明的，比如很多分类都以地理位置作为区分标准。其他情况下，则可能需要有定义来赋予标签以特定意义。

我们对文献和具体企业中的范畴体系范例进行研究后发现，它们所使用的属性有很多共通之处，但是具体的分组、标签和定义却差别较大。比如，很多企业都根据地理位置来对项目分组，但是每一个体系却又要根据企业所覆盖的具体位置来具体设置。将项目分组经常使用的另一个属性是规模。然而，对某个企业来说比较大型的项目，对另一个企业来说可能就很小。[25] 因此，对项目进行分类所使用的属性这个层面上，共性虽然很多，但在不同企业所得出的范畴却随着背景不同而发生变化。

在具体的企业背景下，企业目标及其使用的范畴之间有着显而易见的关联。很多情况下我们都能发现，不同的企业为了相同的目标，选择不同的属性来对各自的项目进行分类。同样，我们也经常发现，不同的企业所为目标不同，使用的属性却一样。比如，很多企业都使用地理区域这个常用属性，所服务的目标却是五花八门。有些企业用它来标示具体的负责部门，有些用它来调整自己的具体规范框架，还有一些则用它来校正其市场渗透战略。同理，很多企业对项目进行分类，目的是为每一范畴制定相应的工具和方法。这一切都要取决于企业项目中能带来动态变化的要素。对某些企业来说，产品类型和技术是带来动态变化的主要原因。对另一些企业来说，带来变化的主要是地域区分，国际项目的管理要与国内项目管理有所区别。还有一些企业中，造成动态变化的

附录三 C

可能主要是合同类型、复杂程度、风险层级和规模。

系统所服务的企业目标与最相关的属性之间的关系随背景不同而变化。两个企业在不同背景中追求相同目标,用来对项目分类的属性也会不同。企业目标和属性之间的差异让这一领域中的模型构建变得尤为复杂。

附录四　项目新颖度和传统的项目管理

在 附录四中，我们将考察不同层级的新颖度对项目管理的标准流程所产生的影响。我们使用九个常见的 PMBoK 知识领域。表 1 显示不同层级的产品新颖度如何影响这些领域。产品新颖度层级越高，刚开始的情形就越不明朗。因此，预估也就越不精准，风险也就越高，而要想成功完成项目，所需的灵活性和创新精神也越多。

表 1 产品新颖度和 PMBoK 知识领域

PMBoK 知识领域	衍生	平台	突破
整合	根据过往经验进行简单整合;关注衍生的额外价值,关注迅速向行动和销售管道的转换	广泛的多功能整合各客户参与;关注在新一代产品中整合新要素和新功能;整合期中有广泛的测试	整合主要集中在核心功能上,目的是为了验证产品的概念有效性;通过迅速的模型建造和测试将新版本融合客户的反馈意见;整合结构性功能,从而在市场上引起关注
工作范围	主要关注在产品中融入新价值所需的工作	一开始就定义由上至下的工作,对工作范围实施严格控制,确保产品得以顺利引介	工作范围的管理比较灵活,从而能够根据市场反馈和测试情况及时调整
时间	迅速跟踪的时间管理方式,从而确保产品能迅速推向市场	规划足够的时间,以将产品所有的缺陷最大化,并消除产品所有的缺陷,但是推向市场的时间对竞争力来说也非常关键	产品最终确定前,允许推出足够的产品版本;在考虑新理念时成本灵活走捷径,为可能出现的困难制定应急预案
成本	根据成本和严格的预算控制来进行设计;性价比高于之前产品	详尽的成本规划和谨慎的监控;测试分配好预算,要当心因为添加不必要的功能而带来的预算超支	产品最终确定前,成本控制比较灵活;为模型和市场测试分配足够资源
质量	关注持续、渐进的产品质量提升	范围较广的质量规划和质保;整个项目过程中不断消除缺陷	因为产品很新颖,所以质量并不是很关键;在项目后期可进行一定的质量规划
人力资源	选用关注效率、成本和时间的人员;埋头实干的人;管理风格比较严格	团队成员要组织严密,来自不同功能部门;选用有大局观的人;管理风格可以用太严格	选用来自不同功能部门中有创造性的人;允许团队成员自由表达和测试新理念;管理风格非常灵活

268

表 1　产品新颖度和 PMBoK 知识领域（续表）

PMBoK 知识领域	衍生	项目新颖度层级 平台	突破
交流	交流渠道简短、快速；正式交流最小化	所有的功能领域中都有多种开放交流渠道，需要正式的交流和文档记录，部分非正式的互动	如果可能，应该有经常性的非正式开放交流；最终决策有正式文档记录
风险	风险最小；风险管理主要关注产品变化	广泛的风险管理规划；尽早确定潜在的风险领域；制定应急预案，做好备份，以避免失败带来巨大的损失	因为未知要素很多，所以风险较高；有各种不同的设计方法，辅之以应急预案
采购	尽可能使用现货部件；使用多种供货渠道，以确保成本低廉，避免延误推向市场的时间	让供货商参与主要部件和子系统的定义和设计过程；其他部件使用多种供货渠道	使用任何可用的供货渠道，包括测试版本的部件，确保第一批模型就显示强大的产品优势；最终版本确定时要确定供货渠道

附录四

附录五A 项目技术维度的实证数据

我们研究中有很多数据,通过对不同项目类型中管理变量的统计差异来识别偶发趋向,从而更有力地证实了我们的定性结论。[26] 表2包含不同项目类型所消耗不同资源的相关信息,其中有技术不确定性四个层级的描述性数据。和预算相关的刻度值从1(低于10万美元)到6(高于10亿美元)。项目持续时间的刻度值从1(少于6个月)到6(大于8年)。其他两个变量分别是项目执行过程中的平均职员数量和拥有高学历人员的百分比。该表还包含有每一变量迁移分析测试(ANOVA)的结果以及这些变量与技术不确定性之间的皮尔森相关系数。

表2中的数据清楚地表明,不确定性越高,项目所需的预算越多,时间越长;但是项目所需的平均人员数量与技术不确定性并不相关。高技术项目所需预算和时间的增加可以归因于项目的复杂度,而不能归结为雇佣更多员工的需要。然而,高技术项目所需的高学历人才要多于低技术项目。

附录五 A

表 2 技术不确定性不同层级上的项目资源

变量	低技术 平均值 (S.D.)	中等技术 平均值 (S.D.)	高技术 平均值 (S.D.)	超高技术 平均值 (S.D.)	df	F	关联
项目预算 刻度值	3.03 (1.17)	3.11 (1.16)	3.51 (0.78)	3.70 (0.67)	3, 123	2.04	0.218*
持续时间 刻度值	2.39 (1.10)	2.88 (0.78)	3.15 (0.95)	3.40 (0.96)	3, 123	6.12***	0.318***
平均雇佣 劳力	142 (382)	45 (90)	38 (36)	80 (126)	3, 123	1.99	-0.142
高学历 百分比	20.2 (29.9)	55.1 (27.2)	59.3 (25.5)	66.6 (17)	3, 123	15.2***	0.452***

*$p<0.05$ **$p<0.01$ ***$p<0.001$

技术不确定性的增加,会带来项目工程活动的增加(见表3)。第一个变量——项目规划网络中所包含的活动数量——从1(少于100)递增到4(多于10 000)。第二、三个变量描述的是设计定稿之前的设计周期数量以及设计定稿的时间(0意味着设计在项目开始前就已经定稿)。设计审核和规划标示的是完成工程任务需要付出的工作层级。规划包含三个变量:信息化规划方法的使用密度,详尽的里程碑事件以及预算和日程的整合规划(都是1至7李克特量表)。如表所示,这些变量与技术不确定性之间是正相应关系,也就是说,高技术和超高技术项目中需要更好的规划和监控。

表3 技术不确定性不同层级的描述性统计数据和 ANOVA 结果：与工程和设计相关变量

变量	低技术平均值 (S.D.)	中等技术平均值 (S.D.)	高技术平均值 (S.D.)	超高技术平均值 (S.D.)	df	F	关联
活动刻度值	1.50 (0.83)	1.66 (0.72)	1.93 (0.69)	2.30 (0.48)	3,121	12.16***	0.301***
设计周期数量	1.03 (0.33)	2.07 (0.60)	2.60 (0.95)	2.70 (1.2)	3,121	28.7***	0.608***
设计定稿时间	0.25 (0.52)	1.95 (1.0)	2.3 (0.83)	2.6 (0.96)	3,121	37.65***	0.581***
设计审核	3.13 (2.3)	5.29 (1.9)	5.97 (1.3)	5.6 (1.8)	3,117	12.66***	0.416***
规划	3.92 (1.9)	4.83 (1.4)	5.20 (1.4)	6.06 (1.1)	3,120	5.95***	0.351***
风险管理	1.87 (1.7)	2.38 (1.5)	2.8 (1.4)	3.25 (0.94)	3,89	2.07	0.255*
系统工程	2.74 (2.2)	3.95 (1.8)	4.99 (1.5)	4.58 (1.8)	3,92	6.31**	0.364***
质量管理	3.59 (2.3)	3.87 (1.8)	4.72 (1.7)	4.85 (1.5)	3,96	2.35	0.247*

*$p<0.05$ **$p<0.01$ ***$p<0.001$

表3的其他数据描述了项目工程流程的几个组合变量（从1到7李克特量表）。比如，风险管理指标代表的是与风险相关的一些变量，如项目风险的初始识别、风险的可能性预估、风险减缓详尽计划的制订情况等。系统工程指标则包含四个变量，如结构性系统工程流程的使用、配

附录五 A

置管理的使用和不同类型软件的使用等。质量管理代表的是三个变量，衡量总体质量计划的准备程度、质量目标的选定情况以及项目中统计监控的执行情况。

所有的工程变量值都会随技术不确定性层级的升高而增加。就某些变量的值而言（设计审核和系统工程），在超高技术项目中将不会再有增加。总的来说，高技术项目需要更多的设计周期，设计定稿时间更晚，要求更加关注设计理念、风险管理、系统工程和质量管理。[27]

附录五B 项目技术和传统项目管理

正如我们已经看到的,不确定性维度的变化与技术问题的解决方式之间相关。它会影响设计周期的数量、设计变化必需的时间、建造模型的必要性、测试的程度以及在频率与复杂度之间达成平衡的决策情况。这些问题都会对传统项目管理产生影响,如表4所示。

表 4　技术不确定性和 PMBoK 知识领域

PMBoK 知识领域	技术不确定性层级			
	低技术	中等技术	高技术	超高技术
整合	根据过往经验进行简单整合，关注新颖的额外价值，关注迅速的行动和销售间的转换	关注整合对公司来说新颖的要素，让客户参与领域，以确保能满足其要求	广泛的多功能整合和客户参与；整合期广泛的测试，整合结构性功能，从而在市场上引起关注	整合主要集中在核心功能上，以验证系统的概念有效性；广泛整合新开发的技术；通过迅速建造模型整合客户的反馈意见
工作范围	项目初始时就对工作范围进行严格监控；只允许做出客户要求和批准的更改	只允许在设计定稿前做出更改；设计定稿后对工作范围进行严格监控	一开始就定又由上至下的工作，允许设计周期有更多时间；设计定稿后对工作范围实施严格控制，确保产品的完整性	工作范围的管理比较灵活，以根据技术可行性和模型测试及时做出更改
时间	一开始就实施严格的日程监控；为大多数活动的提早启动进行规划；为外部风险预留较少时间	管理储备中应预留新部件的时间；最初风险消除后应进行严格的日程监控；推向市场的时间对竞争力来说非常关键	计划足够的时间来进行整合和测试，以消除所有的产品风险	产品最终确定之前，允许推出足够的产品版本；在融合新技术时应比较灵活，为可能出现的困难预留应急预案
成本	根据详细的设计和过往的经验严格制定的预算；严格的预算监控；罕见的技术难预留的预算储备较少	根据成本和严格控制来进行设计；为无法预见的技术难预留的预算储备较少	根据细致的规划进行详尽的测试、完备的成本监控；为完备的成本监控，要当心因为不必要的功能添加而带来的预算超支	产品最终确定前，成本控制比较灵活；为模型测试及分配足够的投资源，为应急预案预留的储备相对较多

276

表4 技术不确定和 PMBoK 知识领域（续表）

PMBoK 知识领域	低技术	中等技术	高技术	超高技术
质量	严格遵守合同规格；使用熟悉、可靠的部件	关注对公司来说比较新颖的技术领域；设计时关注可靠性、可生产性和可维护性	范围较大的质量规划和质保；整个项目过程中不断消除缺陷；设计时关注可靠性、可生产性和可维护性	重点放在产品性能上；因为产品很新颖，所以质量的其他方面并不是很关键；在项目后期可进行一定质量规划
人力资源	需要关注效率的人员；严格的管理风格	团队成员要组织严密，来自不同功能部门；需要自开发部门、具有创造、创新精神的人员；管理风格可以不用太严格	领导要有较高的技术能力；需要来自开发部门、具有创造、创新精神的人员；前期管理风格可以比较灵活；设计定稿后需要严格的管理风格	领导要有非凡的技术能力，对尚未开发的技术能判别其潜在价值；来自各个部门、允许自由地表达和测试新理念；管理风格非常灵活
交流	简短、快速；密度不大的交流渠道；大多数渠道都是正式的互动	需要正式的交流和文档记录，辅之以部分非正式互动	团队成员之间的互动有很多正式和非正式的交流渠道；最终决策要有正式文档记录	如果可能，应该经常性的非正式开放交流，最终决策要有正式文档记录
风险	几乎没有内部或技术风险；风险管理主要关注外部风险	确认可能的风险领域并加以关注，做好备份，以避免延误或预算超支	广泛的风险管理规划；制定应急预案，做好备份，以避免失败带来巨大损失	寻找问题；因为未知因素很多，所以风险较高；有各种不同的设计方法，辅之以应急预案
采购	尽可能使用现货部件；项目开始前就确定货源	尽可能使用现货部件；让供货商参与特殊用途部件和子系统的定义和设计过程	让供货商参与主要部件和系统的定义和设计过程；使用多种货渠道，以确保成本低廉，避免延误推向市场的时间	使用任何可用的供货渠道，包括测试版本的部件，确保第一批模型中的技术可行性；最终版本确定时确定供货渠道

277

附录五 B

附录六 A 项目复杂度的实证研究结果

正如我们在附录五 A 中所提到的,我们研究中的数据有力地证实了我们的定性结论。现在我们来看看复杂度这个维度。[28] 表 5 包含不同项目类型所消费不同资源的相关信息,其中有复杂度不同层级的描述性数据。和预算相关的刻度值从 1(低于 10 万美元)到 6(高于 10 亿美元)。项目持续时间的刻度值从 1(少于 6 个月)到 6(大于 8 年)。其他两个变量分别是项目执行过程中的平均职员数量和拥有高学历人员的百分比。该表还包含有每一变量迁移分析测试(ANOVA)的结果以及这些变量与复杂度之间的皮尔森相关系数,刻度值从 1(组装)到 3(排列)。

我们发现,复杂度与规模之间似乎有某种关联。预算和持续时间随着工作范围的增加也会显著增加。相反,我们发现,复杂度越高,所需高学历员工的比例却呈下降趋势,可能是因为复杂度很高的项目中需要大量的建造者和技能型人员,高学历人才所占比例因而下降,这些人通常担负的工作是设计、规划、分析和测试。

附录六 A

表 5　技术复杂度不同层级上的项目资源

变量	组装 平均值 (S.D.)	系统 平均值 (S.D.)	排列 平均值 (S.D.)	df	F	关联
项目预算 刻度值	2.47 (0.99)	3.47 (0.81)	4.55 (0.88)	2, 124	31.45***	0.548***
持续时间 刻度值	2.50 (0.96)	3.00 (0.90)	3.66 (1.11)	2, 124	8.12**	0.308***
平均雇佣 劳力	11 (17)	54 (79)	393 (623)	2, 124	18.26***	0.359***
高学历 百分比	57.2 (28.0)	49.6 (31.3)	23.3 (23.1)	2, 124	4.52*	-0.229***

*$p<0.05$　　**$p<0.01$　　***$p<0.001$

　　我们还注意到,项目之间的另一个重要差别是与管理相关的诸变量。表6包含为这些变量获取的描述性数据、方差分析和关联系数。前两个变量的刻度值从1到5,代表数个子变量的集合。比如,系统工程衡量指数包括四个子变量,如结构性系统工程流程的使用、配置管理的使用和不同类型软件的使用等。你们将看到,系统工程的使用和质量管理实践在系统和排列项目中的出现频率要大于组装项目,但是系统工程在系统项目中出现的频率要大于排列项目。最后,项目活动的数量以及规划、控制和文档记录的程度似乎都会随着项目复杂度的增加而显著增加。

　　项目规划网络中包含的活动数量分为四个层级:1(低于100);2(100到1 000之间);3(1 000到10 000之间)和4(大于10 000)。表6中的其他变量是七项刻度值混合指标,代表每一变量中所使用正式方法的程度。

表6清楚地表明,项目复杂度增加时,所选用流程的正式程度也需要相应提高。该表中所有的管理变量都与复杂度关系密切。但有趣的是,项目规划是一个例外。规划的最高层级出现在系统项目,而非排列项目中。

表6 复杂性不同层级的描述性统计数据和方差分析结果

变量	组装平均值(S.D.)	系统平均值(S.D.)	排列平均值(S.D.)	df	F	关联
系统工程	3.20 (1.9)	4.84 (1.6)	3.81 (2.5)	2, 93	8.55***	0.264***
质量管理	3.52 (1.9)	4.63 (1.8)	4.28 (1.6)	2, 97	3.71*	0.214***
活动	1.18 (0.47)	1.89 (0.68)	2.66 (0.88)	2, 121	46.2***	0.524***
工作分解结构	3.75 (2.2)	5.09 (1.6)	5.91 (0.91)	2, 105	7.07**	0.340***
规划	3.99 (1.7)	5.26 (1.4)	4.66 (1.5)	2, 121	7.95**	0.247**
监控	3.90 (1.5)	4.82 (1.3)	5.14 (1.2)	2, 124	5.88**	0.282**
文档记录	4.75 (1.6)	5.45 (1.1)	5.91 (0.96)	2, 123	4.49*	0.168

*$p<0.05$ **$p<0.01$ ***$p<0.001$

附录六 A

附录六B 项目复杂度与传统项目管理

表7显示了不同层级的复杂度如何影响项目管理流程,关注点是主要的PMBoK知识领域。

表 7　产品新颖度和 PMBoK 知识领域

PMBoK 知识领域	衍生	项目复杂层级 平台	突破
整合	简单整合;迅速向行动和销售转换	整合期较长,以确保整合作用;多功能整合和客户参与;子系统渐进整合;系统整合过程中有广泛的测试	子系统由子承包商整合;很少由主要承包商来进行总体整合
工作范围	只允许做出能提高性价比的更改,因为 OEM 制造商的特殊要求,可能改变工作范围	为设计周期预留更多时间,设计定稿后对工作范围进行严格监控,以确保产品的完整性	严格监控工作范围;排列建设项目设计定稿较早,以利于系统层级的承包商开展工作
时间	一开始就严格监控日程;为外部风险预留时间较少	规划足够的时间,以进行子系统测试、系统整合与测试,消除产品所有的缺陷	管理层要留有余地,以应付承包商的延迟;规划足够的时间,进行功能的整体排列协调
成本	根据详尽的设计和过往经验来进行设计;根据成本监控严格的预算监控	根据详尽的测试进行细致的成本监控;完备的测试分配好预算;要当心因为不必要的功能添加而带来的预算超支	总体预算由主要承包商管理;预算分配给承包商时较灵活,预留管理时间,以应付延长的现场协调
质量	严格遵守合同规格;使用熟悉、可靠的部件;设计时关注可靠性和可生产性	范围较广的质量规划和质保;整个项目过程中不断消除缺陷	重点放在系统间的对接;中心和边缘测试以反映缺陷分析的投入

表7 产品新颖度和PMBoK知识领域（续表）

PMBoK知识领域	衍生	项目复杂层级 平台	突破
人力资源	主要关注点放在技术能力上，设计时考虑效率、成本和时间	领导需具备高超的系统技能和技术能力；团队成员要组织严密，来自不同功能部门；前期管理风格比较灵活，设计定稿后需要严格的管理风格	领导要有非凡的技术能力，经验丰富，处理人际关系技能强；项目经理最好有优秀的外交能力以及与地方机构和政府部门打交道的能力；管理风格非常灵活
交流	简短、快速、非正式的交流渠道；最终决策有非正式文档记录	如有可能，考虑面对面交流；团队成员之间的互动有很多正式和非正式的交流渠道；最终决策有正式文档记录	与主要承包商之间的交流大多比较正式，而且有文档记录；有合同意味的所有决策都有正式文档记录
风险	最小化的风险管理，关注引进技术和外部可能造成延迟、超支的风险源	广泛的风险管理规划；制定应急预案，做好备份，以避免失败带来巨大损失	主要是与系统协同工作相关的风险；每一个系统都由其承包商当做个案进行风险管理
采购	尽可能使用现货部件；项目开始前就确定货源	让供货商参与主要部件和子系统的定义和设计过程；使用多种供货渠道，以确保成本低廉，避免延误推向市场的时间	选择在所需子系统开发方面有专业知识和经验的承包商；最好是有着相似文化的承包商

附录六 B

附录七　项目速率与传统项目管理

表8描述了不同层级的速率如何影响项目管理流程，关注点是主要的PMBoK知识领域。我们可以看到，速率越快，管理焦点也就越多地放在避免项目延迟的风险之上。

附录七

表8 项目速率和PMBoK知识领域

PMBoK知识领域	常规速率	快速/竞争速度	高速	闪电战
整合	渐进整合；直到最终系统完成并经过测试	密集的整合与测试，以确保能及时进入市场	整合期规划严密，以确保产品能按时做好准备	闪电战中没有整合的时间
工作范围	使用常规的工作范围管理技能	灵活的工作范围管理，从而能够基于市场反馈和竞争对手举动做出更改	严格的工作范围监控，以避免可能造成项目延迟的不必要更改	没有工作范围监控
时间	时间不重要；花费必要的时间以确保产品的完整性	推向市场的时间对获得竞争优势非常重要；尽早定稿，尽快速限紧，以确保迅速推向市场；高层管理通过里程碑事件的完成情况来监控时间	时间极其重要；利用所有能利用的资源来完成时间目标；为可能遇到的困难制定应预案；规划足够的时间，以消除所有延误；高层管理密切参与，定期监控时间情况	时间极其重要；利用所有能利用的资源来解除危机状况；为可能出现的其他状况制定应急预案；高层管理持续参与，确保危机得到及时解决
成本	根据详细的规划进行详尽的成本监控	为快速模型建造和市场测试分配资源；时间重要性超过成本	为其他解决方案和彻底测试分配资源，以确保迅速完成任务	成本不是问题
质量	关注点在产品质量持续、渐进的提高	范围较广的质量规划和质保，以确保及时推向市场	范围较广的质量规划和质保，以确保产品没有任何延迟	不特别强调质量
人力资源	并不特别关注项目团队的挑选；灵活宽松的管理风格	团队成员来自不同功能部门；管理风格不用太严格	人员比较严谨，能够认识到时间限制的重要性；管理风格严格	提前培训，从其他岗位抽调的特别小组；启用外部人员来解决紧急问题

288

表 8 项目速率和 PMBoK 知识领域（续表）

PMBoK 知识领域	常规速率	快速/竞争速度	高速	闪电战
交流	大多数交流集中关注专业问题	所有功能领域之间广泛、开放的交流渠道；需要正式的文档记录，辅之以部分非正式的互动	简短、定期的交流渠道；如果可能，同一地方的团队成员应面对面交流	整个危机过程中广泛、非正式，随时进行的交流
风险	并不特别强调延迟的风险	范围较广的风险管理计划；确认潜在风险领域，采用不同的设计方法，以减少延迟的风险	较早确认潜在风险领域；制定应急预案，做好备份，以避免延误	尤其强调提前制定各种不同场景的应急预案
采购	根据要求使用多种供货源；为产品的最终版本确定货源	让供货商参与主要部件和子系统的定义及设计过程；使用多种供货渠道，以确保成本低廉，避免延误推向市场的时间	尽可能使用现货部件；选择熟悉的供货商；签订总揽合约，从而无须续约就能迅速采购部件和原材料	使用任何可用的供货渠道，包括测试版本的部件，提前准备紧急采购流程和渠道

289

附录七

注　释

第一章

1. "Why GM's Plan Won't Work," *Business Week*, May 9, 2005.

2. Robert Kanigel, *The One Best Way：Frederick Winslow Taylor and the Enigma of Efficiency*（New York：Penguin Books, 1997）.

3. 实际上,迈克尔·波特在1996年就指出:"运营效率并非竞争优势。"Michael E. Porter, "What Is Strategy?" *Harvard Business Review*（Nov-Dec 1996）：61-78。

4. 请注意,项目管理学院将项目定义为:"为创造某一独特产品或服务而进行的一项临时活动,"并将项目管理定义为:"在项目活动中运用知识、技能、工具和技巧,以满足项目要求。"*A Guide to the Project Management Body of Knowledge*（Newtown Square, PA：Project Management Institute, 2004）。

5. The Standish Group, *Extreme Chaos*（West Yarmouth, MA：The Standish Group International Inc., 2001）.

6. Gerrit Klaschke, *What the CHAOS Chronicles 2003 Reveal*（San Diego, CA：Cost Xpert Group, 2003）.

7. Robert G. Cooper, *Winning at New Products*（Reading, MA：

注释

Addison-Wesley Publishing Company, 1993); Robert G. Cooper, *Winning at New Products: Accelerating the Process from Idea to Launch*, 3rd ed. (Reading, MA: Perseus Books, 2001).

8. *The Bull Survey* (London: Spikes Cavell Research Company, 1998).

9. Aaron J. Shenhar and Dov Dvir, *Managing R&D Defense Projects* (Tel-Aviv: Institute for Business Research, Tel-Aviv University and Ministry of Defense, 1993).

10. Lynda M. Applegate, Ramiro Montealegre, James H. Nelson, and Carin-Isabel Knoop, "Implementing the Denver International Airport Baggage-Handling System (A)." Case 9-396-311 (Boston: Harvard Business School, November 6, 1996); Paul Stephen Dempsey, Andrew R. Goetz, and Joseph S. Szyliowicz, *Denver International Airport: Lessons Learned* (New York: McGraw Hill, 1997).

11. Steve Kemper, Code Name Ginger: *The Story Behind Segway and Dean Kamen's Quest to Invent a New World* (Boston: Harvard Business School Press, 2003).

12. Brian Sauser, Aaron J. Shenhar, and Richard Reilly, "Why Projects Fail: How Contingency Theory Can Provide New Insights," working paper, Stevens Institute of Technology, Hoboken, NJ, 2005.

13. Peter W. Morris, *The Management of Projects* (London: Thomas Telford, 1997).

14. *A Guide to the Project Management Body of Knowledge*, 2004.

15. 同上。

16. *Organizational Project Management Maturity Model（OPM3）*

(Newtown Square，PA：Project Management Institute，2003).

17. Terry Williams，"Assessing and Moving on from the Dominant Project Management Discourse in the Light of Project Overruns," *IEEE Transactions of Engineering Management 52*，no. 4 (2005)：497 – 508.

18. *A Guide to the Project Management Body of Knowledge*，2004.

19. 该论述来自 Jeff K. Pinto 和 Jeff O. Covin 的 "Critical Factors in Project Implementation：A Comparison of Construction and R&D Projects," *Technovation* 9（1989）：49 – 62。

20. 各种研究中都提供了一些例外情况，我们将在之后的篇幅中提及，但是这些特例并不能影响到整个行业。PMI 的 PMBoK 并没有区分不同类型的项目。

21. Alex Laufer 在其著作中 *Simultaneous Management*（New York：AMACOM 1998）中对如何应对不确定性和规划准确性进行了探索。他的结论很简单：要想应对某一项目的不确定性，你需要规划，然后行动，然后不断规划、再规划。

22. 你可以将这个模型看做是一个项目"平衡计分卡"。平衡计分卡的概念由哈佛的罗伯特·S.卡普兰与大卫·P.诺顿共同提出，用来为企业规划成功创建成功维度框架。他们的框架包含四个维度：客户、内部、创新与学习、财务。*The Strategy-Focused Organization：How Balanced Scorecard Companies Thrive in the New Business Environment*（Boston：Harvard Business School Press，2000）。

第二章

1. 你可以在 http://www.aviewoncities.com/sydney/operahouse.

注释

htm 上看到关于悉尼歌剧院建造项目的简短回顾。Peter Murray 的著作中有完整的故事：*The Saga of Sydney Opera House：The Dramatic Story of the Design and Construction of the Icon of Modern Australia*（London：Spon Press，2003）。

2. 比如，正像杰夫·K.平托和丹尼斯·R.斯莱文所提及的："项目管理领域中很少有像项目成功这样频繁讨论却又众说纷纭的话题"（"Project Success：Definitions and Measurement Techniques，" *Project Management Journal* 19，no. 1（1988）：67）。

3. "福特特使"的开发历程可以在 http://media.ford.com/article_display.cfm?article_id=15702 上找到介绍。福特特使之父路易丝·C.维拉尔蒂在该车型发布后三年从福特汽车公司退休（Jon Lowell，"Ford's Clean-up5 Hitter：Lewis C. Veraldi Retires，" *Ward's Auto World*，December 1989）。

4. Pascal G. Zachary，*Showstopper! The Breakneck Pace to Create Windows NT and the Next Generation at Microsoft*（New York：The Free Press，1994）。

5. Fred Guterl，"Design Case History：Apple's Macintosh，" *IEEE Spectrum*（December 1984）：34-43。

6. David Baccarini，"The Logical Framework Method for Defining Project Success，" *Project Management Journal* 30，no. 4（1999）：25-32.

7. Aaron J. Shenhar, Dov Dvir, Ofer Levy, and Alan Maltz, "Project Success：A Multidimensional Strategic Concept，" *Long-Range Planning* 34（2001）：699-725；and Aaron J. Shenhar, Dov Dvir, and Ofer Levy，"Mapping the Dimensions of Project Success，" *Project Management Journal* 28，no. 2（1997）：5-13。

8. Robert S. Kaplan and David P. Norton，*The Balanced Score-*

card(Boston：Harvard Business School Press，1996)；and Robert S. Kaplan and David P. Norton，*The Strategy-Focused Organization：How Balanced Scorecard Companies Thrive in the New Business Environment*(Boston：Harvard Business School Press，2000)．

9. Shenhar et al.，"Project Success：A Multidimensional Strategic Concept"；and Alan C. Maltz，Aaron J. Shenhar，and Richard R. Reilly，"Beyond the Balanced Scorecard：Refining the Search for Organizational Success Measures，" *Long Range Planning* 36（2003）：187 - 204. See also Aaron J. Shenhar and Dov Dvir，"Long Term Success Dimensions in Technology-based Organizations，" in *Handbook of Technology Management*，ed. Gerard H. Gaynor（New York：McGraw Hill，1996），32.1 - 32.15.

10. Mark Freeman and Peter Beale，"Measuring Project Success，" *Project Management Journal* 1（1992）：8 - 17.

11. Edward McSpendon，"Los Angeles Metro Rail：A World-Class Rail System，" *PmNetwork*（January 1994）：17 - 23.

12. 载于 Shenhar et al.（"Project Success：A Multidimensional Strategic Concept"），我们只使用四个维度。后来的研究将我们的模型扩展至五个维度，增加了"对团队产生的效力"这个维度。见 Maltz et al，"Beyond the Balanced Scorecard：Refining the Search for Organizational Success Measures"。

13. Stan Lipovetskey、Asher Tishler、Dov Dvir 和 Aaron Shenhar 进行的一项调查研究表明，项目成功的四个维度中，接受调查者认为"对客户产生的效力"最重要，其次是"项目效率"。其他两个维度的重要性则比较低。但是，对于特定的项目类型来说，其他维度的重要性可能上升。比如，对于一项可行性研究来说，构建未来是主要目的所在。如需

注释

了解更多细节,可参考 Stan Lipovetskey, Asher Tishler, Dov Dvir, and Aaron Shenhar, "The Relative Importance of Project Success Dimensions," *R&D Management* 27, no. 2 (1997): 97–106。

第三章

1. Aaron J. Shenhar, Dov Dvir, and Shlomo Alkaher, "From a Single Discipline Product to a Multidisciplinary System: Adapting the Right Style to the Right Project," *System Engineering* 6, no. 3 (2003): 123–134.

2. 项目管理学院已经启动一项研究,旨在发现企业是否使用分类系统以及使用何种分类系统。参考 Lynn Crawford, Brian Hobbs, and Rodney J. Turner, *Project Categorization Research Report* (Newtown Square, PA: Project Management Institute, Research Department, 2004)。

3. Aaron J. Shenhar and Dov Dvir, "Toward a Typological Theory of Project Management," *Research Policy* 25 (1996): 607–632; Aaron J. Shenhar, "One Size Does Not Fit All Projects: Exploring Classical Contingency Domains," *Management Science* 47, no. 3 (2001): 394–414; and Aaron J. Shenhar and Dov Dvir, "How Projects Differ and What to Do About It," in *Handbook of Managing Projects*, eds. Jeffrey Pinto and Peter W. G. Morris (New York: Wiley, 2004).

4. 该故事最初由 Takahashi Hidemine 撰写,见 http://web-japan.org/nipponia/nipponia16/start.html。

5. http://pocketcalculatorshow.com/walkman/history.html.

6. Michael Maccoby,"Is There a Best Way to Build a Car?" *Harvard Business Review* 75, no. 6 (1997): 161–170; and Fred Kern, "Launching the BMW Z3: The 007 James Bond Edition," 2003, http://users.belgacom.net/bmwjz3/bmw_z3Jiistory.htm.

7. John McQuaid, "Katrina Trapped City in Double Disasters," *New Orleans Times-Picayune*, September 7, 2005.

8. Shenhar and Dvir, "Toward a Typological Theory of Project Management"; Aaron J. Shenhar, "From Theory to Practice: Toward a Typology of Project Management Styles," *IEEE Transactions on Engineering Management* 41, no. 1 (1998): 33–48; Shenhar, "One Size Does Not Fit All Projects"; and Shenhar and Dvir, "How Projects Differ and What to Do About It."

9. Steve Wheelwright 和 Kim Clark 在其著作 *Revolutionizing Product Development* 中使用了这些范畴,用来指代一个公司所有的研发项目(New York: The Free Press, 1992)。

10. Shenhar and Dvir, "Toward a Typological Theory of Project Management"; Dov Dvir, Stan Lipovetsky, Aaron J. Shenhar, and Asher Tishler, "In Search of Project Classification: A Non-Universal Approach to Project Success Factors," *Research Policy* 21 (1998): 915–935; Shenhar, "From Theory to Practice: Toward a Typology of Project Management Styles"; and Shenhar, "One Size Does Not Fit All Projects."

11. Shenhar and Dvir, "How Projects Differ and What to Do About It."

12. 如需分类系统的概览,可参考 Crawford et al., *Project Categorization Research Report*。

注释

13. Eric Darton, *Divided We Stand: A Biography of New York's World Trade Center* (New York: Basic Books, 1999).

14. Angus K. Gillespie, *Twin Towers: The Life of New York City's World Trade Center* (New Brunswick, NJ: Rutgers University Press, 1999).

第四章

1. Steven Wheelwright 和 Kim Clark 使用了三个术语来描述开发项目。他们还增加了第四种类型：研发项目（同样可以根据技术层级进行归类，我们在第五章后半部分对此进行探讨）。建议管理人员使用这些类型来创建一个综合项目组，帮助企业根据每一类型的需要和优势来分配资源和关注重心。Steven C. Wheelwright and Kim B. Clark, *Revolutionizing Product Development* (New York: The Free Press, 1992)。

2. 如需更多细节，可参考 Burr Snider, "The Toy Story Story," *Wired*, December 1995, http://www.wired.com/wired/archive/3.12/toy.story.html。

3. William J. Abernathy and James M. Utterback, "Patterns of Industrial Innovation," *MIT Technology Review* 80, no. 7 (1978): 40-47.

4. William J. Abernathy and Kim B. Clark, "Innovation: Mapping the Winds of Creative Destruction," *Research Policy* 14 (1985): 2-22; and Rebecca M. Henderson and Kim B. Clark, "Architectural Innovation: The Reconfiguration of Existing Product Technologies and the Failure of Established Firms," *Administrative Science Quar-*

terly 35（1990）：9－30.

5. Clayton M. Christensen 在其著作 *The Innovator's Dilemma* 中写道："不存在的市场无法分析。"*The Innovator's Dilemma：When New Technologies Cause Great Firms to Fail*（Boston：Harvard Business School Press，1997）。

6. Geoffrey A. Moore，*Crossing the Chasm*（New York：HarperCollins Publishers，1991）.

7. Christopher M. McDermott and Gina Colarelli O'Connor，"Managing Radical Innovation：An Overview of Emergent Strategy Issues," *Journal of Product Innovation Management* 19，no. 6（2002）：424－438.

8. Charles O'Reilly 和 Michael Tushman 引入了"双面组织"这个术语，在这样的企业中，新兴商业领域的管理与现有商业领域有所区别，文化和流程都不一样，但是却在同一个组织构架之下。Charles O'Reilly and Michael L. Tushman,"The Ambidextrous Organization," *Harvard Business Review*，vol. 82（April 2004）：74－81。

9. Christensen，*The Innovator's Dilemma*；Clayton M. Christensen and Michael E. Raynor，*The Innovator's Solution*.（Boston：Harvard Business School Press，2003）.

10. 在其著作 *Mastering the Dynamics of Innovation*（Boston：Harvard Business School Press，1994）中，James Utterback 描述道：在某一创新的核心观念为人采用时，企业组织的本质会发生怎样的变化。他区分了有机和机械的企业组织。当某一产品标准化，并以系统流程开始生产时，企业子单元之间的相互依赖性就逐渐增加，要想进行极端创新，就非常困难，而且成本高昂。这样的企业中需要建立严格的协作机制，建立牢固的惯例和规则，将运营中的低效和成本降到最小。这种结

注释

构就被称为机械组织。

11. Charles W. L. Hill,"Establishing a Standard: Competitive Strategy and Technological Standards in Winner-take-all Industries," *Academy of Management Executive* 11, no. 2 (1997): 7-25.

12. Steve Kemper, *Code Name Ginger The Story Behind Segway and Dean Kameris Quest to Invent a New World* (Boston: Harvard Business School Press, 2003)。还可参见:Jeffrey S. Pinegar and Gregory Cohen,"Book review on *Code Name Ginger*: *The Story Behind Segway and Dean Kameris Quest to Invent a New World*," *Journal of Product Innovation Management* 21, no. 2 (2004): 221-224。

13. Steve Kemper(*Code Name Ginger*)曾在 Kamen 家中小住数月。Kemper 经常与卡门交谈至深夜,因此能够对卡门在 Segway 开发过程所发挥的角色进行详细考察。本书细致地说明了卡门对该项目的影响。具体来说,卡门个性中的三个侧面尤其值得关注:他害怕别的制造商发现并夺走该项目;他对产品的方向有着最终的决定权,而且绝不放开这种控制权;他是最佳的拉拉队员和推销员。

14. Kemper, *Code Name Ginger*, 195. 这个段落所揭示的可能是本书中最伟大的经验,解释了卡门为什么不关注市场研究。市场研究努力地希望受调查者能够提供解决方案,但是往往无法带来创新性的解决方案,卡门所认识的市场研究也都属于这类。然而,卡门可能并没有认识到,客户是商家确定市场需求最好、最可靠的信息源。

15. Cliff Havener and Margaret Thorpe,"Customers Can't Tell You What They Want (Mythology of Product Development and Marketing Strategy)," *Management Review* 83, no. 12 (1994): 42-45.

16. Kemper, *Code Name Ginger*, 227.

第五章

1. Lynda M. Applegate, Ramiro Montealegre, and Carin-Isabel Knoop, "BAE Automated Systems (B): Implementing the Denver International Airport Baggage-Handling System," Case 9 - 396 - 311 (Boston: Harvard Business School, 1996).

2. Aaron J. Shenhar, Rias vanWyk, Joca Stefanovic, and Gerard Gaynor, "Toward a Fundamental Entity of Technology" (paper presented at the International Association for Management of Technology conference, Washington, DC, 2004).

3. Aaron J. Shenhar, "From Low to High-tech Project Management," *BAD Management* 23, no. 3 (1993): 199 - 214; Aaron J. Shenhar and Dov Dvir, "Toward a TVpological Theory of Project Management," *Research Policy* 25 (1996): 607 - 632; and Aaron J. Shenhar, "One Size Does Not Fit All Projects: Exploring Classical Contingency Domains," *Management Science* 47, no. 3 (2001): 394 - 414.

4. 这样一种联系是基于之前研究而得出的结论,这些研究将"高技术"等同于新技术的大规模使用,将技术成熟度等同于低不确定性。参考:William L. Shanklin and John K. Ryans Jr., *Marketing High Technology* (New York: Lexington Books, 1984); Philip A. Round, Kamal N. Saad, and Tasnara J. Erickson, *Third Generation R&D* (Boston: Harvard Business School Press, 1991); and Kathleen M. Eisenhardt and Behnam N. Tabrizi, "Accelerating Adaptive Processes: Product Innovation in the Global Computer Industry," *Administrative*

注释

Science Quarterly 40 (1995): 84-110。

5. Arthur D. Little, "The Strategic Management of Technology" (paper presented at the European Management Forum, Davos, Switzerland, 1981); Roussel et al. *Third Generation R&D*.

6. Little, "The Strategic Management of Technology."

7. 同上; Roussel et al., *Third Generation R&D*; and Eisenhardt and Tabrizi, "Accelerating Adaptive Processes"。

8. L. J. Bourgeois III and Kathleen M. Eisenhardt, "Strategic Decision Processes in High Velocity Environments: Four Cases in the Microcomputer Industry," *Management Science* 34, no, 7 (1988): 816-835.

9. Little, "The Strategic Management of Technology."

10. See Charles R. Pellegrino and Joshua Stoff, *Chariots for Apollo* (New York: Athenaeum, 1985); and Ray Villard, "From Idea to Observation: The Space Telescope at Work," *Astronomy* (June 1989): 38-44.

11. 以往的研究表明,新产品开发过程和结果要基于外部环境中的不确定性层级[比如, Tom Burns and George M. Stalker; *The Management of Innovation* (London: Oxford University Press, 1994); Noel Capon, John U. Farley, Donald Lehmann, and James M. Hulbert, "Profiles of Product Innovators among Large U.S. Manufacturers," *Management Science* 38, no. 2 (1992): 157-169; and Billie Jo Zirger and Modesto A. Maidique, "A Model of New Product Development," *Management Science* 36, no. 7 (1990): 867-883]。然而,这些研究并没有具体说明,在发现外部环境非常不确定时,企业应该如何调整其开发过程。环境中的可感知不确定性有很多来源:技术不确定性、客户不

确定性、竞争不确定性和资源不确定性[Kim B. Clark,"The Interaction of Design Hierarchies and Market Concepts in Technological Evolution," *Research Policy* 14 (1985): 235-251; Robert B. Duncan,"Characteristics of Organizational Environments and Perceived Environmental Uncertainty," *Administrative Science Quarterly* 17 (1972): 313-327; Lawrence R. Jauch and Kenneth L. Kraft,"Strategic Management of Uncertainty," *Academy of Management Review* 11, no. 4 (1986): 777-790; and Frances J. Milliken,"Three Types of Perceived Uncertainty about the Environment: State, Effect, and Response Uncertainty," *Academy of Management Review* 12, no. 1 (1987): 133-143]。可感知技术不确定性指的是个体感知到无法准确预见或完整地理解技术环境的特定侧面[Kirk H. Downey, Don H. Hellriegel, and John W. Slocum Jr. ,"Environmental Uncertainty: The Construct and Its Application," *Academy of Management Journal* 18, no. 3 (1975): 562-577; and Milliken,"Three Types of Perceived Uncertainty about the Environment"]。Song 和 Montoya-Weiss 发现,跨功能领域的整合、营销与技术项目的协同以及营销与技术开发活动的熟练程度,在技术可感知不确定性较高和较低的情况下,会对项目表现产生不同的影响。Michael X. Song and Mitzi M. Montoya-Weiss, "The Effects of Perceived Technological Uncertainty on Japanese New Product Development," *Academy of Management Journal* 44, no. 1 (2001): 61-80。

12. Steven C. Wheelwright 和 Kim B. Clark 在其著作 *Revolutionizing Product Development* (New York: The Free Press, 1992)中对模型进行了探讨。关于产品新颖度,他们建议使用伴有模型建造的设计周期,将之作为改善产品质量、缩短推向市场时间的管理工具。他们

注释

建议在新产品开发过程中,根据其新颖度层级来使用模型,从而在项目的不同阶段将设计最终定稿。

13. National Research Council, *Improving Engineering Design: Designing for Competitive Advantage* (Washington, DC: National Academy Press, 1991).

14. Karl E. Weick, *The Social Psychology of Organizing*, 2nd ed. (Reading, MA-Addison-Wesley Publishing, 1979).

15. Aaron J. Shenhar, Dov Dvir, and Shlomo Alakaher, "From a Single Discipline Product to a Multidisciplinary System: Adapting the Right Style to the Right Project," *System Engineering* 6, 3 (2003): 123-134.

16. 目标是让过程保持灵活,并根据随时出现的环境变化做出调整(Ken Kamoche and Miguel Pina e Cunha, "Minimal Structures: Frorfr Jazz Improvisation to Product Innovation," *Organization Studies* 22, no. 5 (2001): 733-764)。但是,保持灵活的时间过长也可能带来风险,比如确定下来的是错误的,或者延迟了项目的完成日期。

17. Paul F. Crickmore, *Lockheed SR-71: The Secret Missions Exposed*, 3rd ed. (Oxford: Osprey Publishing, 2000); Richard H. Graham, *SR-71 Revealed: The Inside Story* (Osceola, WI: MBI Publishing, 1996); http://www.sr_71.org; and http://www.nasm.si.edu/research/aero/aircraft/lockheed_sr71.htm.

18. 臭鼬工厂的故事由约翰逊在其传记著作中讲述。根据维基的说法,"'臭鼬工厂'这个术语来自阿尔·卡普风靡20世纪40年代的连环漫画故事《里尔·阿布纳》。在漫画中,'臭鼬工厂'是一片偏远森林,由著名的'臭鼬工厂神秘人'大巴恩斯梅尔管理。他在秘密工厂里将臭鼬尸体和破鞋混在一起磨碎,倒入一个大桶中焖烧,然后制作出'基卡普人的果汁'"。(http://en.wikipedia.org/wiki/Skunk_works)。Kelly Johnson and Maggie Smith, *Kelly: More Than My Share of It All* (Washington, DC: Smithsonian Books, 1990)。

19. 在20世纪80年代中期,时任TRW公司首席科学家的Barry Boehm设计出一种螺旋式开发模式,以此减少大型软件项目中的风险。Boehm强调应采取一种循环渐进的方法,从而客户能够对早期的成果进行评估,而实验室里的工程师则能及早发现潜在的问题。尽管Boehm是为了软件工程而设计螺旋式开发模式,国防部却加以借鉴,将之当做是其演进式探寻战略的一部分,借此来将新技术更快速地引入到大型平台中,比如突击车和电脑体系。

20. Charles R. Pellegrino and Joshua Stoff, *Chariots for Apollo: The Making of the Lunar Module* (New York: Atheneum, 1985)。

21. Marianne W. Lewis, M. Ann Welsh, Gordon E. Dehler, and Stephen G. Green, "Product Development Tensions: Exploring Contrasting Styles in Project Management," *Academy of Management Journal* 45, no. 3 (2002): 546–564.

22. Aaron J. Shenhar, "Project Management Style and the Space Shuttle Program: A Retrospective Look," *Project Management Journal* 23 (1992): 32–37.

23. Richard S. Lewis, *The Voyage of Columbia, the First True Space Ship* (New York: Columbia University Press, 1984)。

24. Marianne Lewis et al., "Product Development Tensions"。

25. *Report of Columbia Accident Investigation Board*, vol. 1. (Washington, DC: National Aeronautics and Space Administration, 2003), 6.

26. "即便设计中所牵扯的技术变得越来越复杂,管理和预算办公

注释

室却迫使 NASA 在行动上——或至少在口头承诺上——将太空飞船的开发和运行成本尽可能压低。1971 年 5 月，NASA 得知，在之后五年时间里，无论它有任何新的开发项目，它所能获得的预算最多只有 50 亿美元。预算上的限制迫使 NASA 放弃了建造一艘能重复使用的两层飞船，不得不花费六个月的时间来寻找可以替换的设计方案……NASA 夸下海口，说能够从尚未研发出来的革命性技术那里节省出必要的经费来……1970 年，NASA 的领导不断尝试，希望白宫批准其飞船开发计划，NASA 的想法是开发能够重复使用的飞船，从而让人类以低廉的成本乘坐飞船定期造访太空。但是，白宫管理和预算办公室的职员对以如此昂贵成本来开发载人飞行器的价值持怀疑态度，尼克松后来指责这些职员削减了 NASA 的预算。为了说服这些反对的声音，NASA 改变战略，开始从经济的角度为航天飞机辩护。NASA 称，如果同一艘飞船能够承载政府和私人所需承载的所有物资，而且如果这艘飞船能够重复使用，那么发射和维护卫星的总成本就将得到极大的削减。但是，从经济角度出发的这种说法要取决于国防部是否愿意使用穿梭机来将自己的国防物资送入绕地轨道。如果全部加起来算，商业、科学和国防的物资需要每年 50 趟飞行任务才能运送完毕。这就已经足够说明航天飞机的投资价值了——至少在纸上是这样。" *Report of Columbia Accident Investigation Board*, vol. 1, 22。

27. Joseph J. Trento, *Prescription for Disaster* (New York: Crown Publishers, 1987).

28. Shenhar, "Project Management Style and the Space Shuttle Program."

29. 技术准备层级(TRL)是某一技术成熟度的衡量标准，也用于对不同类型技术成熟度的持续比对，包含以下几个层级：层级 1，遵循、支撑基本原则。层级 2，制定技术理念和应用原则。层级 3，分析与试验关键功能和典型的理念证据。层级4,在试验环境下有部件和电路实验板验证过程。层级5,在相关环境下有部件和电路实验板验证过程。层级6,相关环境下的系统/子系统模型或模型展示。层级7,在空间环境下的系统模型展示。层级8,完成实际系统,"通过验证"。层级9,经由成功的任务操作证明实际系统"通过验证"。参考:Aaron Shenhar,Dov Dvir,Dragan Milosevic,et al."Toward a NASA-specific Project Management Framework," *Engineering Management Journal* 17, no. 4 (2005): 8-16。

第六章

1. Kenneth Boulding 可能是将系统和子系统理念范畴化的第一人。在1965年的著名论文"General System Theory: The Skeleton of Science"中,他写道,宇宙中的每一件事都由系统及子系统构成,同时还确立了几个层次。Kenneth E. Boulding, "General System Theory: The Skeleton of Science," *Management Science* 2 (1956): 197-208. 另参考 David L. Marples, "The Decisions of Engineering Design," *IEEE Transactions on Engineering Management* EM-8 (1961): 55-71;以及 Christopher Alexander, *Notes on the Synthesis of Form* (Cambridge, MA: Harvard University Press, 1964)。

2. Kim B. Clark. "The Interaction of Design Hierarchies and Market Concepts in Technological Evolution," *Research Policy* 14 (1985): 235-251.

3. Eberhardt Rechtin, *Systems Architecting* (Englewood Cliffs, NJ: Prentice Hall, 1991).

4. See, for example, Johnnes M. Pennings, "Structural Contin-

注释

gency Theory: A Reappraisal," *Research in Organizational Behavior* 14 (1992): 267–309; and Harold D. Doty and William H. Glick, "Typologies as a Unique Form of Theory Building: Toward Improved Understanding and Modeling," *Academy of Management Review* 19, no.2 (1994): 230–251.

5. Dov Dvir, Stan Lipovetskey, Aaron J. Shenhar, and Asher Tishler, "In Search of Project Classification: A Non-uniform Mapping of Project Success Factors," *Research Policy* 27 (1998): 915–935.

6. "黑鸟"开发过程的详细描述,可参考:Clarence L. "Kelly" Johnson and Maggie Smith, *Kelly: More Than My Share of It All* (Washington, DC: Smithsonian, 1985)。

7. S. I Manne and L. Collins, "Reconstructuring an Aging Infrastructure," *Project Management Journal* (April 1990): 9–24.

8. Jack K. Lemley, "The Channel Tunnel: Creating a Modern Wonder of the World," *PmNetwork* 6 (1992): 14–22.

9. Wayne F. Cascio, *The Guide to Responsible Restructuring* (Darby, PA: DIANE Publishing Co., 1995).

10. Ford Motor Co., *Ford Facts* (Dearborn, MI, 1994); David Sedgwick, "Fixing Ford," *Detroit News*, September 18, 1994, 1–5; "Corporate Scoreboard" *BusinessWeek*, March 6, 1995, 101; Ford Motor Co., "Ford to Realign Worldwide Automotive Processes and Organization to Manage Them," Public Affairs Office News Release, April 21, 1994.

11. Oscar Suris, "Retooling Itself, Ford Stresses Speed, Candor," *Wall Street Journal*, October 27, 1994, B1–B10.

12. Greg Gardner, "Report Card Time: Ford Shows Big Gains in

Annual 'Productivity' Gauge," *Ward's Auto World*, August 1, 1998.

13. Harold Kerzner, *Project Management: A Systems Approach to Planning, Scheduling, and Controlling*, 8th ed. (New York: John Wiley & Sons, 2003); Jack R. Meredith and Samuel J. Mantel Jr., *Project Management: A Managerial Approach*, 5th ed. (New York: Wiley, 2003); Dennis Lock, *Project Management*, 8th ed. (Aldershot, Hampshire, UK: Gower Publishing Company, 2003).

14. 如需了解项目工作分解结构的方式,可参考, G. D, Lavold, "Developing and Using the Work Breakdown Structure," in *Project Management Handbook*, eds. David I. Cleland and William R. King (New York: Van Nos-trand Reinhold, 1988), 302 – 323。

15. Aaron Shenhar, Asher Tishler, Dov Dvir, Stan Lipovetskey, and Thomas Lechler, "Refining the Search for Project Success Factors: A Multivariate Typological Approach," *R&D Management* 32, no. 2 (2002): 111 – 126.

16. Lemley, "The Channel Tunnel."

17. 国际空间站是史上最大、最复杂的国际科学项目,代表着一种以前所未有的力度阔步离开我们这个星球的行动。在美国的带领下,国际空间站聚合了16个国家的科学和技术:加拿大、日本、俄罗斯、欧洲空间署十一国和巴西。完工后的国际空间站比俄罗斯的米尔空间站要大四倍多,质量大约104 000磅。空间站宽356英尺(约108米),长290英尺(约88米),装有大约一英亩的太阳能板,为六个最先进的实验室提供电力(http://www.shuttlepresskit.com/ISS_OVR/)。还可以参考"战略防御项目"条目,载于 *Columbia Encyclopedia*, 6th ed. (New York: Columbia University Press, 2004); http://www.bartleby.com/65/st/StratDI.html; and Janet A. McDonnell, *After Desert Storm: The*

注释

US. Army and the Reconstruction of Kuwait（Honolulu, HI: University Press of the Pacific, 2002）。

18. Mike Hobday, Howard Rush, and Joe Tidd, "Innovation in Complex Products and Systems," *Research Policy* 29, no. 7-8 (2000): 793–804; Paul Nightingale, "The Product-Process-Organization Relationship in Complex Development Projects," *Research Policy* 29 (2000): 913–930; and Aaron J. Shenhar, "From Theory to Practice: Toward a Typology of Project-Management Styles," *IEEE Transactions on Engineering Management AS*, no. 1 (1998): 33–47.

19. Andrew P. Sage and William R. Rouse, "An Introduction to Systems Engineering and Systems Management," in *Handbook of Systems Engineering and Management*, eds. Andrew P. Sage and William R. Rouse (New York: Wiley Press, 1999); Lee K. Hansen and H. Rush, "Hotspots in Complex Products Systems: Emerging Issues in Innovation Management," *Technovation* 18, no. 8/9 (1998): 555–561.

20. 夏普公司使用"需求与种子"的概念来确定是否应该利用某一商业机会，借此将确定下来的客户需求与公司能力匹配起来。"Sharp Corporations Technology Strategy," Case 9–793–064 (Boston: Harvard Business School, revised April 1995)。

21. Kevin Forsberg, Hal Mooz, and Howard Cotterman, *Visualizing Project Management*, 2nd ed. (New York: Wiley, 1997).

22. Eberhardt Rechtin and Mark W. Maier, *The Art of System Architecting* (New York: CRC Press, 1997).

第七章

1. Kathleen M. Eisenhardt and Shona L. Brown, *Competing on the Edge: Strategy as Structured Chaos* (Boston: Harvard Business School Press, 1998); Kathleen M. Eisenhardt and Shona L. Brown, "Time Pacing: Competing in Markets That Won't Stand Still," *Harvard Business Review* 3, no. 4 (1998): 59 – 69; and Shona L. Brown and Kathleen M. Eisenhardt, "The Art of Continuous Change: Linking Complexity Theory and Time-paced Evolution in Relentlessly Shifting Organizations," *Administrative Science Quarterly* 42 (1997): 1 – 34.

2. Marco Iansiti 和 Alan MacCormack 探讨了在不确定的动态环境中应该如何管理项目,这种环境对管理者来说是一种最根本的挑战。在不断推出产品新一代的间隙当中,产品必须面对的客户需求和满足这些需求所使用的技术都会发生巨大的演变。另外,即便是单一开发项目,公司也必须对新信息做出反应,否则就可能在产品发布的那一天发现产品已经过时。*Developing Products on Internet Time* (Boston: Harvard Business School Press, 1999)。

3. *Mars Climate Orbiter Mishap Investigation Board Phase I Report* (Washington, DC: National Aeronautics and Space Administration, 1999).

4. Thomas A. Young, "Confusing Lines of Responsibility and Accountability Created," *Mars Program Independent Assessment* (Washington, DC: National Aeronautics and Space Administration, 2000), slide 46.

注释

5. Noel Hinners, personal interview, February 4, 2004.

6. Aaron J. Shenhar, Dov Dvir, Thomas Lechler, and Michael Poli, "One Size Does Not Fit All: True for Projects, True for Frameworks" (paper presented at the First PMI Research Conference, Seattle, July 2002).

7. Eliyahu M. Goldratt, *Critical Chain* (Great Barrington, MA: North River Press, 1997).

第八章

1. Steve Jobs, interviewed in "How Big Can Apple Get?" *Fortune*, February 21, 2005, 66–76.

2. 如需了解更多有关项目组管理的信息,可参考 Gerald I. Kendall and Steven C. Rollins, *Advanced Project Portfolio Management and the PMO: Multiplying ROI at Warp Speed* (Fort Lauderdale, FL: J. Ross Publishing, 2003); Harvey A. Levine, *Project Portfolio Management: A Practical Guide to Selecting Projects*, *Management Portfolio Management* (Norwood, MA: Artech House Books, 2005)。

3. 很多作家都对项目组管理有过研究。Bob Cooper 可能是其中最有影响力的一个。Robert G. Cooper, Scott J. Edgett, Elko J. Kleinschmidt 在 *Portfolio Management for New Products*, 2nd ed. (Cambridge, MA: Persus Books, 2002)中提出,某一组产品必须在战略上是相一致的。这就意味着,所有的项目都"处于战略层面",而项目、领域、市场等要素之上的投资必须反映出战略重心来。人们设计出数种产品组来达成战略一致性。其中之一是"战略斗"这个概念。整个过程首先是高层制定商业战略,然后是制定产品创新战略,厘定商业目标,协商新产

注释

品工作重心所在和实施方法。之后,决定如何分配资源:"现在有战略了,那么把钱花在哪里呢?"你可以根据项目类型、产品线、市场或行业部门等要素来分配资源。因此,战略斗计划就得以成形。这之后,在每一个斗或一栏计划中,你将所有项目进行分类——积极的、暂停的和新兴的,直到其中所有资源都分配完毕。最终结果是多重项目组,每一个斗中一个项目组。

4. Aaron J. Shenhar, Dov Dvir, Thomas Lechler, and Michael Poli, "One Size Does Not Fit All: True for Projects, True for Frameworks" (paper presented at the PMI Research Conference, Seattle, July 2002).

5. Clayton M. Christensen, Michael E. Raynor, and Scott D. Anthony, "Six Keys to Building New Markets by Unleashing Disruptive Innovation, Management Gurus: The Importance of Disruptive Ideas & Innovation Chaos," http://hbswk.hbs.edu/item/3374.html.

6. Tom Burns and George M. Stalker, *The Management of Innovation* (London: Tavistock, 1961).

7. 很多项目管理研究都带有探索性质,但与之相比,创新方面的研究文献更关注理论发展。其中一个核心观点是渐进式与激进式创新之间的区别, Burns and Stalker, *The Management of Innovation*; Edwin Mansfield, *Industrial Research and Technical Innovation* (New York: Norton, 1968); Gerald Zaltman, Robert Duncan, and Jonny Holbek, *Innovations and Organizations* (New York: Wiley, 1973); Michael Moch and E. V. Morse, "Size, Centralization and Organizational Adaptation of Innovations" *American Sociological Review* 42 (1977): 716–725; Stewart P. Blake, *Managing for Responsive Research and Development* (San Francisco: Freeman and Co., 1978); William J.

注释

Abernathy and James M. Utterback, "Patterns of Industrial Innovation," *Technology Review* (June-July 1978): 40–47; Chris Freeman, *The Economics of Industrial Innovation*, 2nd ed. (Cambridge, MA: MIT Press, 1982); John E. Wthe, W P. Bridges, and R. D. O'Keefe, "Organizational Strategy and Structural Diffrences for Radical vs. Incremental Innovation," *Management Science* 30 (1984): 682–695; and Robert D. Dewar and Jane E. Dutton "The Adoption of Radical and Incremental Innovations: An Empirical Analysis," *Management Science* 32 (1986): 1422–1433. Donald G. Marquis 又引入另一个新范畴:"系统创新",("The Anatomy of Successful Innovations," *Innovation* 7 (1969): 28–37),他可能是为创新流程引入概念模型的第一人。在这个模型中,创新的特征是技术与市场之间的不断互动,直到产品最终成型。

在过去30年中,创新类型的研究出现了新的发展方向,以更新、更细致、有时候却比较含糊的方式描述创新的特征(Hubert Gatignon, Michael L. Tushman, Wendy Smith, and Philip Anderson, "A Structural Approach to Assessing Innovation: Construct Development of Innovation Locus, Type, and Characteristics," *Management Science* 48, no. 9 (2002): 1103–1122)。比如,Rebecca M. Henderson and Kim B. Clark ("Architectural Innovation: The Reconfiguration of Existing Product Technologies and the Failure of Established Firms," *Administrative Science Quarterly* 35 (1990): 9–30),将不同类型的技术变化与产品类型联系在一起。这种观点认为,产品由核心技术部件及其相互关联(建筑)组成,从而产生四种类型的技术变化:渐进、激进、模块和建筑。建筑创新牵扯到的是子系统之间关联机制的变化,而模块创新牵扯到的则是子系统的变化。Michael L. Tushman and Philip Anderson ("Technological Discontinuities and Organizational Environments," *Administrative-Science Quarterly* 31 (1986): 439 – 465),对两种类型的创新进行了区分,一种建筑在现有能力之上,另一种则摧毁现有能力。Clayton M. Christensen (*The Innovator's Dilemma* (Cambridge, MAO Harvard Business School Press, 1997); "Disruptive Technologies: Catching the Wave," Teaching Note 5 – 699 – 125, Boston: Harvard Business School Publishing, 1998),提出了另一种区分方式:可持续和摧毁性创新,标准则是看某一创新是基于现有能力开发,还是将摧毁现有能力。为了对这许多种区分方式进行整理,Gatignon et al. ("A Structural Approach to Assessing Innovation"),建立了一套完整的评估标准,以评估某一创新的焦点、类型和特征。

8. Charles Perrow, "A Framework for the Comparative Analysis of Organizations," *American Sociological Review* 32 (1967): 194 – 208; James D. Thompson, *Organizations in Action* (New York: McGraw-Hill, 1967); Mansfield, *Industrial Research and Technical Innovation*; Zaltman et al., *Innovations and Organizations*; Moch and Morse, "Size, Centralization and Organizational Adaptation of Innovations"; Blake, *Managing for Responsive Research and Development*; Abernathy and Utterback, "Patterns of Industrial Innovation"; Chris Freeman, *The Economics of Industrial Innovation*, 2nd ed. (Cambridge, MA: MIT Press, 1982); Jay R. Galbraith, "Designing the Innovating Organization," *Organizational Dynamics* (Winter 1982): 5 – 25; Robert A. Burgelman, "A Process Model of Internal Corporate Venturing in the Diversified Major Firm," *Administrative Science Quarterly* 28 (1983): 223 – 244; Ettlie, Bridges, and O'Keffe, "Organizational Strategy and Structural Differences for Radical vs.

注释

Incremental Innovation"; Robert Drazin and Andrew H. Van de Ven, "Alternative Forms of Fit in Contingency Theory," *Administrative Science Quarterly* 30 (1985): 514-539; Dewar and Dutton, "The Adoption of Radical and Incremental Innovations: An Empirical Analysis"; and Johannes M. Pennings, "Structural Contingency Theory: A Reappraisal," *Research in Organizational Behavior* 14 (1992): 267-309.

9. Abernathy and Utterback, "Patterns of Industrial Innovation".

10. Henderson and Clark, "Architectural Innovation".

11. 同上。

12. Christensen, *The Innovator's Dilemma*; Clayton M. Christensen and Michael E. Raynor, *The Innovator's Solution* (Boston: Harvard Business School Press, 2003); Clayton M. Christensen, *Seeing What's Next* (Boston: Harvard Business School Press, 2004).

13. "Gartner Group's Dataquest Says Nokia Became No. 1 Mobile Phone Vendor in 1998," Gartner Group Press Release, 1999. http://www.gartner.com/5_about/press_room/pr19990208a.html.

14. 该范例基于 Benjamin Fulford 的文章,"Another Dimension," *Forbes*, July 2, 2002。

15. Geoffrey A. Moore, *Crossing the Chasm: Marketing and Selling High-Tech Products to Mainstream Customers*, 2nd ed. (New York: HarperCollins, 1999).

16. Everett M. Rogers, *Diffusion of Innovations*, 4th ed. (New York: The Free Press, 1995).

17. Bill Yenne and Morton Grosser, eds., *100 Inventions That*

Shaped World History（San Mateo，CA：Bluewood Books，1983）.

18. Raytheon Company，"Technology Leadership：Magnetron Tubes," http：//www.aytheon.corti/about/history/leadership/index.html.

第九章

1. *A Guide to the Project Management Body of Knowledge*，3rd ed.（Newtown Square，PA：Project Management Institute，2004）.

2. Lynn Crawford，Brian Hobbs，and Rodney Turner（*Project Categorization Systems*（Newton Square，PA：Project Management Institute，2004），对公司使用的分类系统进行了研究。根据他们的发现，很多企业都没有使用明确的分类体系。他们将企业对项目进行分类的原因分为两类：战略一致性和能力具体化。战略一致性的关注重点在确保企业所进行的项目经过了正确的选择，确保这些项目与企业战略和企业能力保持一致。能力具体化的关注重点在以适当的方式完成项目。

3. Alex Laufer，*Simultaneous Management*（New York：AMA-COMM，1996）.

4. Josh Weston，在斯蒂文斯技术学院管理领袖培训班上的讲义（Hoboken，NJ，July 29，2006）。

5. Eli Goldratt，在其著作 *Critical Chain*（Great Barrington，MA：North River Press，1997）中介绍了"项目缓冲储备"，这个概念指的是项目管理者在经过谨慎考虑后可以为项目留出的松弛空间。并不是说每一项活动都可以有松弛空间，而是说项目在规划时不能为设定好日程的活动留出余地，而是为那些最终出现延迟的活动留出项目总体松弛空间，这样项目就能获得更好的结果。

注释

6. 比如，Christoph H. Loch、Arnoud DeMeyer 和 Michael T. Pich 根据无法预见的不确定性和项目复杂度设定了一个项目风险管理框架（*Managing the Unknown：A New Approach to Managing High Uncertainty and Risk in Projects*，Hoboken，NJ：John Wiley & Sons，Inc.，2006）。他们引入了"选择主义"和"学习"的概念来处理不同类型的不确定性和复杂度。

7. *A Guide to the Project Management Body of Knowledge*，Chapter 11.

8. Loch et al.，*Managing the Unknown*.

9. 我们的研究并不特别关注项目风险的计算。因此，我们提供的只是比较粗糙的想法，代表进一步研究的可能方向而已。

10. Alex Laufer，*Simultaneous Management*.

11. 在此我们要感谢 Max Wideman，他帮助我们确立了工作包这个框架。见 Max R. Wideman and Aaron J. Shenhar,"Professional and Personal Development Management," in *Project Management for the Business Professional：A Comprehensive Guide*，ed. Joan Knutson (New York：John Wiley，2001).

12. Karen A. Brown, Thomas G. Schmitt, Richard J. Schonberger, and Stephen ennis "Quadrant Homes Applies Lean Concepts in a Project Environment," *Interfaces* 34, no. 6 (2004)：442 - 450.

13. James P. Womack and Daniel T. Jones, *Lean Thinking* (New York：Simon and Schuster, 1996).

14. *BusinessWeek*，March 21, 2005.

注释

第十章

1. 关于消费产品的开发过程已经出版了无数的专著和论文。下面这个列表只是部分而已：Bruce T. Barley and Jmaes H. Saylor, *Customer-Driven Project Management：Building Quality in to Project Success*（New York：McGraw-Hill Professional，2001）；Robert G. Cooper, *Winning at New Products*, 3rd ed.（Reading, MA：Persus Books Group, 2001）；Milton D. Rosenau, Abbie Griffin, George A. Castellion, and Ned F. Anschuetz, eds., *The PDMA Handbook of New Product Development：Managing and Forecasting for Strategic Success*（New York：John Wiley and Sons，1993）。

2. 你可以在下面这些著作中找到行业和商业项目流程更详细的描述：Michael A. Cusumano and Kentaro Nobeoka, *Thinking Beyond Lean：How Multi-Project Management Is Transforming Product Development at Toyota and Other Companies*（New York：Free Press, 1998）；Jeffery K. Pinto and Pelka Rouhiainen, *Building Customer Based Project Organization*（New York：Wiley, 2001）；联合开发委员会, *Industrial Engineering Projects*（Oxford, UK：Routledge, 1997）。

3. Dan McNichol and Andy Ryan, *The Big Dig*（New York：Silver Lining Books, 2000）。对波士顿进行的大型公共交通建筑项目做了很好的描述。还可参考 Peter Vanderwarker, *The Big Dig：Reshaping an American City*（Boston：Little Brown and Company, 2001）。

4. PMI 出版了 PMBoK 的政府项目增补版，详细描述了此类项目中非常重要的方法和技巧。*Government Extension to a Guide to the Project Management Body of Knowledge*（Newtown Square, PA：PMI,

注释

2002)。

5. Jennifer Bean and Lascelles Hussey, *Project Management for Non Profit Organizations: Ensuring Projects Deliver Their Objectives in Time and on Budget* (London: HB Publications, 2005).

6. 几大重要空间项目的故事见:Alex Laufer and Edward J. Hoffman, *Project Management Success Stories: Lessons of Project Leadership* (New York: Wiley, 2000)。

7. 确实有几本关注具体领域的项目管理著作,大多数都是关于建筑和软件开发的。还有一些有关汽车和医药项目,但其他类型的项目就少之又少了。

第十一章

1. 可参考 "Strategic Project Leadership: Toward a Strategic Approach to Project Management," *R&D Management* 34, no. 5 (2004): 569–578。

附录

1. Paul R. Laurence and Jay William Lorch, *Organization and Environment: Managing Differentiation and Integration* (Boston: Harvard University, 1967); Robert Drazin and Andrew H. Van de Ven, "Alternative Forms of Fit in Contingency Theory," *Administrative Science Quarter* 30 (1985): 514–539; Johannes M. Pfennings, "Structural Contingency Theory: A Reappraisal," *Research in Organizational Behavior* 14 (1992): 267–309.

2. Aaron J. Shenhar, "One Size Does Not Fit All Projects: Exploring Classical Contingency Domains," *Management Science* 47, no. 3 (2001): 394–414.

3. 比如, Stewart P. Blake (*Managing for Responsive Research and Development*, San Francisco: Freeman & Co., 1978) 介绍了小变化（阿尔法）项目和大变化（贝塔）项目; Steven C. Wheelwright and Kim B. Clark (*Revolutionizing Product Development*, New York: The Free Press, 1992) 根据他们对产品组做出的变化详细规划其内部产品开发项目。有些人接受了激进对渐进变化之间的区分(e.g., Chee Meng Yap and William E. Soude, "Factors Influencing New Product Success and Failure in Small Entrepreneurial High-technology Electronics Firms," *Journal of Product Innovation Management* 14 (1994): 418–432; Shona L. Brown and Kathleen M. Eisenhardt, "The Art of Continuous Change: Linking Complexity Theory and Time-paced Evolution in Relentlessly Shifting Organizations," *Administrative Science Quarterly* 42 (1997): 1–34; and William E. Souder and Michael X. Song, "Contingent Product Design and Marketing Strategies Influencing New Product Success and Failure in U.S. and Japanese Electronics Firms," *Journal of Product Innovation Management* 14 (1997): 21–34)，另一些人则提出了更加细化的框架(e.g., Lowell W. Steele, *Innovation in Big Business* (New York: Elsevier Publishing Company, 1975); Niv Ahituv, Michael Hadass, and Seev Neumann, "A Flexible Approach to Information System Development," *MIS Quarterly* (June 1984): 69–78; James I. Cash Jr., Warren E McFarlan, and James L. McKenney, *Corporate Information Systems Management* (Homewood, IL: Irwin, 1988); and Alan W.

注释

Pearson, "Innovation Strategy," *Technovation* 10, no. 3 (1990): 185 – 192).

4. Dov Dvir, Stan Lipovetsky, Aaron J. Shenhar, and Asher Tishler, "In Search of Project Classification: A Non-Universal Approach to Project Success Factors," *Research Policy* 27 (1998): 915 – 935.

5. 在探寻这样一个框架的历程中,我们可以来着重看看1967年,当年有三本很重要的著作独立出版,对权变理论产生了巨大影响。Paul Lawrence 和 Jay Lorch (*Organization and Environment: Managing Differentiation and Integration*)关注技术、科学和市场方面变化的不同程度如何影响企业应对这些变化的能力。两位作者使用整合的不确定性分值得出结论:在多样、动态的领域,有效率的企业必须具备较高的差异性和整合性,而在相对比较稳定、静态的环境中,有效率的企业可以减小其差异性,但仍然需要有很高的整合型。James D. Thompson (*Organizations in Action*, New York: McGraw-Hill, 1967) 提出,应对不确定性对复杂企业来说是一个核心问题,而不确定性的主要来源是技术和环境。Charles C. Perrow ["A Framework for the Comparative Analysis of Organizations," *American Sociological Review* 32 (1967): 194 – 208],对技术和复杂企业持一种整合看法,把技术当做独立变量,同时将结构看做非独立变量。他用技术来区分可分析和不可分析的问题,从而将行业分为四种类型:技艺、常规、非常规和工程。

6. 为了应对复杂性,系统及其子系统的等级本质一直都是普通系统理论的奠基石(Kenneth Boulding, "General Systems Theory: The Skeleton of Science," *Management Science* (April 1956): 197 – 208; John P. Van Gigch, *Applied General Systems Theory*, 2nd ed. (New York: Harper and Row, 1974); and Aaron J. Shenhar, "On System

Properties and Systemhood," *International Journal of General Systems* 18, no. 2 (1991): 167-174)。比如,Boulding 提出了一个包含九个层级的系统等级分类框架,最低层级是静态结构,最高层级是超验系统。很明显,因为产品由部件组成,系统由子系统构成,产品等级这个话题往往出现在关注工程设计问题的实践性著作或论文中[比如,Gehard Pahl and Wolfgang Beitz, *Engineering Design* (New York: Springer-Verlag, 1984); William Lewis, and Andrew Samuel, *Fundamentals of Engineering Design* (New York: Prentice Hall, 1989); and Eberhardt Rechtin, *Systems Architecting*, Englewood Cliffs, NJ: Prentice Hall, 1991]。

7. 几项重要研究将创新本质的特点定义为能力的提高或摧毁(Philip W. Anderson and Michael L. %h-an"Technological Discontinuities and Dominant Design: A Cyclical ModCfcf Technological Change," *Administrative Science Quarterly* 35, no. 4 (1990): 604-633; and Clayton M. Christensen, *The Innovator's Dilemma*, Boston: Harvard Business School Press, 1998),核心或边缘(Carliss Y. Baldwin and Kim B. Clark, *Design Rules: The Power of Modularity*, Cambridge, MA: MIT Press, 2000),以及建筑的或衍生的[Rebecca M. Henderson and Kim B. Clark, "Architectural Innovation: The Reconfiguration of Existing Product Technologies and the Failure of Established Firms," *Administrative Science Quarterly* 35 (1990): 9-30; and Hubert Gatignon, Michael L. Tushman, Wendy Smith, and Philip W. Anderson, "A Structural Approach to Assessing Innovation: Construct Development of Innovation Locus, Type, and Characteristics," *Management Science* 48, no. 90 (2002): 1103-1122]。

8. 尽管经典理论的重心放在企业的可持续发展上,但是现代企业

注释

还需要面对两个紧迫的问题。首先,如何区分项目框架都必须反映项目的即时性质,反映完成某项任务的共同时间限制。其次,制定决策的迅速和产品和市场寿命的缩短都让时间成为考察现代企业时不可忽视的一个因素。Kathleen M. Eisenhardt and Behna N. Tabrizi,"Accelerating Adaptive Processes: Product Innovation in the Global Computer Industry," *Administrative Science Quarterly* 40 (1995): 84–110; and Shona L. Brown and Kathleen M. Eisenhardt,"The Art of Continuous Change: Linking Complexity Theory and Time-paced Evolution in Relentlessly Shifting Organizations," *Administrative Science Quarterly* 42 (1997): 1–34。

9. Aaron J. Shenhar and Dov Dvir, "Toward a Typological Theory of Project Management," *Research Policy* 25 (1996): 607–632; and Aaron J. Shenhar and Dov Dvir, "How Projects Differ and What to Do about It," in *Handbook of Managing Projects*, Jeffrey Pinto and Peter Morris, eds. (New York: Wiley 2004).

10. Geoffrey C. Bowker and Susan Leigh Star, *Sorting Things Out: Classification and Its Consequences* (Cambridge, MA: MIT Press, 1999).

11. Barbara H. Kwasnik, "The Role of Classification Structures in Reflecting and Building Theory," *Proceedings of the 3rd ASIS SIG/CR Classification Research Workshop: Advances in Classification Research* 3 (1992): 63; quotation from Georges Rey, "concepts and Stereotypes," *Cognition* 15 (1983): 237–262.

12. Kwasnik, "The Role of Classification Structures," 63.

13. Elin K. Jacob, "Classification and Categorization: Drawing the Line," *Proceedings of the 2nd ASIS SIG/CR Classification Re-

search Workshop: *Advances in Classification Research*, Washington, DC (1991): vol. 2, 67–83.

14. 同上; and Howard Gardner, *The Mind's New Science: A History of the Cognitive Revolution* (New York: Basic Books, 1987)。

15. Jacob,"Classification and Categorization," 78.

16. 同上, 67。

17. 剖面分析指的是,"对现象最基础的侧面进行分析,然后整合为有实用价值的表达法"(Kwasnik,"The RolFof Classification Structures," 72)。这一方法可追溯到 Ranganathan(in Kwasnik"The Role of Classification Structures," 以及 S. L. Star 的"Grounded Classification: Grounded Theory and Faceted Classification," in *Proceedings of Information Systems and Quality Research Conference*, IFIPS WG 8. 2, Philadelphia, 1997)。

18. Bowker and Star, *Sorting Things Out*, 231.

19. 同上, 232。

20. Kwasnik,"The Role of Classification Structures," 72.

21. Lynn Crawford, Brian Hobbs, and Rodney Turner, *Project Categorization Systems* (Newtown Square, PA: Project Management Institute, 2004).

22. Michel Foucault, *The Order of Things* (New York: Random House, 1970), 147; 引言来自 Jeffrey Parsons and Yair Wand,"Choosing Classes in Conceptual Modeling," *Communications of the ACM Ad*, no. 6 (1997): 7。

23. Bowker and Star, *Sorting Things Out*, 230.

24. 同上, 267。

25. John H. Payne and Rodney J. Turner,"Company-wide Pro-

注释

ject Management: The Planning and Control of Programmes of Projects of Different Types," *International Journal of Project Management* 17, no. 1 (1999): 55–60; 以及 Rodney J. Turner, *The Handbook of Project-based Management*, 2nd ed. (London: McGraw-Hill, 1999).

26. Shenhar, "One Size Does Not Fit All Projects." See also Dvir et al., "In Search of Project Classification"; 以及 Aaron J. Shenhar, Dov Dvir, and Shlomo Alakaher, "From a Single Discipline Product to a Multidisciplinary System: Adapting the Right Style to the Right Project," *System Engineering* 6, no. 3 (2003): 123–134.

27. Eisenhardt and Tabrizi, "Accelerating Adaptive Processes."

28. Shenhar, "One Size Does Not Fit All Projects." See also Dvir et al, "In Search of Project Classification."

作者简介

伦·J.申哈(Aaron J. Shenhar),斯蒂文斯理工学院的管理学教授,是该学院项目管理计划的创建者;也是明尼苏达大学和特拉维夫大学客座教授;还是项目管理学院研究贡献奖第一位获奖者,被IEEE工程管理学会评为"年度工程管理者";同时兼任NASA大学空间研究协会项目管理研究中心科学委员会会员、委员。

进入学术界之前,他在项目、创新、研发和高技术商业的管理领域有20多年的实践经验。他主要在国防行业中工作,曾为以色列拉法尔武器研究局管理人员,后被提升为公司人力资源副总裁,再之后任电子系统部总裁。

转行之后,申哈开始重点在项目管理、技术与创新管理、产品开发以及技术型企业中专业人员的领袖作用上展开研究和教学。他的论著——数量超过150,其中有60多篇研究论文——影响、塑造了世界范围内的项目管理研究和教育。他还是航空领域的资深顾问,同时还在诸如3M、NASA、霍尼韦尔、特灵公司、美国军队、BMG娱乐公司、洛克希德·马丁公司、道琼斯公司和以色列飞机公司等全球性的组织当中担任顾问。

申哈有五个学位,包括以色列Technion学院的理学学士、硕士学

作者简介

位,斯坦福大学工程经济系统理学硕士学位和工程学博士学位。申哈教授是技术领袖学院(Technological Leadership Institute)创始人,这是一家整合商业与技术的咨询公司。

达夫·德维尔(Dov Dvir)既有实践经验,同时也有学术经历。他是以色列本-古里安大学商学院管理系主任;斯蒂文斯理工学院客座教授;霍伦技术教育中心(Holon Center for Technological Education)技术管理系的创始人和系主任。

在开始学术事业之前,他为以色列陆军和国防行业工作,了解了工程和管理各个层面的工作,从项目经理一直到管理决策层。他曾担任以色列国防军一个大型技术中心的指挥官,军衔为上校。

德维尔的论著数量超过80,其中30多篇为研究论文。他在项目管理、技术与创新管理和创业精神方面进行研究、教学并提供咨询。

德维尔取得了以色列Technion学院的理学学士学位、特拉维夫大学的MBA学位、运营研究理学硕士学位以及管理学博士学位。